获湖北省高校人文社科研究基地"区域社会管理创新与发展研究中心"资助

公民诚信守法档案制度构建实证研究

骆东平 唐祖爱 黄利红
李见顺 邓海娟 著

中国社会科学出版社

图书在版编目（CIP）数据

公民诚信守法档案制度构建实证研究／骆东平等著．—北京：中国社会科学出版社，2021.6

ISBN 978-7-5203-8113-0

Ⅰ.①公… Ⅱ.①骆… Ⅲ.①社会主义法制—建设—文书档案—规章制度—研究—中国 Ⅳ.①D920.0

中国版本图书馆 CIP 数据核字（2021）第 054219 号

出 版 人	赵剑英
责任编辑	张　林
特约编辑	梁　钰
责任校对	季　静
责任印制	戴　宽

出　　版	中国社会科学出版社
社　　址	北京鼓楼西大街甲 158 号
邮　　编	100720
网　　址	http://www.csspw.cn
发 行 部	010-84083685
门 市 部	010-84029450
经　　销	新华书店及其他书店
印刷装订	三河弘翰印务有限公司
版　　次	2021 年 6 月第 1 版
印　　次	2021 年 6 月第 1 次印刷
开　　本	710×1000　1/16
印　　张	18.75
插　　页	2
字　　数	289 千字
定　　价	106.00 元

凡购买中国社会科学出版社图书，如有质量问题请与本社营销中心联系调换
电话：010-84083683
版权所有　侵权必究

五峰土家族自治县简况

　　五峰土家族自治县（以下简称五峰县）隶属湖北省宜昌市，位于湖北省西南部，邻近长江干流和湖南省。其境东邻宜都市和松滋市，南抵湖南省石门县，西与鹤峰县、巴东县接壤，北与长阳土家族自治县毗连。

　　五峰县国土面积2372平方公里，其中耕地28.8万亩。辖5镇3乡，2000年第五次人口普查，五峰土家族自治县总人口205897人，其中：五峰镇40016人，长乐坪镇24487人，渔洋关镇45650人，仁和坪镇24020人，湾潭镇17573人，傅家堰乡17522人，牛庄乡8720人，采花乡27909人。县政府驻五峰镇。2010年第六次人口普查，五峰土家族自治县常住总人口188923人，其中：五峰镇37746人，长乐坪镇22500人，渔洋关镇46145人，仁和坪镇18879人，湾潭镇16743人，傅家堰乡15567人，牛庄乡7496人，采花乡23847人。2011年4月14日，《民政部关于湖北省五峰土家族自治县人民政府驻地迁移的批复》（民函〔2011〕94号）：经国务院批准，同意五峰土家族自治县人民政府驻地由五峰镇迁至渔洋关镇。截至2017年年末，全县户籍总人口为19.84万人，其中城镇人口3.97万人、农村人口15.86万人。户籍总户数7.43万户。全县常住人口19.24万人，城镇化率38.93%。五峰县是一个少数民族山区县，境内除土家族和汉族两大民族外，还居住有回、苗、满、蒙古、侗、壮、维吾尔、白、朝鲜、瑶、黎、哈萨克等民族。现共有11个社区居委会，97个行政村。同时还有一个飞地经济园区——五峰民族工业园。

　　五峰县全境皆为山区，属武陵山支脉，系云贵高原东延部分的尾部地带，喀斯特地貌，溶洞伏流遍布全境，地势由西向东逐渐倾斜，海拔

500米以上的山地占总面积的86.3%，其中海拔1200米以上的高山占44.8%，县境内最高点白溢寨顶峰——黑峰尖海拔2320.3米，海拔最低点东部渔洋河桥河峡口150米，平均海拔1100米。境内沟壑纵横，峰峦重叠，群山之间夹有小块平地，县境东部的渔洋关（低山河谷）、中部的长乐坪（半高山）和西部的湾潭（高山地带）均有万亩平原展开。东半部山形浑圆、坡缓谷浅，西半部山势高峻。

五峰地处亚热带湿润季风气候区内，山地气候显著，四季分明，冬冷夏热，雨量充沛，雨热同季，暴雨甚多。山间谷地热量丰富，山顶平地光照充足。境内垂直气候带谱明显，适合多种农作物及经济林木生长。年均日照1533小时，年均气温13℃—17℃，无霜期240天，年均降水量1600毫米/166天。

境内物种多样，林特、水电、矿产、旅游等自然资源丰富，森林覆盖率高达81%，是中国茶叶之乡、国家烟叶生产基地和中药材GAP示范基地。2009年被中国茶叶学会授予湖北省唯一的县级"中国名茶之乡"称号，成功跻身"湖北茶叶大县"行列。水电装机容量达18.7万千瓦。2010年，被湖北省人民政府命名为"湖北旅游强县"。2016年11月，五峰土家族自治县被国家旅游局评为第二批国家全域旅游示范区；12月，被农业部命名为第一批国家农产品质量安全县。

2017年，五峰土家族自治县完成地区生产总值（现价）65.49亿元，全县完成地方财政总收入4.56亿元，其中，一般公共财政预算收入3.26亿元，税收收入1.96亿元。实现地方财政总支出33.76亿元，增长23.9%。其中，一般公共财政预算支出25.98亿元，同比增长13.5%。年末金融机构各项存款余额达到87.56亿元，比年初净增加1.73亿元，增长2.0%。其中住户存款53.17亿元，比年初净增加3.31亿元。年末各项贷款余额44.43亿元，比年初净增加6.58亿元，增长17.4%。其中住户贷款7.68亿元，比年初净增加2.29亿元。

目 录

第一章 公民诚信守法档案制度试点阶段 …………………… (1)
  第一节 创建公民诚信守法档案工作的意义 ……………… (2)
    一 创建公民诚信守法档案是落实党的大政方针政策的具体
      行动 ……………………………………………………… (2)
    二 创建公民诚信守法档案是提高全民法律素养的关键
      措施 ……………………………………………………… (2)
    三 创建公民诚信守法档案是完善自身工作的需要 ……… (2)
    四 创建公民诚信守法档案是社会管理工作的创新 ……… (3)
  第二节 创建公民诚信守法档案工作的主要做法 ………… (3)
    一 制定方案，力求做好顶层设计 ………………………… (3)
    二 开展试点，力争实现"以点带面" ……………………… (4)
    三 广泛宣传，充分发挥档案作用 ………………………… (8)
    四 总结经验，在全县普遍推行 …………………………… (16)
  第三节 公民诚信守法档案创建工作在试点阶段取得的成效 …… (19)
    一 敦促广大公民自觉学法守法，切实化解了一批矛盾
      纠纷 ……………………………………………………… (19)
    二 受到省、市、县三级党委和政府的高度肯定 ………… (32)
    三 新闻媒体对五峰县公民诚信守法档案建设工作进行
      报道 ……………………………………………………… (35)
  第四节 公民诚信守法档案创建工作试点阶段存在的问题 …… (42)

第二章　公民诚信守法档案制度整体设计阶段 ……………… (43)

第一节　《五峰土家族自治县公民诚信守法档案建设工作
　　　　实施方案》论证 ………………………………………… (46)

五峰土家族自治县公民诚信守法档案建设工作实施方案
（建议稿） …………………………………………………… (56)

第二节　《五峰土家族自治县公民诚信守法档案建设工作
　　　　实施细则》论证 ………………………………………… (59)

五峰土家族自治县公民诚信守法档案建设工作实施细则
（建议稿） …………………………………………………… (66)

第三节　《公民诚信守法档案信息采集制度》论证 ……………… (69)

公民诚信守法档案信息采集制度（建议稿） ……………………… (81)

第四节　《公民诚信守法档案信息甄别录入制度》论证 ………… (84)

公民诚信守法档案信息甄别录入制度（建议稿） ………………… (93)

第五节　《公民诚信守法档案管理制度》论证 …………………… (96)

公民诚信守法档案管理制度（建议稿） …………………………… (104)

第六节　《公民诚信守法档案信息动态管理制度》论证 ………… (106)

公民诚信守法档案信息动态管理制度（建议稿） ………………… (111)

第七节　《公民诚信守法档案利用制度》论证 …………………… (112)

公民诚信守法档案利用制度（建议稿） …………………………… (120)

第三章　公民诚信守法档案制度全面实施阶段 ………………… (123)

第一节　工作开展情况 ………………………………………………… (123)

第二节　取得的成效 …………………………………………………… (129)

　　一　进一步完善档案管理机制，全面推进规范管理 ………… (130)

　　二　助推基层社会治理，维护农村和谐稳定 ………………… (131)

　　三　推动精神文明建设，营造良好道德风尚 ………………… (132)

　　四　不断激发贫困群众内生动力，加快脱贫攻坚步伐 ……… (132)

　　五　促进全民法律素养提升，争做诚信守法好公民 ………… (133)

　　六　典型案例 …………………………………………………… (134)

第三节　存在的问题 …………………………………………………… (152)

一　工作进展不平衡 …………………………………………（152）
二　平台录入滞后 …………………………………………（153）
三　宣传运用不力 …………………………………………（153）
四　经验推广不够 …………………………………………（153）

第四章　国内其他地方公民诚信守法档案建设制度探索 ………（154）
　第一节　广东省龙门县龙田镇农户诚信守法档案管理制度
　　　　　探索 …………………………………………………（154）
　　一　龙田镇农户诚信守法档案活动的基本情况 …………（155）
　　二　龙田镇农户诚信守法档案活动的具体做法 …………（156）
　　三　龙田镇农户诚信守法档案活动取得的成效 …………（159）
　　四　龙田镇农户诚信守法档案活动存在的问题 …………（162）
　第二节　河北省广平县农户诚信档案建设工作的探索 ………（163）
　　一　农户诚信档案建设的背景、目的与意义 ……………（163）
　　二　农户诚信档案建设工作基本情况 ……………………（164）
　　三　农户诚信档案建设的初步成效 ………………………（165）
　　四　对诚信档案建设工作的几点思考 ……………………（166）
　第三节　重庆市云阳县公民诚信守法体系构建实践 …………（166）
　　一　重庆市云阳县诚信体系构建的背景 …………………（167）
　　二　重庆市云阳县诚信体系构建的具体做法 ……………（168）
　　三　重庆市云阳县诚信体系构建取得的成效 ……………（171）
　　四　重庆市云阳县诚信体系构建的启示 …………………（173）
　第四节　福建省南安市社会信用体系构建实践 ………………（175）
　　一　诚信南安建设年的举措 ………………………………（175）
　　二　"诚信南安"巩固年的主要举措 ………………………（177）
　　三　诚信南安提效年的举措 ………………………………（179）
　第五节　其他地方诚信档案探索概况 …………………………（182）
　　一　山东省宁津县公民诚信档案工作开展情况 …………（183）
　　二　黑龙江省杜尔伯特县一心乡民主村"诚信档案"建立
　　　　探索 …………………………………………………（184）

三　重庆市城口县修齐镇诚信档案建设工作概况 …………（186）
四　浙江省长兴县和平镇吴村诚信档案建设工作概况 ………（187）
五　四川省苍溪县"道德诚信档案"探索概况 …………………（187）
第六节　各地公民诚信守法档案建设内容比较研究 ……………（189）
一　公民诚信守法档案建设内容的共性分析 …………………（189）
二　公民诚信守法档案建设内容的差异化分析 ………………（196）

第五章　公民诚信守法档案制度建设的理论之问 ……………（208）

第一节　探索公民诚信守法档案制度的动力 ……………………（208）
一　党中央对诚信建设有明确的政策要求 ……………………（208）
二　各地"三化"现象带来的社会治理需求 …………………（209）
第二节　公民诚信守法和失信违法行为人名单制度的组织
　　　　实施主体 …………………………………………………（217）
一　谁负责组织开展公民诚信守法档案建设工作 ……………（218）
二　公民诚信守法档案建设的其他工作 ………………………（219）
第三节　公民诚信守法档案以"户"为建档单元的正当性
　　　　分析 ………………………………………………………（222）
一　传统中国以"家户"为基点的国家治理结构分析 ………（222）
二　"家户制"传统借鉴：公民诚信守法档案以"户"为建档
　　单元的正当性基础 …………………………………………（225）
第四节　罪责自负理念与"一人失信，全家受损"制度的
　　　　兼容性 ……………………………………………………（228）
一　罪责自负理念的简要发展历程 ……………………………（229）
二　罪责自负理念与"一人失信，全家受损"制度兼容性
　　分析 …………………………………………………………（230）
第五节　公民诚信守法档案制度与乡村社会治理中"三治融合"的
　　　　契合 ………………………………………………………（231）

附　件 ……………………………………………………………（234）

附件1　渔洋关镇公民诚信守法档案建设实施方案 ……………（234）

附件2　渔洋关镇公民诚信守法档案建设实施细则
　　　　（试用）……………………………………………（237）
附件3　五峰镇诚信守法档案建设工作实施方案……………（238）
附件4　五峰县长乐坪镇苏家河村村规民约…………………（242）
附件5　福建省南安市诚信"红黑榜"发布制度
　　　　（试行）…………………………………………（246）
附件6　广东省龙门县龙田镇农户诚信守法档案管理制度………（252）
附件7　龙田镇开展"争创诚信守法先进户"活动的实施
　　　　方案………………………………………………（254）
附件8　宁津县关于对A级诚信主体进行动态管理的办法
　　　　（试行）…………………………………………（267）
附件9　云阳县诚信信息管理办法（试行）…………………（269）

参考文献………………………………………………………（289）

第一章

公民诚信守法档案
制度试点阶段

五峰县渔洋关镇三板桥村自2011年以来，大力推进基层治理创新，制定完善《村规民约》，推行"三簿一册"，即模范村民登记簿、好人好事登记簿、不良行为登记簿和村民自治工作手册管理，开展争创模范村民的活动。组织全体村民进行半年一初评，全年一总评，表彰模范村民，记录不良行为。在村民民主评议的基础上，村民代表大会审核评议，表彰诚信守法的模范村民，营造了诚信守法的大环境。活动开展以来，取得了良好的基层社会治理效果，社会风气和社会治安根本好转，全村75名村民被表彰为模范村民，连续7年无一起刑事治安案件、无一起信访、无一起矛盾纠纷上交到镇一级。三板桥村先后被评为全县综合治理工作先进单位和宜昌市民主法治示范村。

自2015年8月开始，五峰县司法局针对新时期社会管理难度大、各类矛盾纠纷逐年上升、群众信访势头不减、学法用法意识不强的实际，按照党的十八届四中全会关于"加强社会诚信建设，健全公民和组织守法信用记录，完善守法诚信褒奖机制和违法失信行为惩戒机制"的决定要求，通过对渔洋关镇三板桥村探索创新村民自治取得可喜成效进行深入调研后，创新建立"公民诚信守法档案"，2016年首先在采花乡和渔洋关镇试点。[①]

[①] 本书关于五峰县公民诚信守法档案制度建设的有关数据和其他资料如果无特殊说明，均来源于课题组在五峰县调研所得。

第一节　创建公民诚信守法档案工作的意义

一　创建公民诚信守法档案是落实党的大政方针政策的具体行动

党的十八届四中全会作出了《中共中央关于全面推进依法治国若干重大问题的决定》。决定指出，"加强社会诚信建设，健全公民和组织守法信用记录，完善守法诚信褒奖机制和违法失信行为惩戒机制。使学法守法成为全体公民共同追求的自觉行动"。国务院于2016年5月30日发文，出台了《关于建立完善守信联合激励和失信联合惩戒制度　加快推进社会诚信建设的指导意见》，就加快诚信社会建设作了具体部署。开展诚信守法档案建设工作，是贯彻落实党和国家重大决策，讲政治、有信念，保证政令畅通的具体行动。

二　创建公民诚信守法档案是提高全民法律素养的关键措施

党的十八大提出了四个全面的工作目标，其中全面推进依法治国是四个全面之一。全民普法守法是推进依法治国的基础。十八届四中全会强调，深入开展法治宣传教育，引导全社会公民自觉学法守法、遇事找法、解决问题靠法。诚信守法档案很重要的一面是记录公民的失信违法行为。通过档案的建立和应用，将让失信违法行为的人在企事业招聘、劳务用工等受到限制。如采花乡星岩坪村五组村民张昌平，在该乡网格员招录中因有失信违法行为，被取消了报名资格。张某知情后对自己的失信违法行为万分懊悔。通过诚信守法档案的建设应用，倒逼广大公民自觉地学法守法，提高自身的法律素养，增强守法意识，争做诚信守法的好公民，为加速推进依法治国打下基础。

三　创建公民诚信守法档案是完善自身工作的需要

一直以来，在人们的日常生产生活中，特别是外出务工人员通过正规劳务市场谋求职业，需要出具无犯罪行为证明。这个证明是由公安机关根据所掌握的情况开具。很显然，随着社会的不断进步，用人单位仅掌握其有无犯罪记录是不全面的，还须掌握有无其他失信违规行为，如是否存在信贷担保失信、乱砍滥伐、医闹、敲诈勒索、非法上访、缠访闹访等行为。这些情况公安部门一家难以全面掌握。建立了诚信守法档案，将上述违法失信行为综合记录在案，今后就可以为公民出具诚信守法证明。让诚信守法者走遍天涯，让失信违法者寸步难行！从而加快推进诚信社会建设。

四 创建公民诚信守法档案是社会管理工作的创新

目前，在社会管理中，对于网格内人员除了个人基本信息外，缺乏一个全面系统的评价信息。建立了诚信守法档案，就可以全面掌握家庭及其各成员综合信息。真正做到底数清、情况明。在社会治理中，既利于发挥诚信守法人员的作用，又方便矛盾纠纷排查，为创新社会管理打下良好基础。

第二节 创建公民诚信守法档案工作的主要做法

一 制定方案，力求做好顶层设计

五峰县司法局紧紧围绕化解社会治理中出现的突出问题这一核心目标，于2015年下半年在采花乡调研后，形成了具体的试点工作方案。一是建立以乡镇为单位、村居为基础的诚信守法档案管理系统。形成由乡镇党政一把手任组长、相关部门为成员的工作领导小组，信息中心由乡镇分管领导任主任，办事机构设在司法所。建立了诚信守法信息采集、录入、档案管理及上报利用等相关制度。二是确定以家庭户为定格，涵盖其家庭成员的诚信守法档案建档单元。实行普通电子文档和纸质档案双重建立，一户一档。按乡镇、村、组的建制对居住户实行统一编号，便于规范建档立档查询。三是实行以部门为主、各负其责的诚信守法档案信息收录机制。失信违法行为的记录，依靠公安、司法、综治信访、食药、工商、税务、银监、城管、林业、电力等执法部门提供公民违法违规行为处罚情况。信息收集与村民自治相结合，依靠村组干部、老党员、德高望重的中心户等所掌握情况提供。对于有较大影响的好人好事、积德行善等行为予以记录。做到双向记录，公平公正。四是严格甄别，精准界定诚信守法行为和失信违法行为记录。将诚信守法行为界定为邻里融洽、信守合同、弘扬正气、遵纪守法等22类，将失信违法行为界定为争地霸界、非法上访、信奉邪教、大操大办、家庭暴力等20类。对于诚信行为终身记录应用，按制度实行褒奖；失信违法行为人员在公务员招录、企事业招聘、评先树优、劳务用工、征兵、社会福利保障等方面受到考量。

二　开展试点，力争实现"以点带面"

自2016年3月起，采花乡、渔洋关镇结合本乡镇实际，以"带头试点、以点带面"的方式，切实担负起先行先试的任务，采花乡确定以栗子坪、红渔坪村为试点，渔洋关镇确定三板桥村、三房坪村为试点村进行整村录入。为全县公民诚信守法档案建设工作做出了样板。

1. 广泛宣传，提高认识

县司法局组织专班、安排专人到村召开两委班子会议，提高干部认识，明确工作重点；组织全村党员干部讨论，集思广益，为做好诚信档案建设工作出谋划策；通过党员干部将建立"公民诚信守法档案"的重大意义宣传到广大人民群众中。宜昌市司法局有关领导非常重视该项工作，2016年7月7日至8日，宜昌市司法局时任党组书记、局长张德才同志到五峰县调研时提出要将"公民诚信守法档案建设"打造成五峰县的亮点，对工作要进一步研究，抓好典型培养，注重总结经验。

五峰县司法局领导对此项工作也提出明确的要求，2016年8月，全县社区矫正动态分析暨诚信守法档案建设工作会议在采花乡召开。局党组书记、局长张泽林强调，公民诚信守法档案建设工作要做到五个"好"，即：会议精神要向乡镇党委、政府领导"汇报好"；各乡镇要根据实际情况将诚信守法档案试点村"选择好"；采集档案内的个人诚信守法行为和失信违法行为要"记录好"；对于建立诚信守法档案的目的、意义、运用及影响要"宣传好"；要将诚信守法档案建设与依法治县相结合，作为一种社会专项教育治理机制实际"运用好"。

五峰县开展的公民诚信守法档案建设工作也受到了湖北省司法厅的高度关注，2016年10月25日至26日，湖北省司法厅党委委员、省普法办专职副主任侯江波一行到五峰县开展"访基层、抓落实、解难题"专

宜昌市司法局时任党组书记、局长张德才同志到五峰县调研
公民诚信守法档案建设工作

五峰县社区矫正动态分析暨诚信守法档案建设工作会议在采花乡召开

题调研。他表示对五峰县创新探索建立的"公民诚信守法档案"非常期待,要将其打造成可学习、可借鉴、可复制、可推广的"五峰模式"。

湖北省司法厅党委委员、省普法办专职副主任侯江波一行到五峰县调研

2. 分组摸底,以户为单位建立公民基本信息资料

五峰县村两委班子成员进行包片分工,根据调取全村人口的公安户籍信息,以户籍信息为基础,深入每一户摸底调查,对每个人的姓名、身份证号、电话号码等信息逐一核对,掌握好第一手基本信息资料。

3. 成立专班，采集信息

抽调精干力量，集中攻坚，采集诚信守法行为和失信违法行为信息。为了适应信息化建设的需要，2016年12月15日，宜昌市司法局党组成员、副局长刘克勤同志带领局办公室工作人员、北京博图纵横科技有限公司工程师一行，对五峰公民诚信守法档案创新项目信息化建设的可行性进行调研。北京博图纵横科技有限公司工程师吴磊对五峰县建立公民诚信守法档案电子信息系统的研发与运用进行了翔实的分析。刘克勤强调，五峰要结合自身特点，立足实际，着眼全局，切实增强公民诚信守法档案信息化建设的辐射能力与影响力，探索信息化工作途径，加快信息化建设步伐，实现与县直相关单位的信息数据资源共享，有效促进信息的互联互通，尽快发挥创新项目的作用。加大步伐"走出去"，树立品牌"引进来"，构建五峰社会治理创新工作品牌。

宜昌市司法局副局长刘克勤同志带队调研五峰公民诚信守法档案创新项目信息化建设可行性

4. 逐条核查，甄别录入

为了确保上报信息真实客观，五峰县司法局就信息的收集、审核、上报等工作内容对村党支部书记、村委会主任进行了系统的培训。要求有关人员在信息录入时要认真甄别，做到无瑕疵、零纰漏。

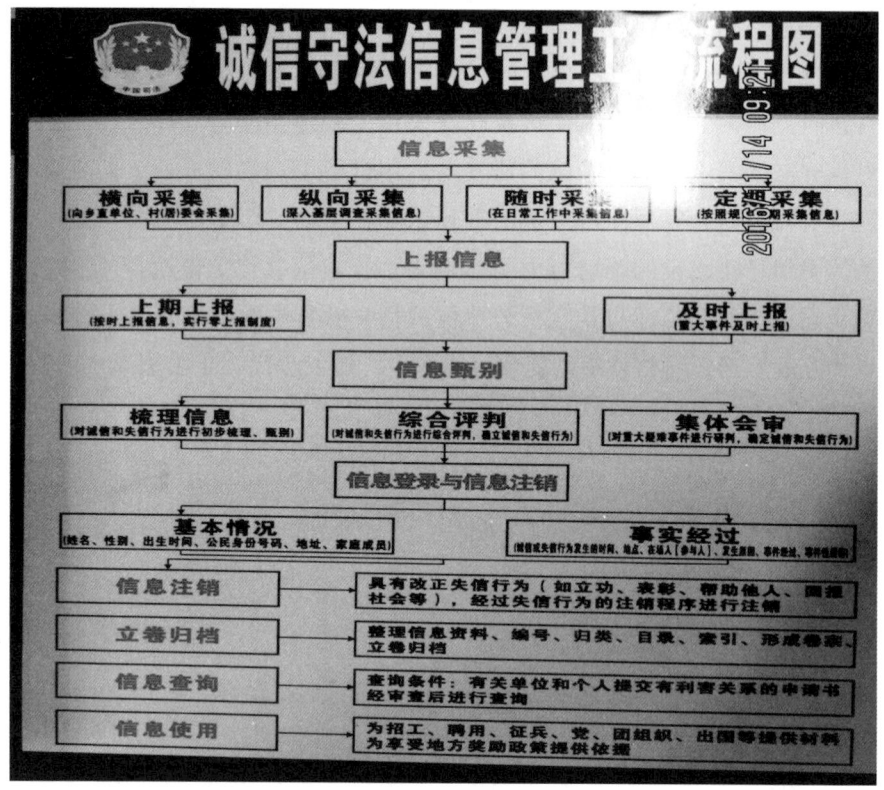

公民诚信守法档案信息管理工作流程图

三 广泛宣传，充分发挥档案作用

全县各乡镇均按照县司法局的统一安排，集中一个时期全面安排部署公民诚信守法档案建设工作，全县在此期间共召开专题会议36场次，培训会65场，2800余名各村（居）负责录入的工作人员参加了培训。各乡镇为了推进此项工作，开展了不同形式的推进会。

2017年1月6日，长乐坪镇在2017年度社会治安综合治理全会上专项提到了2017年长乐坪镇公民诚信守法档案建设工作的开展与谋划。在苏家河村先行试点宣传运用公民诚信守法档案，让老百姓知晓率达到百分之百，以提高运用效果，然后全镇推广，以正民风。

五峰县长乐坪镇苏家河村公民诚信守法档案建设工作推进大会

五峰县长乐坪镇诚信守法信息中心

2017年2月10日，仁和坪镇召开全镇公民诚信守法档案建设工作推进会，该镇于去年年底全面启动"公民诚信守法档案"建立工作，动员会召开之后短短一个月之内，迅速完成了全镇15个村共63组6751户的信息采集并建立一户一档。镇政府安排青年干部黄燕同志专门从事诚信守法档案建设日常工作。档案将农户遵守村规民约、社会公德，执行国家法律、政策以及明礼诚信等情况记录在案。

五峰县五峰镇全体干部职工召开公民诚信守法档案工作推进会

2017年2月15日，五峰镇召集全体干部职工召开公民诚信守法档案工作推进会。会议强调，全镇上下要各司其职，形成强大的工作合力。镇党委班子成员要带头、带领、带动抓落实，机关干部要主动抓落实，年轻干部要好学、好问、好干，村两委班子要落实责任抓落实。全镇党员干部要以更加饱满的热情，更加坚定的信心，更加务实的作风，更加求实的精神，完成2017年公民诚信守法档案建设既定目标。

为了进一步贯彻落实五峰土家族自治县县委、县政府关于建立全县诚信守法档案工作的总体要求，2017年2月23日，傅家堰乡党委、政府组织召开了傅家堰乡公民诚信守法档案工作推进会，全面安排部署公民诚信守法档案建设。乡党政班子成员、中层干部、乡直部门负责人、各村（居）党支部书记、治调主任、网格管理员近百人参加了会议。会议由乡党委副书记田艳平主持，乡党委书记刘旻做总体部署讲话，要求各领导小组负责人、工作专班务必高度重视，在工作推进中做到录入准确、程序到位、统筹兼顾并加强宣传和引导，要在全乡营造"诚信守法光荣、失信违法可耻"的良好氛围；乡司法所、派出所作为业务指导部门对诚信守法档案做了进一步的讲解和宣传，同时在会上对各村（居）负责录入的工作人员进行了专项业务培训，力争在3月底之前完成全乡的信息录入工作。截至会议召开之前，该乡已完成大龙坪村试点645户1758人的录入工作，全面铺开后将形成覆盖全员的公民诚信守法体系，从而推动社会管理创新，充分发挥守信激励和失信惩戒机制作用，增强全社会诚信守法意识，使经济社会秩序得到根本好转。

五峰县傅家堰乡召开公民诚信守法档案工作推进会

为了扎实开展公民诚信守法体系建设，确保诚信守法档案信息录入工作稳步推进，2017年3月22日下午，傅家堰乡召开了公民诚信守法档案、"诚信、失信"信息采集工作会，对下一阶段的信息录入工作进行安排部署，公安、司法、综治、国土、林业、食药等各乡直行政执法成员单位以及信合等相关单位负责人参加会议。乡党委副书记田艳平要求各乡直行政执法单位成员坚持实事求是、依法依规的原则，以本执法部门的执法文书为据，从2016年1月起统计近两年来的失信违法行为信息，同时结合乡"五个十佳"活动、"优秀共产党员"等一系列表彰文件和证书采集公民诚信守法信息，完成信息采集、甄别、录入后交由信息中心统一保密处理，保护公民个人合法隐私。司法所对"诚信、失信"信息的录入内容、格式作了进一步要求和指导。傅家堰乡十分重视此项工作，该乡九村一居的公民基础信息录入工作已基本完工，"诚信、失信"的信息建档也在2016年4月初完成。

五峰县傅家堰乡召开公民诚信守法档案、"诚信、失信"信息采集工作会

傅家堰乡大龙坪村在2016年4月20日召开了公民诚信守法档案、"诚信、失信"民主评议会，此次的民主评议会由乡派出所、司法所、综治办联合召开，司法所作为公民诚信守法档案建设的业务主管部门，对所有到会的村民代表详细介绍了公民诚信守法档案的实施方案与细则，结合新制定的村规民约对民主评议中的十二类行为（诚信守法行为十二类、失信违法行为十二类）作了进一步解释；同时鼓励村民积极提供"诚信、失信"信息，并开设了"诚信"举报箱，此次会议经二组村民代表自评自选，共推选出4名诚信守法人员与1名失信违法人员，待全村全部完成民主评议后，乡、村两级公民诚信领导小组将审核甄别所有人员信息，对失信违法人员将会提出具体整改措施与期限，并张榜公示。

五峰县傅家堰乡大龙坪村召开公民诚信守法档案、"诚信、失信"民主评议会

五峰县傅家堰乡大龙坪村公民诚信守法档案民主评议会现场

各乡镇除了开展公民诚信守法档案制度建设工作推进会外，还开展了其他多种形式的宣传工作，同时也加强了此项工作的规范化建设。

傅家堰乡对公民诚信守法档案建设进行时时宣传

渔洋关镇司法所定期召开诚信守法宣教月动员会

长乐坪镇司法所所长谢红对全镇所有镇村干部进行公民诚信守法档案知识培训

五峰县采花乡诚信守法档案宣传资料

四 总结经验,在全县普遍推行

五峰县司法局在认真总结采花乡、渔洋关镇"公民诚信守法档案"建设试点工作经验的基础上,进一步完善了《五峰土家族自治县诚信守

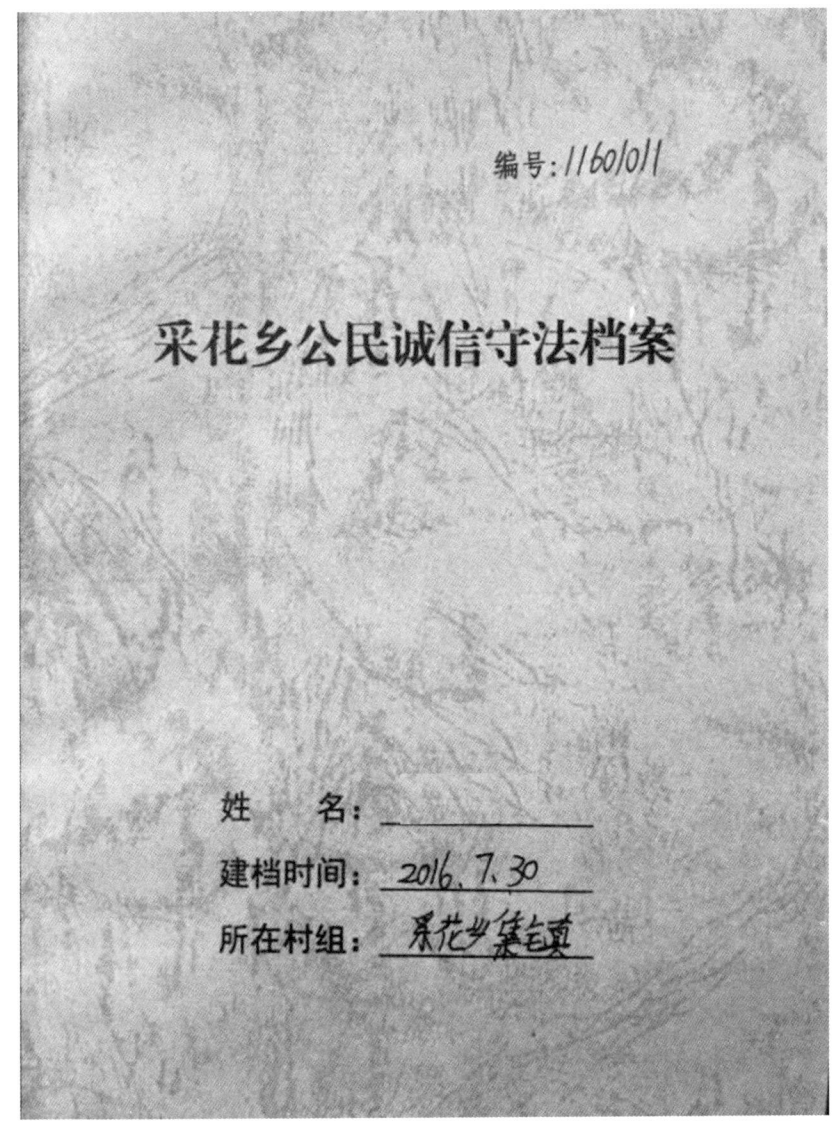

五峰县采花乡公民诚信守法档案记录本

法档案建设工作实施方案》和《五峰土家族自治县诚信守法档案建设实施细则》,并下发全县各乡镇、县直部门贯彻落实。县司法局于2016年9月22日在采花乡召开启动会,安排部署全县"公民诚信守法档案"建设工作后,又于2016年11月17日召开全县诚信守法档案建设工作推进会。

五峰县渔洋关镇农民诚信守法档案资料

五峰县渔洋关镇公民诚信守法档案资料

推进会上，采花乡、渔洋关镇介绍了建设经验，县公安局、县食药监局、县林业局3个单位分别结合各自工作职责就如何配合推进诚信守法档案建设进行交流发言。县诚信守法档案建设工作领导小组就当前和今后一个时期全县"诚信守法档案"建设工作任务作出安排部署。

第三节 公民诚信守法档案创建工作在试点阶段取得的成效

五峰土家族自治县以采花乡为试点创新建立的"公民诚信守法档案"建设工作通过近一年的探索实践经历了摸底、准备、实施、推广几个阶段后初显成效。在实际运用方面，试点阶段建立了红黑榜发布机制，定期发布，并开始运用于人民调解和社区矫正人员警示教育、网格员招聘与征兵政审、信用借贷、出具个人诚信证明，在后期诚信守法档案管理中，还将建立网上平台与网格化系统挂钩，实现信息共享，单位和个人得到授权后即可查询。这项工作得到了省厅、市局的充分肯定，并在央视新闻频道予以播出。县委县政府高度重视，将推行诚信守法档案建设工作写入党代会、人代会工作报告，作为社会治理的重要措施在全县推广。

在试点阶段，全县8个乡镇共有108个村（居），总户数69867户，其中61851户建立了诚信守法档案，建档率已达到88.5%；总人口205897人，已建档人数达到177127人，建档率达到88%；采集到诚信记录和违法失信行为记录共10910条。因有各种违法失信行为，办事中受到警示或限制、惩处的事项有419条。五峰县司法局开展的公民诚信守法档案创建工作在弥补社会管理短板、敦促广大公民自觉学法守法、切实解决矛盾纠纷、推动基层诚信社会建设中发挥了显著作用。

一 敦促广大公民自觉学法守法，切实化解了一批矛盾纠纷

试点阶段，全县通过公民诚信守法档案的约束作用，促使广大群众认识到遵纪守法的重要意义，主动自觉学法守法，使广大群众的规则意识得到明显提升，一批纠纷也得以及时化解。本部分主要通过典型案例来予以说明。

案例1　人民调解陷僵局　诚信档案显效力

2016年6月23日，经过采花乡司法所与乡项目办工作人员多次调解，采花乡苦竹坪村村民朱某某、陈某某终于达成和解协议。至此，这一起因家庭矛盾纠纷影响酒泉至湖南特高压直流输电线路工程建设的事件终于尘埃落定。

据悉，酒泉至湖南特高压直流输电线路工程起于甘肃酒泉，途经甘肃、陕西、重庆、湖北、湖南5省（市），止于湖南湘潭县，线路全长2383公里，工程投资262亿元，于2015年5月获得国家发改委核准，计划于2017年建成投运。2015年12月该工程修建至采花乡苦竹坪村线路段时，因要经过村民朱某某房屋的上方，需要拆除朱某某房屋，这就涉及房屋拆迁补偿款，然而，朱某某2012年与妻子陈某某协议离婚，当时陈某某分得了三间房屋的其中一间，女儿也由陈某某照管。在本次工程建设拆迁工作进行到朱某某家时，因补偿款的分配问题二人产生了矛盾纠纷，严重阻碍了输电线路工程建设施工。

为了保障国家重点工程建设顺利进行，3月初以来，采花乡司法所、综治办、项目办多次前往苦竹坪村组织现场调解均未能成功。6月23日上午，面对不断临近的工期，采花司法所与项目办进行了紧急磋商，认真分析总结了前几次调解经验，决定以本次采花乡诚信守法档案建设为契机，寻求突破点，一举解决本次矛盾纠纷。

6月23日下午，司法所协同项目办再次前往苦竹坪村村委会组织调解，在调解进行到最后，双方再次因补偿款分配比例问题产生了争论，调解陷入了僵局。面对这个情况，司法所工作人员拿出了采花乡诚信守法档案，并向朱、陈二人做了详细介绍，指出酒泉至湖南特高压直流输电线路是国家正在建设的重点基础设施工程，个人矛盾纠纷不得阻碍工程的建设施工，这是本次调解的基调，对于因个人矛盾纠纷未得到化解而阻碍工程施工建设的，我们将在诚信守法档案中详细记录其行为，成为永远也抹不掉的污点，对其将来参加征兵、参考公务员、招工、竞选村两委干部等多种机会也将产生影响。在听取了人民调解员的详细介绍后，朱、陈二人终于认识到了自身错误，当即表示，不管本次调解是否成功，绝不阻拦工程的施工建设，补偿款分配问题可以留待以后解决。

至此，本次调解已实现了前期的主要目的，在这种情况下，司法所与项目办工作人员认为基调已经订立，双方的矛盾纠纷应该可以化解。通过对朱、陈二人离婚协议的分析，司法所工作人员对陈某进行了心理攻坚，在协议中，朱某某每个月要支付女儿800元的抚养费，在女儿上初中之后还将提高抚养费的金额，本次补偿款的分配按照朱某某的分配要求来进行是可取的，双方都是为了孩子，在这个基础上达成协议也是为女儿着想，通过努力，陈某某终于松口，同意了朱某某提出的分配方案并达成了协议，事件终于得到了圆满解决。

本次矛盾纠纷的解决，使我们再一次认识到公民诚信守法档案的现实意义和其巨大的社会影响力，让五峰县司法局更有信心进一步完善公民诚信守法档案的建设和实际运用，使之成为化解矛盾纠纷、改善社会风气、建成法治五峰的一把利剑。

五峰县采花乡司法所、综治办、项目办与当事人纠纷调解现场

案例2　以诚信促和谐，以档案促法治

"感谢你俩们啰，还得亏有这个诚信守法档案，裹啦三年的经终于算是安生哒，我这老太婆往后的日子就好过啦！"五峰县采花乡星岩坪村的朱大娘言语间眼中竟沁出了泪花，紧紧握住司法所工作人员的手说道。

2013年，朱大娘家与同村的李某因琐事发生口角，双方互相辱骂，甚至上演了"全武行"。从那以后，李某就经常找朱大娘麻烦，如在朱大娘家出入的路上挖一个大坑，放羊时纵羊吃掉朱大娘家的秧苗等，朱大娘对此不胜其烦，甚至一度报警，但都因达不到处罚条件而不了了之。乡综治办、司法所、派出所、村委会多次组成调解专班进行调解，均未果。

2016年7月13日，李某再次找茬滋事，面对这种情况，乡综治办与司法所工作人员果断决定以公民诚信守法档案建设为契机，彻底解决这个老大难问题。司法所工作人员首先向李某详细介绍了采花乡目前正在建设的诚信守法档案，如果他不收敛自己的行为，将会把他几年里所有违背道德的行为详细记录到诚信守法档案之中，这对他和他的家庭成员以后的贷款、征兵、报考公务员、外出务工等都将产生影响。然后再回到他与朱大娘之间的矛盾纠纷，循序渐进地引导他自己深思其中的利害关系。最终，在诚信档案的震慑之下，李某当场承诺绝不再做违背道德法律的行为，这场持续三年之久的矛盾纠纷终于得到圆满解决。据悉，这是采花乡公民诚信守法档案建立以来继运用于采湾公路建设协调阻碍酒泉至湖南特高压直流输电线路工程建设矛盾的纠纷调解之后，运用于人民调解取得的又一成果。

案例3　渔洋关镇公示首批违反公民诚信道德建设规定的居民

渔洋关镇三房坪村一组、二组属于新县城迁建核心区，需整体拆迁。

在绝大多数村民支持配合征地拆迁工作的同时，也有少数村民不满征地拆迁补偿安置政策，在极少数人的煽动下，违反正常上访程序，自2016年6月以来多次到县政府大楼，采取围堵党政机关办公大楼和在办公大楼门前静坐的方式非法上访。

村民聚集在县政府办公大楼门前围堵的此行为严重影响了党政机关正常办公秩序，经相关单位工作人员多次进行法制宣传、劝说疏导，仍有少数居民不听劝阻，于2016年6月28日再次到县委、政府大楼围堵、静坐办公楼通道，造成极其恶劣的社会影响。根据公民诚信道德建设相关规定，2016年7月5日，对三房坪一组村民周某某、邹某某等15人因违反公民诚信道德建设规定，载入公民诚信档案，并予以公示。曹家坪村村民李某恒用汽油泼洒拆迁公司工作人员，威胁对方人身安全被公安机关处罚，记入公民诚信档案，并予以公示。

此次诚信守法档案的运用，对因阻挠征地拆迁而缠访、闹访的行为和意图具有极大的震慑作用，让村民深刻认识到维护自己的权益应摒弃缠访、闹访、静坐、示威等扰乱社会公共秩序的方式，要走合法合理的途径。

案例4 诚信档案让"人情"更有人情味

2017年1月，渔洋关镇大房坪村针对当地大操大办之风严重、村民不堪人情重负的情况，抓住全镇推进公民诚信守法档案建设的契机，及时召开村民代表大会，讨论修订《村规民约》，决定将违规操办喜庆酒宴的村民记入公民诚信守法档案的失信违法记录，并予以取消村级福利待遇等方面的惩戒。大房坪社区杨某琼、胡某义等村民学习了新修订的村规民约和公民诚信守法档案建设实施细则后，主动取消了给孩子办满月酒等无事酒共十余场，让村里的人情往来添了温情、少了负担，真正做到了移风易俗、新事新办。这一典型，在中央电视台2017年1月19日综合新闻频道进行了报道。

五峰县海洋关镇三房坪村少数村民在县政府办公楼聚集

中央电视台报道五峰县大房坪社区推行公民诚信档案

案例5　五峰镇黄良坪村委会巧用公民诚信守法档案化解积怨多年的邻里纠纷

"张主任，三组的宾某和高某又吵起来咯，咱们快点去看看，免得打起来了！"10月中旬的一个下午，一通电话打破了五峰镇黄良坪村委会的宁静。

宾某和高某是黄良坪村三组的村民，两家相邻而居，因屋后的山林权属问题而积怨多年。村委会曾针对宾、高两家的山林权属进行调解并达成了调解协议，将两家老屋场至公路下的区域进行了明确的划分，可惜双方因多年的积怨，已由单纯的山林纠纷演变成两家的置气斗狠，达成调解协议后因为一些生活中的琐事导致双方一直未按调解协议规定的内容执行。

黄良坪村治调主任张礼林赶到现场后，宾某、高某两人正站在两家的屋场前对骂。在安抚好两人的情绪后，张主任了解到，这一次宾某本想主动找到高某商谈执行调解协议的事情，在商谈的过程中因一些激烈的言语惹恼了高某，从而引发了这一次的"骂战"。

宾某、高某两人调解协议的执行问题一直是村委会的一块心病，面对这一情况，张主任突然想起前一阵在村民大会上宣传过的公民诚信守法档案，而且宾、高两家的小孩也快要大学毕业进入社会工作。张主任遂对宾某、高某两人详细讲解了公民诚信守法档案对于征兵、公务员招录等方面的影响，并告诉他们不执行调解协议规定的内容也会被计为失信行为。听到自己的冲动竟然会对孩子的前途造成这么大的影响，宾某、高某也开始反思自己在平常生活中的一些过激做法，纷纷表示愿意执行调解协议并放下往日的恩怨，和睦相处。

在日常工作中，往往会碰到一些法律关系简单明了，却因为当事双方相互置气而愈演愈烈的矛盾纠纷。公民诚信守法档案的建立正好为我们在调解这类矛盾纠纷的过程中提供了一个灵活便捷的方法，更为增强群众的诚信守法意识、促进社会和谐提供了强有力的保障。

案例6 阻路要价起纠纷诚信档案促平衡

2005年12月，傅家堰乡大龙坪村张某某与张某合伙协商修建入户公路一条，两户共同出资出力直到次年2月将炸山开路的土石方全部清除，后因张某有事需外出，便让张某某先单独完成剩余工程，并资助板车一部用于修路，以抵除本人缺少工日，2006年7月该道路修成后至2016年的十年间，两户共同使用该道路未发生任何矛盾纠纷。

但在2016年7月，张某某与张某因邻里琐事产生矛盾后，张某某一气之下对该道路进行阻拦，并时常阻挠张某的三轮车正常通行，张某出于报复，便将张某某埋于自家田地中的饮水管道进行破坏，两家矛盾进一步加剧。

同年12月，经村级多次调解无果后，张某某找到乡人民调解委员会申请调解，乡司法所、派出所组织双方当事人在村委会进行当面调解，张某某拿出2006年2月至7月自己所记单独修建的300多个工日账目，要求对方承担其一半工日即4000元，并要求对方恢复自己的饮水畅通；而张某认为其所记工日虚假、要价过高不能接受。工作人员耐心劝导后，张某某仍寸步不让致使调解不成，张某出于无奈只好放弃对该公路的使用权，并将前期自己修建道路所出的物资费用当作近年使用该路的付出，不再追要。

后张某某在申请调解饮水纠纷过程中，执意单独解决饮水问题，而对公路使用问题避而不谈，调解失败后仍要求乡、村两级干部给予硬性解决，多次滋扰，乡、村两级政府苦不堪言。

2017年4月，在全乡开展公民诚信守法档案建设宣传时，恰逢张某某的儿子要报考大学生扶贫村官，乡司法所利用诚信档案向其宣传了失信违法将影响到其子的政审考核，张某某意识到自己的行为带来的严重后果，并决定接受傅家堰乡人民调解委员会提出的建议自行解决饮水问题，且签下保证书，保证与邻里农户不再因山、田、水、路发生任何矛盾纠纷。后张某某经村委会帮忙恢复了道路畅通，并不再追究张某的工日账目问题,而张某也主动接好了张某某的饮水管,两家和好如初。

案例7　诚信档案助力大学生扶贫村官招考

2017年4月,在招考大学生扶贫村官工作中,通过统计查看公民诚信守法档案中的失信违法行为记录,对289名本地报考考生的报考资格进行了审核。经审核,有7名报考考生家庭存在不同程度的违法失信行为,县公民诚信守法档案信息中心将审核结果提供给县人社局,作为大学生扶贫村官招考的重要参考依据。

案例8　纠纷赔偿难达一致　诚信档案从中协调

2016年8月26日,傅家堰乡某村张B家因房屋改造,邀请本村张A等人帮忙拆房,在拆除二楼窗户时,张A意外坠落致伤并被及时送往傅家堰乡中心卫生院救治,经医生处理后,当晚送往县人民医院治疗。经医院诊断:张A大腿肱骨骨折,需进行钢板固定3个月、卧床休养7个月共计10个月的治疗期。住院治疗期间,相关医疗费用均由张A预支付。

9月21日,张A出院回家疗养时,其家属到张B家提出了工伤赔偿,要求张B赔偿治疗期间的误工、营养补助、交通补助、后期医疗以及家人护理的误工等费用共计55000元,并声称如不能按此赔付的话就将伤者送往张B家中居住,让其照顾伤者以后的生活起居。张B听到后,认为张A家属要求过高,纯属恶意敲诈,故意刁难自己,不能接受。双方僵持不下,后经村委会几次协商都未达成一致意见,无奈之下,双方当事人申请乡人民调解委员会调解。

收到申请后,傅家堰乡高度重视,及时组成调解专班会同村调委会调解员到事故现场及双方当事人家里了解案件情况,并组织双方当事人座谈调解,在查明事实后,乡调委会调解员向双方宣讲相关法律法规知识,并就本案应适用的法律规定做出了详尽的解释。根据我国

《最高人民法院关于审理人身损害赔偿案件适用法律若干问题的解释》第十一条第一款规定:"雇员在从事雇佣活动中遭受人身损害,雇主应当承担赔偿责任。"认定张 B 对张 A 的致伤应当承担赔偿责任。张 A 及家属提出的赔偿金额过高,过高要求不能得到法律支持,应当依照《侵权责任法》,在人身损害的赔偿范围内提出合理诉求。

在双方当事人认同上述观点后,乡调委会调解员根据最高院《关于审理人身损害赔偿案件适用法律若干问题的解释》第九条的规定"雇员在从事雇佣活动中致人损害的,雇主应当承担赔偿责任"以及《侵权责任法》第三十五条的规定"提供劳务一方因劳务自己受到损害的,根据双方各自的过错承担相应的责任",并结合当地的平均收入水平,依次将误工费、护理费、营养补助等相关费用——列出,并计算出合理的赔付金额共计约 35000 元。但张 A 及家属认为此赔偿金额过低无法接受,致使不能达成一致意见。

五峰县傅家堰乡村民张 A 在人民调解协议书上签字

见情况僵持不下，乡调委会一名调解员打破沉默，向双方当事人介绍了公民诚信守法档案，提出目前全县都在开展公民诚信守法档案建设，乡里各村都在开展公民诚信和失信行为的评议，若劳务纠纷不赔偿将会被记入个人诚信守法档案，不仅影响自己生活的方方面面，更会影响家人的征兵政审、事业单位招聘等，听完调解员的讲解，张B详细询问了公民诚信守法档案的建立与运用，并同意增加5000元的赔偿。至此，双方当事人就赔偿问题达成一致意见，在人民调解协议书上签字，此事调解圆满成功。

案例9　情理法多战术并用　"伤、财、赡"连环案同解

20世纪80年代末，祖籍外地的胡某治经人介绍与渔洋关镇某村女青年熊某明恋爱结婚，并到女方当了上门女婿，与其岳父母熊某林夫妇及其姨妹熊某琼一大家人共同生活近20年，一直相处和睦。

2011年，根据新县城建设规划，原建在渔洋关镇城区的骏王水泥厂搬迁至桥河村五组，需征收该组耕地100余亩、山林300余亩，拆迁农房40余栋，胡某治家正处征地拆迁区域。征地拆迁开始后，绝大多数农户积极配合，完成了征地拆迁事宜，然胡某治家的征地拆迁因为胡某治与熊某林、熊某琼就征地拆迁补偿款的分割引发争议，久拖不决。不仅导致项目征地拆迁受到严重影响，进而使该项目的搬迁工程受阻，而且还引发了胡某治与熊某林夫妇的赡养纠纷。虽经多方调解，该户的分家析产及老人赡养纠纷始终未能化解，2014年一家人还闹上了法庭，因案情复杂、争议分歧大而被法院驳回，家庭矛盾进一步激化，一日一小吵，三日一大吵，继而于2014年年底至2015年3月屡次发生打架斗殴，致伤多人。真是一案未结，新案再发，纷争不断，既影响社会稳定，又严重阻碍新县城迁建的顺利进行。

2015年3月下旬，渔洋关镇召开综治例会，全面排查矛盾纠纷和重点不稳定因素，该连环案被列为重点疑难案件，决定由综治办牵头，组

成由镇综治办、渔洋关司法所、派出所、桥河村委会、县联调委等联合调解专班对该案进行调处化解。联合调解专班受理该案后，经过深入细致的走访调查，于2015年4月19日在县联合调解委员会"自信调解室"开庭调解该连环案。经过庭审调查，进一步查明案情后，针对当事人的特殊关系，调解员苦口婆心地劝诫当事人讲亲情互谅互让，动之以情；围绕该案的事实情节，调解员开宗明义地给当事人陈述情理，晓之以理；针对该案的争议焦点，调解员宣传解释法律法规，辨析法律关系，适之以法。联合调解专班组织当事人学习《公民诚信守法档案建设实施细则》《公民诚信守法档案实施方案》和五项制度，尤其详细介绍了公民诚信守法档案的动态管理和利用制度，在此基础上，就征地补偿款分割、赡养老人、人身损害赔偿等逐案逐细节地进行协商调解。经过十多个小时的连续作战，于当日傍晚，当事人就涉及"财、赡、伤"关系的权利义务和履行方式达成一致：

以申请人胡某治为户主承包的山林及未办经营权证的自留地、饲料地、茶园按6等份分割，胡某治享有其中的4等份（含岳母1份），熊某林和熊某琼各享有1份，已征收的补偿款与未征收的均按6等份分割；以申请人胡某治为户主承包经营的土地归胡某治收益，以熊某林为户主承包经营的土地按3等份分割，熊某林和熊某琼各享有1份，其中（申请人岳母）的1份由申请人胡某治收益；1990年大家庭修建的以胡某治为户主的砖混结构房屋一栋二层拆迁补偿款，胡某治收益二层全部、第一层的一半及第一层的粉刷装修补偿款，熊某琼收益第一层的一半补偿款；胡某治为其岳父熊某林缴纳的失地农民社会养老保险费35720元由其本人分得的征地补偿款中负担；熊某林随申请人熊某琼生活，其他子女共同负责赡养和安葬；熊某琼一次性支付申请人胡某治医药费、误工损失费、住院生活补助费等各项经济损失5500元。

至此，这宗纷争多年、不断升级的家庭纠纷得到成功化解，既促进了家庭和谐，维护了社会稳定，又为项目建设、新县城迁建扫清了障碍，可谓一举多得。

渔洋关镇联合调解专班调解胡某治案现场

案例10　其他典型案例

2017年3月，采花乡宋家河村村民简某汉，因"7.19"特大暴雨受灾，茶厂被毁，要求政府赔偿未能得到满足，既而走上了上访之路。乡政府收到了其要前往北京小女儿家的消息，由乡党委副书记带队，第一时间赶往渔关，现场对其本人及两个女儿进行了法治宣传教育，宣读了《宜昌市中级人民法院　宜昌市人民检察院　宜昌市公安局关于依法处置信访活动中违法犯罪行为的通告》，同时拿出《诚信守法档案》进行了宣传讲解。简永汉在听取了司法局工作人员的宣传教育后，转身拿出了制作好的上访视频碟片，表示确有进京信访意图，但在听取了相关信访法律知识讲解后，当场保证进京后不会上访。

2016年7月，渔洋关镇三板桥村在建立诚信守法档案的基础上，大张旗鼓地表彰了75个诚信守法的村民，营造了诚信守法的大环境。

2016年10月，采花乡星岩坪村村民张某平，因在县乡换届中存在拉票、贿票行为被记录在册。2016年年底，在采花乡网格员招录中，张某平因其有失信违法行为，经审查被取消了报名资格。张某平知情后对自己的失信违法行为万分懊悔。

长乐坪镇三教庙村村民刘某因山林权属纠纷曾到县政府上访，据调查，该纠纷经村级调解后已达成协议，刘某却反悔并拒绝履行。后经司法所工作人员对其进行诚信守法教育，刘某承诺不再为此事上访，并且希望不要在档案上记录其违法失信行为，免得影响子孙后代。

五峰县司法局结合2017年"信访问题法治宣传活动"重点工作，对1100名有潜在上访意向的上访者进行了走访，向他们宣传公民诚信守法档案政策，有效遏制了他们的上访行为。

二 受到省、市、县三级党委和政府的高度肯定

五峰县司法局创新开展公民诚信守法档案建设工作受到了五峰县委、县政府的高度肯定。2016年12月7日，中国共产党五峰土家族自治县第十四次代表大会隆重召开。县委书记陈华代表中共五峰土家族自治县第十三届委员会向大会所作的报告中指出：坚持依法治理、综合治理、民主治理，不断创新社会治理方式和治理体系。大力弘扬法治精神，加快社会诚信体系建设，推行公民诚信守法档案建设，努力维护社会公平正义，建设法治五峰。

在2016年12月15日召开的五峰县第九届人民代表大会第一次会议上，县委副书记、县长万红在代表自治县第八届人民政府向大会作工作报告中明确指出：法安天下、德润人心。要充分发挥法律和道德规范社会行为、调节社会关系、维护社会秩序作用，大力推进社会诚信体系建设，推行公民诚信守法档案建设，引导干群认清德与法的关系，提升全民的法治自觉、道德自觉，让每位公民感受到法律的公平正义。

在2017年3月23日召开的县委政法维稳工作会议暨第一次综治全会上，县委常委、政法委书记、群工部部长覃业成在报告中强调：进一步完善"公民诚信守法档案"信息采集、系统录入、软件开发、

五峰县第十四次党代会安排部署公民诚信守法档案建设工作

结果运用，建立全县共享的"公民诚信守法档案"查询信息平台和查询制度，营造全社会诚信守法的浓厚氛围。着力打造"鼓励诚信守法，惩戒失信违法"的五峰县"公民诚信守法档案"社会治理创新品牌。

五峰县公民诚信守法档案工作获得宜昌市司法局肯定，并在宜昌市县与推广。2017年2月27日召开的宜昌市司法行政工作会议通报表彰了2016年度全市司法行政工作目标考核优胜单位、先进单位、特色工作项目化管理获奖项目、全市优秀司法鉴定机构和优秀司法鉴定人。五峰司法局"公民诚信守法档案"获2016年全市司法行政系统特色工作项目化管理一等奖。

2017年3月14日，宜昌市司法局专题听取了五峰土家族自治县公民诚信守法档案建设情况汇报，并进行专题研究。市司法局时任党组书记、局长张德才同志强调，五峰县司法局要完善工作内容和机制，尽快

34 / 公民诚信守法档案制度构建实证研究

五峰县委政法工作会议安排部署公民诚信守法档案建设工作

邀请法学专家对"公民诚信守法档案"进行研讨,形成一套明确的工作流程和工作规范;要加强档案运用,扩大社会影响力,得到社会的认可;要扩大档案覆盖领域,从村(居)逐步扩大至机关和企、事业单位;要加强工作总结宣传,通过大量的具体案例扩大社会影响力,赢得群众认可;要稳步推进诚信档案信息化建设,最大限度发挥"档案"的作用。

五峰县公民诚信守法档案建设工作荣获宜昌市
"2016年特色工作项目化管理一等奖"

三 新闻媒体对五峰县公民诚信守法档案建设工作进行报道

五峰县公民诚信守法档案试点实施取得较为显著的成效后，引起了各大媒体的广泛关注，《法制日报》《中国档案报》、司法部网站等中央媒体以及湖北省、宜昌市的地方媒体，均对五峰县建立公民诚信守法档案的有关做法和经验进行了全面深入的报道。

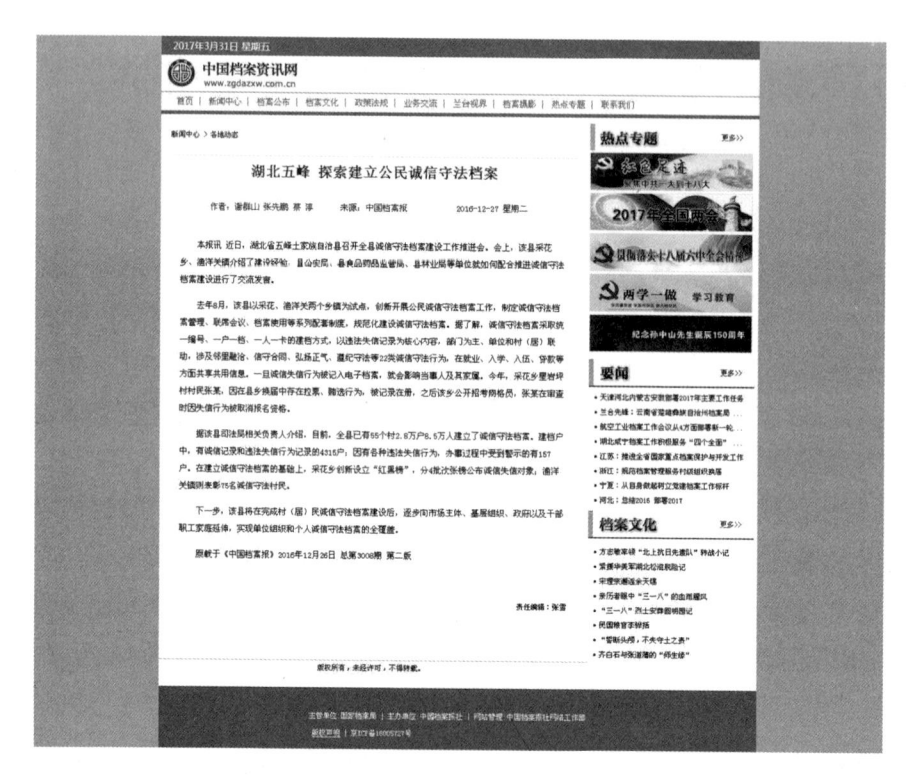

中国档案资讯网报道五峰县公民诚信守法档案建设工作

湖北省司法厅报道五峰县公民诚信守法档案建设工作

湖北省司法厅报道五峰县公民诚信守法档案建设工作

湖北省司法厅官网报道五峰县公民诚信守法档案建设工作

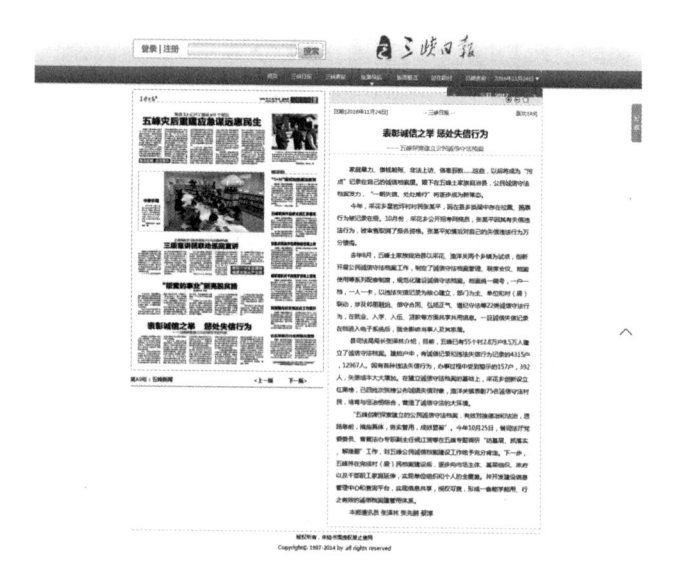

《三峡日报》报道五峰县公民诚信守法档案建设工作

宜昌政务网报道五峰县公民诚信守法档案建设工作

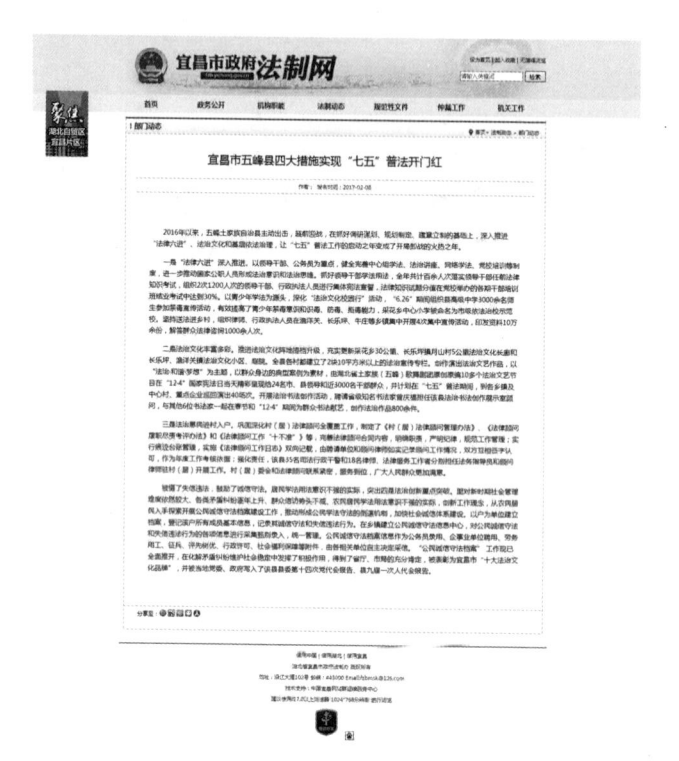

宜昌市政府法制网报道五峰县公民诚信守法档案建设工作

宜昌市司法局官网报道五峰县公民诚信守法档案建设工作

五峰县政务网报道公民诚信守法档案建设工作

五峰县政务网报道公民诚信守法档案建设工作

实践证明，建设公民诚信守法档案，既是践行党的十八大提出的"深入开展道德领域突出问题专项教育和治理，加强政务诚信、商务诚信、社会诚信和司法公信建设"的正确抉择，也是提高人民守法意识、扩大社会约束范围、缓解综治维稳压力的现实需要。

第四节　公民诚信守法档案创建工作试点阶段存在的问题

公民诚信守法档案创建工作在试点阶段取得了较为显著的成绩，但也还存在一些值得深入研究的问题，主要为：

一是各乡镇工作开展进度不平衡，少数乡镇只建立了档案的基本信息，对诚信守法行为和失信违法行为的基础信息还未全面及时录入。

二是信息平台还未建立，现阶段工作基础信息实现网上查阅和网络共享的要求特别迫切。

三是相关工作制度还没有健全，工作措施还不够完善，尤其是对失信违法行为的界定是否全面、是否有足够的法律依据、如何处理诚信守法档案与保护当事人合法权益的关系等内容方面。

四是内外宣力度不够大，宣传方式、渠道比较单一。

在以上四方面问题中，第三方面的问题比较突出，这一点在宜昌市司法局时任党组书记、局长张德才同志于2017年3月14日听取五峰土家族自治县公民诚信守法档案建设情况汇报时就明确予以指出。

第二章

公民诚信守法档案制度整体设计阶段

为了进一步推进公民诚信守法档案建设工作，不断完善有关制度，五峰县司法局于 2017 年 4 月 13—14 日召开了公民诚信守法档案建设专家调研座谈会，湖北省司法厅党委委员、省普法办专职副主任侯江波，宜昌市司法局时任党组书记、局长张德才一行以及省市专家学者到五峰县对公民诚信守法档案建设工作进行了专题调研。调研组首先实地调研了五峰县渔洋关镇、大房坪社区、三房坪社区的公民诚信守法档案建设情况，听取了工作汇报。与会的 13 名专家学者一致认为五峰县公民诚信守法档案工作是改革进入深水区后农村社会治理的有益探索，很有针对性，值得总结推广，必须充满信心、坚定不移地向前推进。同时，要在工作机制、档案内容、奖惩标准、工作流程等方面要加强理论研究，将公民诚信守法档案建设工作从实践上升到理论高度。

会后，五峰县司法局委托三峡大学法学与公共管理学院课题组就该项工作涉及的有关制度构建问题进行理论研究。三峡大学法学与公共管理学院接受五峰县司法局关于"五峰公民诚信守法档案建设研究"这一课题后，立即成立了由法学、政治学和社会学等领域研究的专家、学者组成的课题组，课题组全体成员专程到五峰县司法局就课题研究的目标、主要研究内容、研究进度要求等进行了交流后，随即开展了一系列的研究工作。

五峰公民诚信守法档案建设专家调研座谈会

第一，资料收集。

课题组既收集了与公民诚信守法档案建设相关的法学、政治学和社会学等学科的相关理论研究资料，也收集了重庆市云阳县、广东省龙门县龙田镇、山东省宁津县、河北省广平县、福建省南安县等地关于公民诚信守法档案建设的有关实施方案、考核制度、工作成效等实践资料。

第二，实地调研。

课题组在五峰县司法局党组成员、县依法治县办公室副主任张先鹏同志的带领下，重点到五峰县采花乡、傅家堰乡、长乐坪镇、渔洋关镇四个乡镇公民诚信守法档案工作开展比较典型的星岩坪村、栗子坪村、白庙村、三板桥村等村进行了实地调研。同时，课题组还到重庆云阳县就云阳县"五个诚信"体系建设的历史、现状和未来发展计划等情况进行了深入调研，收集了《云阳县诚信信息管理办法》《公民道德诚信系统诚信信息采集录入细则》等制度文本。

第三，与五峰县公民诚信守法档案建设信息化课题组进行交流。

课题组在五峰县司法局和宜昌市司法局的组织协调下，就公民诚信守法档案建设制度设计进展、相关内容与信息化技术的可能性与现实性等问题进行了全面深入交流，这既有利于确保线下制度研究与线上制度实施的有效衔接，又有利于五峰公民诚信守法档案建设信息化课题组系统设计工作的开展，加快本制度实施进度。

第四，深入研讨。

课题组成立后，先后就课题研究进行了五次深入研讨。

第一次研讨主要是开题，研讨的对象包括课题研究的意义、思路、主要内容、研究计划。

第二次研讨的主要内容是前期资料收集情况，从法学、社会学和政治学等多学科视角分析五峰公民诚信守法档案制度的理论依据，并从广东、山东、福建、重庆和河北等地为五峰县公民诚信守法档案制度建设寻求可供参考的实践样本。

第三次研讨主要就该课题涉及的法律法规进行交流，课题组各成员依据分工，分别收集相关法律法规和其他规范性文件，并就有关问题进行汇报，结合前期收集的资料就有关法律法规问题进行交流。

第四次主要是研讨五峰县《五峰土家族自治县公民诚信守法档案建设工作实施方案》《五峰土家族自治县公民诚信守法档案建设工作实施细则》《公民诚信守法档案信息采集制度》《公民诚信守法档案信息甄别录入制度》《公民诚信守法档案管理制度》《公民诚信守法档案信息动态管理制度》《公民诚信守法档案利用制度》中的主要内容，由课题组成员根据分工汇报各自的研究情况，集中围绕五峰县司法局提出的十大问题进行讨论，同时明确了前往五峰县和重庆云阳县实地调研时要重点了解的问题。

第五次主要是就课题组深入五峰县采花乡、长乐坪镇、傅家堰乡和渔洋关镇多个村庄，以及重庆云阳县进行实地调研后获得的第一手资料进行研讨。

第六次研讨是就课题组成员各自负责修改的部分进行交流，重点是制度修改的思路，修改过程中查询到的有关理论与实践样本，以及修改中遇到的新问题。

第七次研讨主要是就公民诚信守法档案信息系统建设与制度设计的

衔接进行交流。在宜昌市司法局和五峰县司法局的共同协调下，课题组成员与公民诚信守法档案信息系统的开发团队就既有的制度设计中部分制度的可操作性和必要性进行了全面沟通。

第八次研讨主要基于公民诚信守法档案信息系统建设与既有制度的重新调整进行了讨论。课题组讨论后认为，基于公民诚信守法信息的采集、甄别、录入、动态管理、档案管理等内容均属于公民诚信守法档案建设的不同环节，建议将其归入一个制度。

第一节 《五峰土家族自治县公民诚信守法档案建设工作实施方案》论证

一 序言

（一）原文

根据党的十八届三中全会提出的"建立健全社会征信体系，褒扬诚信，惩戒失信"和十八届四中全会提出的"加强社会诚信建设，健全公民和组织守法信用记录，完善守法诚信褒奖机制和违法失信行为惩戒机制，使遵纪守法成为全体人民共同追求和自觉行动"等精神，五峰县决定创新开展公民诚信守法档案建设工作。现制定如下实施方案。

（二）建议修改为

根据党的十八届三中全会提出的"建立健全社会征信体系，褒扬诚信，惩戒失信"和十八届四中全会提出的"加强社会诚信建设，健全公民和组织守法信用记录，完善守法诚信褒奖机制和违法失信行为惩戒机制"和《湖北省人民政府关于建立完善守信联合激励和失信联合惩戒制度加快 推进社会诚信建设的实施意见》（鄂政发〔2017〕8号）等文件精神，认真贯彻落实五峰县第十四次党代会、县九届一次人代会精神，现就五峰县公民诚信守法档案建设工作制定如下实施方案。

（三）说明

1. 结合湖北省最新相关文件，增加贯彻湖北鄂政发〔2017〕8号文件和五峰县第十四次党代会、县九届一次人代会精神的表述。

关于增加这一点的原因是显而易见的，它不仅能做到与时俱进，而且还为本工作实施方案找到了直接、实现的依据，消除了之前表述过于宽泛而造成的空洞、不接地气的缺点。

2. 删除原条文中的"创新"一词。

一则避免让人感觉突破上位依据的嫌疑，二则更符合规范性文件的行文表述。

二 指导思想

（一）原文

指导思想

全面贯彻党的十八大，十八届三中、四中、五中全会精神，深入贯彻习近平总书记系列讲话精神，按照党中央、国务院决策部署，紧紧围绕"四个全面"战略布局，大力推进普法依法治理。加强公民诚信守法信息建立和共享，依法依规运用激励和约束手段，构建公民、社会、政府共同参与的跨部门、跨领域的守法诚信联合激励和违法失信联合惩戒机制，全面增强公民的诚信守法意识。为加快建设法治五峰，实现"五县"战略目标营造良好的法治环境；为加快推进社会诚信体系建设打好基础。

（二）建议修改为

全面贯彻党的十八大，十八届三中、四中、五中全会精神，深入贯彻习近平总书记系列讲话精神，按照党中央、国务院决策部署，紧紧围绕"四个全面"战略布局，强化普法依法治理，推进基层社会治理创新。依法依规运用激励和约束手段，构建公民、社会、政府共同参与的跨部门、跨领域的守法诚信联合激励和违法失信联合惩戒机制，全面增强公民诚信守法意识，为实施"五县"战略和实现"十三五"任务目标营造良好的法治环境。

（三）说明

1. 删除"大力"一词。

一则作为规范性文件，这一带情绪的用语未必能起到很好的号召作用；二则何为"大力"并没有一个明确的标准。

2. 删除"加强公民诚信守法信息建立和共享"。

"加强公民诚信守法信息建立和共享"不是指导思想，删除后语言更显简洁。

3. 将本段结尾修改为"为实施'五县'战略和实现'十三五'任务目标营造良好的法治环境"。

社会诚信体系建设只是手段，其制度设计基本目标是营造良好的法治环境，最终目标是实施五峰"五县"战略和实现"十三五"任务目标，而不是"为加快推进社会诚信体系建设打好基础"。这一表述将手段与基本目标、最终目标的逻辑关系呈现得更清晰、更简洁。

三 目标原则

（一）原文

目标原则

1. 总体目标：通过建立覆盖全社会的公民诚信守法档案，做到信息管理和有条件共享，为依法治理、社会管理提供有力依据，使守法诚信激励和违法失信惩戒机制全面发挥作用，全社会诚信守法意识普遍提高，社会管理手段显著增强，法治五峰目标加快实现。

2. 工作原则：

（1）系统建档，客观准确。设计具可操作性指标体系，制定全县统一、规范的信息录入数据格式，全面系统地收录公民的诚信守法信息和失信违法信息。各相关部门严格核实，确保信息准确，情况明了。

（2）部门联动，社会协同。通过信息系统平台建设，实现跨部门、跨行业的信息共享，建立起公民诚信守法联合激励和失信违法联合惩戒机制。形成政府高度重视、执法部门协同联动、行业组织及信用服务机构积极参与、社会舆论广泛监督的共同实施格局。

（3）统筹规划，分步实施。立足当前，着眼长远。针对公民诚信守法档案建设的长期性、系统性和复杂性，采取系统规划、分步实施、全县推广的方式施行。坚持问题导向，着力解决当前危害公共利益和公共安全、人民群众反映强烈、对经济社会发展造成重大负面影响的重点领域失信违法问题。全面建立起村（居）民的诚信守法档案体系，为诚信五峰建设贡献力量。

（4）依法依规，保护权益。严格依照法律法规和政策规定，科学界定守法诚信和违法失信行为，建立信用修复机制，保护当事人的合法权益。

（二）建议修改为

总体要求

1. 工作目标

2017年年底前，建成全县统一、全覆盖的公民诚信守法档案信息系统平台，建立公民诚信守法信息的分项归集、甄别录入、动态管理及档案利用制度，构建守法诚信联合激励和违法失信联合惩戒机制，切实提高全社会诚信意识；到2019年，进一步完善公民诚信守法档案各项管理制度，全面构建守法诚信联合激励和违法失信联合惩戒机制，使守法诚信激励和违法失信惩戒机制全面发挥作用，全社会诚信守法意识普遍增强，经济社会信用环境显著改善，法治五峰目标加快实现。

2. 工作原则

（1）统筹规划，分步实施。立足当前，着眼长远。针对公民诚信守法档案建设的长期性、系统性和复杂性，采取系统规划、分步实施、全县推广的方式施行。坚持问题导向，着力解决当前危害公共利益和公共安全、人民群众反映强烈、对经济社会发展造成重大负面影响的重点领域失信违法问题。全面建立起村（居）民的诚信守法档案体系，为诚信五峰建设贡献力量。

（2）依法依规，法德并举。严格依照法律法规、政策规定以及村规民约，科学界定守法诚信和违法失信行为，科学设计守法诚信档案管理制度，遵守正当程序原则，保护当事人的合法权益。

（3）部门联动，社会协同。通过信息系统平台建设，实现跨部门、跨行业的信息共享，建立起公民诚信守法联合激励和失信违法联合惩戒机制。形成政府主力推动、执法部门协同联动、基层群众自治组织全面参与、社会舆论广泛监督的共同实施格局。

（三）说明

1. 将本部分的总名称修改为"总体要求"。

换成"总体要求"完全能包容工作目标和工作原则的内容，而且表述更加规范、更加直白。

2. 将本部分第一小部分的名称"总体目标"修改为"工作目标"。

换成工作目标与第二小部分的"工作原则"相一致。

3. 将"工作目标"细化,分为 2017 年和 2019 年两个阶段。第一个阶段的目标是具体制度建设;第二个阶段的目标是制度实施见效,继续发展巩固成果。在内容上将工作目标分解得更为具体、清晰,在形式上也可与第四大部分的"实施步骤"和工作原则中的"分步实施"相协调。

4. 将"统筹规划,分步实施"原则放在第一部分,并删除了原文中的第一条原则。

该原则作为总体规划性原则与工作目标相配套,在逻辑上应当放在首位。原文中的"系统建档,客观准确"原则正是诚信档案建设工作的应有之义,而且这些内容在下面的依法依规原则中有体现;在将"制定全县统一、全面系统的公民诚信守法信息"吸收进总体目标之后,略显赘余。

5. 将原文中的"依法依规,保护权益"原则修改为"依法依规,法德并举"并将其提到前面。

将"保护权益"作为一项原则性条款显得不是很规范,而且其本身内涵局限,缩小了依法依规的适用范围;而且在形式上与依法依规显得不协调。公民诚信体系建设工作需要法律的规范,同样离不开乡规民约、习惯等道德的作用。作为一条思想指导性原则,将其放在第三条"部门联动,社会协同"这一操作性原则前更加符合逻辑关系。

6. 将原文中的"建立信用修复机制"换成了"遵守正当程序原则"。

"建立信用修复机制"作为诚信守法档案建设工作实施方案中的一项具体制度列举在这里,不能全面反映,无法与前面的依法依规相对应。"遵守正当程序原则"不仅强调各种制度保护公民的合法权益有理有序,而且还同依法依规相对应。

四 工作措施

(一) 原文

工作措施

制定《五峰土家族自治县公民诚信守法档案建设工作实施细则》和

相关制度，对档案建设的具体方法进行详细有序的规范。

（1）建档对象。凡户口在本地及在本地居住1年以上、年满18岁的村（居）民，均应建立起档案。做到不少一户，不漏一人。

（2）档案内容。公民诚信守法档案内容包括三部分：一是户主及家庭成员基本信息；二是家庭成员失信违法行为；三是家庭成员诚信守法行为。

（3）创建方法。以县为纽带，以乡镇为依托，以村（居）为基础，以家庭户为单元建立档案。针对诚信守法档案信息的收集、甄别、录入、动态管理、披露和应用等，制定相关工作制度，并严格按制度实施。

（二）建议修改为

总体思路

制定《五峰土家族自治县公民诚信守法档案建设工作实施细则》，作为推进公民诚信守法档案建设的指导性文件；制定《公民诚信守法档案信息甄别录入管理规定》《公民诚信守法档案信息采集管理规定》等五项制度，对档案建设的具体工作进行具体规范。

（1）建档对象。凡户口在本地年满18周岁的村（居）民，均应建立起档案。做到不少一户，不漏一人。

（2）档案内容。公民诚信守法档案内容包括三部分：一是户主及家庭成员基本信息；二是家庭成员失信违法行为；三是家庭成员诚信守法行为。

（3）创建方法。以家庭户为单元，以村（居）为基础，以乡镇为依托建立档案。针对诚信守法档案信息的收集、甄别、录入、动态管理、利用等，制定相关工作制度。

（三）说明

1. 将本部分总名称修改为"总体思路"。

从本工作方案的性质看，它应该是提纲挈领性的文件，是公民诚信建设工作的指导性文件，"工作措施"不宜放在这里；从内容上看，表述为"总体思路"更合理。

2. 在工作方案"总体思路"引言中明确了《五峰土家族自治县公民诚信守法档案建设工作实施细则》作为推进公民诚信守法档案建设的指

导性文件的地位,增加了"需要制定具体执行性文件对档案建设的具体工作进行具体规范"。

将诚信体系建设的相关制度文件进行了简单的分类,明确了指导性文件的地位,增加了制定具体执行性文件规范具体工作,层次鲜明的工作思路更加科学。

3. 删除了"在本地居住1年以上"。

考虑到该类人员户籍地的不同,在具体实施上能否与其户籍所在地公安系统进行信息分享等原因,暂时不将该类人员纳入建档对象。

4. 将"年满18岁"改为"年满18周岁"。

用语规范,与《民法总则》等相关法条表述一致。

5. 将第三项中的"以县为纽带,以乡镇为依托,以村(居)为基础,以家庭户为单元建立档案"修改为"以家庭户为单元,以村(居)为基础,以乡镇为依托建立档案"。

诚信体系建设以公民的家庭户籍信息为基础,其核心组成要素是家庭成员的信用状况,其工作针对的直接对象是人民群众,在工作方法上一定要牢牢抓住家庭户中的成员这个关键对象,应将"以家庭户为单元"放在首位来凸显其价值;无论在工作组织上还是在数量分布上,基层群众性自治组织数量多、分布广,作为离人民群众最近、最了解人民群众的组织,在工作上较其他组织有天然的优势,但是考虑到其毕竟有别于国家机关,其自治性和组织建设的不完备等因素,应当以乡镇级国家机关作为工作的依托力量。因此在诚信体系建设工作中应以基层人民群众自治组织为基础力量,以人民群众自治组织反馈的信息为部分信息的基础材料,由乡镇级国家机关来负责诚信体系建设具体各项工作的实施。

县级机关作为整个制度的总设计,起着纵览全局的作用,其职责不仅仅体现在创建方法上,建议删除这里的"以县为纽带"。

6. 删除"披露",改"应用"为"利用"。

"应用"和"利用"都有使用的意思,除此之外,"利用"本身还强调给使用者或使用对象带来益处的含义,而不仅仅是"应用"暗含的为了某种需要而去使用。相较而言,"利用"更加符合制度设计的真实目的。

"披露"作为"利用"的一种形式,放在这里层次不清晰,建议删除。

五 实施步骤

(一)原文

实施步骤

全县公民诚信守法档案建设工作分五个阶段。

(1)动员部署阶段(2015年9月—12月)。探索建立档案建设的方案及实施细则,组织召开工作动员会议,启动公民诚信守法档案建设工作。

(2)试点实施阶段(2016年1月—12月)。在采花乡、渔洋关镇先行试点。根据实施方案的内容,对照工作任务和要求,采取措施开展工作,并根据工作中的困难和问题,及时总结经验教训。

(3)研究完善阶段(2017年1月—8月)。全面总结试行阶段经验,完善《方案》《细则》及各项制度等,开展专家论坛,寻求科研院所的理论支撑,进行方案制度的可行性法理论证,形成完备的方案制度顶层设计,为全面推行打好坚实基础。

(4)全面推行阶段(2017年9月—2018年8月)。全县所有乡镇全面推行公民诚信守法档案建设工作。2017年年底前,建立全县公民诚信守法档案信息系统平台及乡镇信息中心,规范制度实施,全面完成村(居)民档案信息采集、录入等各个环节工作。各乡镇信息中心与全县信息系统对接,形成覆盖全县的共享信息平台。实现全县公民诚信守法档案信息完备,系统平台规范运行、管理科学和方便应用的五峰模式。

(5)总结验收阶段(2018年12月)。组织由权威专家等方面人员组成的工作专班对全县公民诚信守法档案建设工作进行考核验收,建立长效管理机制。

(二)建议修改为

实施步骤

全县公民诚信守法档案建设工作分五个阶段。

（1）整体设计阶段（2017年1月—8月）。全面总结在采花乡、渔洋关镇先行试点经验，完善《方案》《细则》及各项制度等；对方案制度的合法性、科学性及可行性开展专家论证，形成完备的方案制度顶层设计，为全面推行打好坚实基础。

（2）全面推行阶段（2017年9月—2018年11月）。全县所有乡镇全面推行公民诚信守法档案建设工作。2017年年底前，建立全县公民诚信守法档案信息系统平台及乡镇信息中心，规范制度实施，全面完成村（居）民档案信息采集、录入等各个环节工作。各乡镇信息中心与全县信息系统对接，形成覆盖全县的共享信息平台。实现全县公民诚信守法档案信息完备，系统平台规范运行、管理科学和方便应用的五峰模式。

（3）中期评估完善阶段（2018年12月—2019年1月）。对一年来全面推行公民诚信守法档案建设工作绩效进行评估，梳理制度体系运行暴露出的问题，对《细则》及配套文件进行修订完善。

（4）常规运行阶段（2019年2月—2019年11月）。

（5）总结验收阶段（2019年12月）。组织由权威专家等方面人员组成的工作专班对全县公民诚信守法档案建设工作进行考核验收，建立长效管理机制。

（三）说明

1. 结合现实实际情况删除第一个和第二个阶段。

2. 鉴于前面部分删除，"完善"在逻辑上就不成立了，建议调整为制度的"整体设计"阶段。

3. 在"全面推行阶段"和"总结验收阶段"之间插入两个阶段。

任何制度的设计不可能尽善尽美，诚信体系建设全面推广之后，长达两年的时间里其实施成效、暴露出的问题都很有必要进行认真总结并加以完善。

4. 将总结验收阶段的时间修改为2019年12月。

在时间上与总体目标的时间相协调。

六 相关要求

（一）原文

1. 统一思想，高度重视。各单位、各部门要充分认识建立公民诚信守法档案的重要性和紧迫性，尽早谋划，统筹兼顾，合理安排。各乡镇、各部门要通力协作，全力配合，积极稳妥地按时完成各项工作。

2. 加强领导，建立机构。全县成立公民诚信守法档案建设工作领导小组及其办公室，并建立县公民诚信守法档案信息中心。办公室、县信息中心办公地点设县司法局，办公室负责全县公民诚信守法档案建设的指导、协调、监督、实施及日常管理服务工作。各乡镇要建立相应的工作领导小组和信息中心，领导小组由乡镇一把手挂帅，分管领导亲自抓。乡镇和各村（居）分别配备一名信息员，乡镇信息员负责档案的建立管理、信息平台应用和录入工作。村（居）信息员具体负责辖区的公民诚信守法档案建立工作。

3. 完善机制，突出实效。牵头单位要履行好牵头职责，建立和完善有关职能部门和单位协调配合工作机制，形成齐抓共管合力。要建立职能部门联席会议制度，定期召开，掌握动态，及时研究和解决推进过程中出现的突出问题。要立足当前抓规范，着眼长远建机制，制定各项工作责任制，并严格考核。确保各个环节工作落细落地落实，确保诚信守法档案建设工作取得实效，运用高效，彰显成效。

（二）建议修改为

1. 将第二项中的"加强领导，建立机构"修改为"加强领导，落实责任"。

2. 将文中下划线句号改为分号。

各层机构的建立应该是相配套的，而不是孤立的。

（三）说明

建立一系列机构，其目的是加强对诚信体系建设工作的领导，而根据权责一致的原则，赋予领导权力的同时就必须要强调责任，二者应该是相统一的。

五峰土家族自治县公民诚信守法档案建设工作实施方案
（建议稿）

根据党的十八届三中全会提出的"建立健全社会征信体系，褒扬诚信，惩戒失信"和十八届四中全会提出的"加强社会诚信建设，健全公民和组织守法信用记录，完善守法诚信褒奖机制和违法失信行为惩戒机制"和《湖北省人民政府关于建立完善守信联合激励和失信联合惩戒制度 加快推进社会诚信建设的实施意见》（鄂政发〔2017〕8号）等文件精神，认真贯彻落实我县第十四次党代会、县九届一次人代会精神，现就我县公民诚信守法档案建设工作制定如下实施方案。

一 指导思想

全面贯彻党的十八大，十八届三中、四中、五中全会精神，深入贯彻习近平总书记系列讲话精神，按照党中央、国务院决策部署，紧紧围绕"四个全面"战略布局，强化普法依法治理，推进基层社会治理创新。依法依规运用激励和约束手段，构建公民、社会、政府共同参与的跨部门、跨领域的守法诚信联合激励和违法失信联合惩戒机制，全面增强公民诚信守法意识，为实施"五县"战略和实现"十三五"任务目标营造良好的法治环境。

二 总体要求

（一）工作目标

2017年年底前，建成全县统一、全覆盖的公民诚信守法档案信息系统平台，建立公民诚信守法信息的分项归集、甄别录入、动态管理及档案利用制度，构建守法诚信联合激励和违法失信联合惩戒机制，切实提高全社会诚信意识；到2019年，进一步完善公民诚信守法档案各项管理制度，全面构建守法诚信联合激励和违法失信联合惩戒机制，使守法诚信激励和违法失信惩戒机制全面发挥作用，全社会诚信守法意识普遍增强，经济社会信用环境显著改善，法治五峰目标加快实现。

（二）工作原则

1. 统筹规划，分步实施。立足当前，着眼长远。针对公民诚信守法档案建设的长期性、系统性和复杂性，采取系统规划、分步实施、全县推广的方式施行。坚持问题导向，着力解决当前危害公共利益和公共安全、人民群众反映强烈、对经济社会发展造成重大负面影响的重点领域失信违法问题。全面建立起村（居）民的诚信守法档案体系，为诚信五峰建设贡献力量。

2. 依法依规，法德并举。严格依照法律法规、政策规定以及村规民约，科学界定守法诚信和违法失信行为，科学设计守法诚信档案管理制度，遵守正当程序原则，保护当事人的合法权益。

3. 部门联动，社会协同。通过信息系统平台建设，实现跨部门、跨行业的信息共享，建立起公民诚信守法联合激励和失信违法联合惩戒机制。形成政府主力推动、执法部门协同联动、基层群众自治组织全面参与、社会舆论广泛监督的共同实施格局。

三 总体思路

制定《五峰土家族自治县公民诚信守法档案建设工作实施细则》，作为推进公民诚信守法档案建设的指导性文件；制定《公民诚信守法档案信息甄别录入管理制度》《公民诚信守法档案信息采集管理制度》等五项制度，对档案建设的具体工作进行具体规范。

（一）建档对象。凡户口在本地年满18周岁的村（居）民，均应建立起档案。做到不少一户，不漏一人。

（二）档案内容。公民诚信守法档案内容包括三部分：一是户主及家庭成员基本信息；二是家庭成员失信违法行为；三是家庭成员诚信守法行为。

（三）创建方法。以家庭户为单元，以村（居）为基础，以乡镇为依托建立档案。针对诚信守法档案信息的收集、甄别、录入、动态管理、利用等，制定相关工作制度。

四　实施步骤

全县公民诚信守法档案建设工作分五个阶段。

（一）整体设计阶段（2017年1月—8月）。全面总结在采花乡、渔洋关镇先行试点经验，完善《方案》《细则》及各项制度等；对方案制度的合法性、科学性及可行性开展专家论证，形成完备的方案制度顶层设计，为全面推行打好坚实基础。

（二）全面推行阶段（2017年9月—2018年11月）。全县所有乡镇全面推行公民诚信守法档案建设工作。2017年年底前，建立全县公民诚信守法档案信息系统平台及乡镇信息中心，规范制度实施，全面完成村（居）民档案信息采集、录入等各个环节工作。各乡镇信息中心与全县信息系统对接，形成覆盖全县的共享信息平台。实现全县公民诚信守法档案信息完备，系统平台规范运行、管理科学和方便应用的五峰模式。

（三）中期评估完善阶段（2018年12月—2019年1月）。对一年全面推行公民诚信守法档案建设工作绩效进行评估，梳理制度体系运行暴露出的问题，对《细则》及配套文件进行修订完善。

（四）常规运行阶段（2019年2月—2019年11月）。

（五）总结验收阶段（2019年12月）。组织由权威专家等方面人员组成的工作专班对全县公民诚信守法档案建设工作进行考核验收，建立长效管理机制。

五　相关要求

（一）统一思想，高度重视。各单位、各部门要充分认识建立公民诚信守法档案的重要性和紧迫性，尽早谋划，统筹兼顾，合理安排。各乡镇、各部门要通力协作，全力配合，积极稳妥地按时完成各项工作。

（二）加强领导，落实责任。全县成立公民诚信守法档案建设工作领导小组及其办公室，并建立县公民诚信守法档案信息中心。领导小组办公室、县信息中心办公地点设县司法局，领导小组办公室负责全县公民诚信守法档案建设的指导、协调、监督、实施及日常管理服务工作；各乡镇要建立相应的工作领导小组和信息中心，领导小组由乡镇一把手挂帅，分管领导亲自抓；乡镇和各村（居）分别配备一名信息员，乡镇信息员负责档案的建立管理、信息平台应用和录入工作，村（居）信息员具体负责辖区的公民诚信守法档案信息采集和管理等工作；司法机关、县直各执法部门要成立领导小组，明确一名信息员负责平台录入信息。

（三）完善机制，突出实效。牵头单位要履行好牵头职责，建立和完善有关职能部门和单位协调配合工作机制，形成齐抓共管合力；建立职能部门联席会议制度，及时研究和解决推进过程中出现的突出问题；要立足当前抓规范，着眼长远建机制，制定各项工作责任制，并严格考核。确保各个环节工作落细落地落实，确保诚信守法档案建设工作取得实效，运用高效，彰显成效。

第二节 《五峰土家族自治县公民诚信守法档案建设工作实施细则》论证

一 第一条

（一）原文

第一条　根据《五峰土家族自治县公民诚信守法档案建设工作实施方案》，制定本实施细则。

（二）建议修改为

第一条　根据相关法律法规和有关政策规定及《五峰土家族自治县公民诚信守法档案建设工作实施方案》，制定本实施细则。

（三）说明

相关的法律法规和有关政策属于上位法或上位政策，也是《五峰土家族自治县公民诚信守法档案建设工作实施细则》制定的依据，因而需要在本制度中明确说明，以明确本制度的合法性与合规性。

二 第三条

（一）原文

第三条　凡在本县辖区内居住满1年及以上，年满18岁的村（居）民，记录其诚信守法行为及失信违法行为。

对于全县建档立卡贫困户的诚信守法档案，加以标记，便于分类查询统计及利用。

（二）建议修改为

第三条　凡户籍在本县辖区内，年满 18 周岁的村（居）民，记录其诚信守法行为及失信违法行为。

对于全县建档立卡贫困户的诚信守法档案，加以标记，便于分类查询统计及利用。

（三）说明

原文规定公民诚信守法档案信息系统记录的对象为"凡在本县辖区内居住满 1 年及以上，年满 18 岁的村（居）民"，但目前本系统暂时未与公安机关的人口管理系统进行对接，公民诚信守法档案信息系统无法做到准确识别记载对象是否属于"在本县辖区内居住满 1 年及以上"，而且暂住人口并未实行强制登记制度，故建议目前阶段以户籍在五峰县的村（居）民为记录对象更为现实可行。

三　第五条

（一）原文

第五条　档案所记录的诚信守法行为是指对社会有突出贡献及有重大影响的好人好事、善事善举行为。包括遵纪守法、团结友善、勤俭自强、移风易俗、见义勇为、助人为乐、以诚待人、公平交易、无公害生产、保护环境、邻里和睦、孝老爱亲、明礼诚信、奉献社会等模范行为。

（二）建议修改为

第五条　档案所记录的诚信守法行为是指对社会有突出贡献及有重大影响的好人好事、善事善举行为。包括爱国守法、诚实守信、勤俭自强、互助友善、尊老爱幼、和睦邻里、热心公益、崇尚科学、文明卫生等模范行为。

（三）说明

从目前的分类看，其比较清楚地说明了当前农村中的几类诚信守法行为，但从公民诚信守法信息系统建设中需要的"诚信字典"编写的角度考虑，目前的分类标准不统一，类别之间存在交叉重合的情况，如

"明礼诚信"与"孝老爱亲""以诚待人","遵纪守法"与"保护环境""公平交易"等。

四 第六条

（一）原文

第六条 档案所记录的失信违法行为是指对社会、对他人有重大危害的违法乱纪、违反社会公序良俗的行为。包括担保失信、借贷不还、履约失信、违法经营、拖欠劳资、交通肇事、大操大办、非法上访、缠访闹访、信奉邪教、涉黄赌毒、滥砍滥伐、争地霸界、破坏基建、阻碍施工、敲诈勒索、医闹等失信违法行为。

（二）建议修改为

第六条 档案所记录的失信违法行为是指对社会、对他人有重大危害的违法乱纪、违反社会公序良俗的行为。包括履约失信、违法经营、拖欠工资、交通肇事、大操大办、非法上访、缠访闹访、信奉邪教、涉黄赌毒、滥砍滥伐、欺行霸市、争地霸界、恃强凌弱、不履行赡养抚养义务、家庭暴力、妨害施工、敲诈勒索、医闹、损害公益设施、非法阻路断水、妨碍执行公务、破坏环境等失信违法行为。

（三）说明

1. 原文中的"担保失信、借贷不还"属于履约失信行为的一种，故建议去掉"担保失信、借贷不还"，保留"履约失信"。

2. "拖欠劳资"。本项行为的本意应该是针对拖欠员工工资的行为，"劳资"二字实际上是包括用工方和被雇佣或聘用方，而拖欠工资的应该是用工方拖欠被雇佣或聘用方的工资，不包含双方。因而"拖欠劳资"的表述欠准确，建议修改为"拖欠工资"。

3. "阻碍施工"，建议将其调整为"妨害施工"。主要是因为"妨害"属于正式的法律用语，对某一行为是十分明确的负面评价，"妨害施工"属于比较严重的阻碍施工行为，将其作为失信行为记录也符合本制度设置的目的。

4. 建议增加"欺行霸市、损害公益设施、非法阻路断水、妨碍执行公务、破坏环境"几类行为。一方面是因为这几类行为是农村社会治理中的重要内容；另一方面是因为这几类行为在五峰县的部分乡镇和其他地方已经被作为失信行为对待，取得了较好的效果。如傅家堰乡已经将"阻路断水"作为一种失信行为，考虑到实际上"阻路断水"行为中，可能存在合理的"阻路断水"情形，故在前面加上"非法"二字，使行为的负面性质更加明晰。

五　第八条

（一）原文

第八条　各乡（镇）成立公民诚信守法档案建设工作领导小组和乡镇信息中心。日常工作由司法所承担。各村（居）、乡镇直各相关单位配备信息员。以乡（镇）为单位负责档案建立、管理、查询、应用。各村（居）委会、乡（镇）直各单位每月 25 日向乡（镇）信息中心报送村（居）民的诚信守法行为和失信违法行为。

（二）建议修改为

第八条　各乡（镇）成立公民诚信守法档案建设工作领导小组和乡镇信息中心。日常工作由司法所承担。各村（居）、乡镇直各相关单位配备信息员。以乡（镇）为单位负责档案建立、管理、查询、应用。各村（居）委会、乡（镇）直各单位及时向乡（镇）信息中心报送村（居）民的诚信守法行为和失信违法行为。

司法机关、各行政执法部门成立领导小组，并明确信息员负责登录平台录入失信违法行为信息。

（三）说明

由于公民诚信守法信息管理系统建立后，各村（居）委会、乡（镇）直各单位完全可以通过各自单位的计算机终端实时输入采集到的公民诚信守法和失信违法行为信息，这有利于提高工作效率，让乡镇信息中心及时了解相关信息，无须每月 25 日定期报送，因而建议取消定期报送制度。同时，增加司法机关、各行政执法部门等信息收集主体。

六　第九条

（一）原文

第九条　乡（镇）信息中心对采集和报送来的信息进行甄别后录入。

（二）建议修改为

第九条，各村（居）委会信息员对采集的信息录入公民诚信守法信息管理系统，提交给乡（镇）信息中心审核；乡（镇）信息中心采集的信息由该中心负责审核。

（三）说明

公民诚信守法信息系统建成后，村（居）委会信息员将通过村务平台的计算机终端直接将采集到的信息录入系统，无须其将有关信息报送到乡镇信息中心，这既能提高效率，又能确保信息录入的准确性和及时性。

七　第十条

（一）原文

第十条　各类信息经乡（镇）信息中心甄别后录入。乡（镇）信息中心向有关单位和个人提供查询服务。公民及社会组织需查询诚信守法档案信息的必须经乡镇信息中心主任签字盖章后由司法所负责查询。

（二）建议修改为

第十条　各类信息经乡（镇）信息中心甄别后正式提交到公民诚信守法信息管理系统。乡（镇）信息中心向有关单位和公民本人提供查询服务。

公民凭本人身份证、驾照可以查询本人诚信守法档案信息；有关单位及社会组织查询公民诚信守法档案信息的，需出具单位介绍信（函），然后填写《信息查询申请表》，经乡镇信息中心主任签字盖章后由司法所负责查询；

公民需要查询他人诚信守法档案信息的，应提交身份证和有关材料，由乡镇信息中心征求被查询人意见，经被查询人同意后并签订《保密承诺书》方可查询。

（三）说明

1. 乡镇信息中心应该提供查询服务，但必须注意保护公民个人信息，做到依法依规查询。原文对公民本人查询没有做出明确规定，从保护公民个人信息和监督信息录入的准确性角度考虑，应该明确赋予公民个人查询本人诚信守法档案信息的权利。

2. 建议增设查询公民个人诚信守法信息需经过被查询人同意这一环节。对于公民个人要查询他人诚信守法档案信息的申请不能一律不允许，但为了避免个人信息的泄露，同时规范乡镇信息管理行为，建议设置经过被查询人同意这一环节。这一做法经采花乡实践后并取得了较好效果，该做法对查询人而言，无论被查询人是否允许其查询，实际上均能够达到查询目的，同时也不会出现被查询人认为乡镇信息中心泄露自己的个人信息，减轻信息管理机关的压力，还能间接促进公民诚信守法。

3. 要求公民个人和有关组织查询第三方信息时均应填写《信息查询申请表》和签订《保密承诺书》。这一程序的设置主要在于规范查询行为，提高公民个人信息保护意识，防止信息管理中心随意泄露他人信息。

八　第十一条

（一）原文

第十一条　建立健全信用修复机制。对公民的诚信守法和失信行为实行动态管理，自登记之日起 5 年无新的失信行为的不构成处罚的行政违法行为经过 5 年以后、违反村规民约的行为 3 年以后，可对原记录实行销号处理，修复信用。

因抢险救灾、扶贫帮困、见义勇为、奉献社会等诚信守法行为受到记功、表彰的，可以抵消失信违法记录。

（二）建议修改为

第十一条　建立健全信用修复机制。对公民的诚信守法和失信行为实行动态管理。受到刑事处罚的失信违法行为自刑事处罚结束之日起 5 年内、违法行为自登记之日起 3 年内、违反村规民约的行为自登记之日起 2 年内无新的失信违法行为的，可对原记录实行销号处理，修复信用。

因抢险救灾、扶贫帮困、见义勇为、奉献社会等诚信守法行为受到表彰的，可根据具体情形抵消失信违法记录。

（三）说明

诚信守法档案信息的建立目的在于教育公民诚信守法，因而应该建立信用修复机制，不能让失信违法记录永远无法消除。信用修复机制有利于促进失信行为人积极改正自己的不良行为，防止失信行为人"破罐子破摔"。

九　第十二条

（一）原文

第十二条　建立诚信守法褒奖机制。公民诚信守法以户为单位进行星级评定，星级户分为三星户、两星户和普通户。乡镇人民政府制定《诚信守法星级评定标准》，实行量化、动态管理。被评定为三星户的，由政府张榜公布并授予牌匾。并探索建立奖励政策。

（二）建议修改为

第十二条　建立诚信守法褒奖机制。公民诚信守法以户为单位进行星级评定，星级户分为三星户、两星户和一星户。县级人民政府制定《诚信守法星级评定标准》，实行量化、动态管理。被评定为三星户的，由政府张榜公布并授予牌匾。并探索建立奖励政策。

（三）说明

公民诚信守法档案制度是五峰县统一推进的工作，星级评分标准应该统一，以避免各乡镇因评分标准不统一而在县级层面的招工、征兵等方面的不平衡，进而带来新的矛盾。故建议由县级人民政府制定《诚信守法星级评定标准》。

十　第十三条

（一）原文

第十三条　建立失信违法惩戒机制。对失信违法行为实行黑点标记和红灯警示制度，受到刑事处罚和行政处罚的失信违法行为给予红灯警示，受到行政处罚的给予黄灯警示。

（二）建议修改为

第十三条 建立失信违法惩戒机制。对失信违法行为实行黑点标记和红黄灯警示制度，受到刑事处罚和行政处罚的失信违法行为给予红灯警示，违反村规民约的给予黄灯警示。

（三）说明

原文"对失信违法行为实行黑点标记和红灯警示制度"的表述有遗漏，实际上对失信违法行为实行的是黑点标记和红黄灯警示制度，对违反村规民约的给予黄灯警示，而非原文中"受到行政处罚的给予黄灯警示"。

十一 第十四条

（一）原文

第十四条 诚信守法档案信息可作为公务员录用、企事业单位聘用、征兵、评先树优、行政许可、社会保障福利等附件使用，由各相关单位自主决定考量。

（二）建议修改为

第十四条 诚信守法档案信息可作为公务员录用、企事业单位聘用、征兵、评先树优、行政许可、信贷、入党、村级社会保障福利等的重要参考，由各相关单位自主决定考量。

（三）说明

在"社会保障福利"方面，建议限于村（居）委这一层级，因为村规民约的内容实际上是本制度最重要的部分，也是基层社会治理中认为该制度使村规民约不再是一个倡导性规定，而是一个具有很强约束力的制度，其能有效约束村民不做失信违法行为，同时减轻了基层政府维护社会秩序的压力。

五峰土家族自治县公民诚信守法档案
建设工作实施细则（建议稿）

第一条 根据相关法律法规和有关政策规定及《五峰土家族自治县

公民诚信守法档案建设工作实施方案》，制定本实施细则。

第二条 公民诚信守法档案以户为单位建立，登记该户所有成员基本信息和相关信息。

第三条 凡户籍在本县辖区内，年满18周岁的村（居）民，记录其诚信守法行为及失信违法行为。

对于全县建档立卡贫困户的诚信守法档案，加以标记，便于分类查询统计及利用。

第四条 公民诚信守法档案所记录的行为系建档之日起及以后该户成员发生的诚信守法和失信违法行为。

第五条 档案所记录的诚信守法行为是指对社会有突出贡献及有重大影响的好人好事、善事善举行为。包括爱国守法、诚实守信、勤俭自强、互助友善、尊老爱幼、和睦邻里、热心公益、崇尚科学、文明卫生等模范行为。

第六条 档案所记录的失信违法行为是指对社会、对他人有重大危害的违法乱纪、违反社会公序良俗的行为。包括履约失信、违法经营、拖欠工资、交通肇事、大操大办、非法上访、缠访闹访、信奉邪教、涉黄赌毒、滥砍滥伐、欺行霸市、争地霸界、恃强凌弱、不履行赡养抚养义务、家庭暴力、妨害施工、敲诈勒索、医闹、损害公益设施、非法阻路断水、妨碍执行公务、破坏环境等失信违法行为。

第七条 全县成立公民诚信守法档案建设工作领导小组，并建立县信息中心。领导小组下设办公室，办公地点设在县司法局，负责公民诚信守法档案建设工作的协调、指导、实施、监督、考核及日常事务工作。

第八条 各乡（镇）成立公民诚信守法档案建设工作领导小组和乡镇信息中心。日常工作由司法所承担。各村（居）、乡镇直各相关单位配备信息员。以乡（镇）为单位负责档案建立、管理、查询、应用。各村（居）委会、乡（镇）直各单位及时向乡（镇）信息中心报送村（居）民的诚信守法行为和失信违法行为。

司法机关、各行政执法部门成立领导小组，并明确信息员负责登录平台录入失信违法行为信息。

第九条 各村（居）委会信息员对采集的信息录入公民诚信守法信

息管理系统，提交给乡（镇）信息中心审核；乡（镇）信息中心采集的信息由该中心负责审核。

第十条 各类信息经乡（镇）信息中心甄别后正式提交到公民诚信守法信息管理系统。乡（镇）信息中心向有关单位和公民本人提供查询服务。

公民凭本人身份证、驾照可以查询本人诚信守法档案信息；有关单位及社会组织查询公民诚信守法档案信息的，需出具单位介绍信（函），然后填写《信息查询申请表》，经乡镇信息中心主任签字盖章后由司法所负责查询；

公民需要查询他人诚信守法档案信息的，应提交身份证和有关材料，由乡镇信息中心征求被查询人意见，经被查询人同意后并签订《保密承诺书》方可查询。

第十一条 建立健全信用修复机制。对公民的诚信守法和失信行为实行动态管理。受到刑事处罚的失信违法行为自刑事处罚结束之日起 5 年内、违法行为自登记之日起 3 年内、违反村规民约的行为自登记之日起 2 年内无新的失信违法行为的，可对原记录实行销号处理，修复信用。

因抢险救灾、扶贫帮困、见义勇为、奉献社会等诚信守法行为受到表彰的，可根据具体情形抵消失信违法记录。

第十二条 建立诚信守法褒奖机制。公民诚信守法以户为单位进行星级评定，星级户分为三星户、两星户和一星户。县级人民政府制定《诚信守法星级评定标准》，实行量化、动态管理。被评定为三星户的，由政府张榜公布并授予牌匾。并探索建立奖励政策。

第十三条 建立失信违法惩戒机制。对失信违法行为实行黑点标记和红黄灯警示制度，受到刑事处罚和行政处罚的失信违法行为给予红灯警示，违反村规民约的给予黄灯警示。

第十四条 诚信守法档案信息可作为公务员录用、企事业单位聘用、征兵、评先树优、行政许可、信贷、入党、村级社会保障福利等的重要参考，由各相关单位自主决定考量。

第十五条 本细则未尽事宜由县诚信守法档案建设工作领导小组负责解释。

第十六条　本细则自发文之日起施行。2015年12月印发的《实施细则》同时废止。

第三节　《公民诚信守法档案信息采集制度》论证

一　制度制定目的

（一）原文

为做好公民诚信守法信息采集（以下称信息采集）工作，及时、准确、全面地掌握公民诚信守法情况，根据《五峰土家族自治县公民诚信守法档案建设工作实施细则》及相关规定，制定本制度。

（二）建议修改为

为做好公民诚信守法信息采集（以下称信息采集）工作，及时、准确、全面地掌握公民诚信守法情况，根据相关法律法规和有关政策规定及《五峰土家族自治县公民诚信守法档案建设工作实施细则》，制定本制度。

（三）说明

相关的法律法规和有关政策属于上位法或上位政策，不仅在公民诚信守法信息采集工作中应该遵守，而且也是《五峰土家族自治县公民诚信守法档案建设工作实施细则》制定的依据，因而需要在本制度中明确说明，以明确本制度的合法性与合规性。

二　增补"信息采集原则"条款

（一）原文

无

（二）建议增补条款内容为

公民诚信守法信息采集坚持以下原则

（1）依法采集原则；

（2）谁采集谁负责原则；

（3）依法保密原则。

（三）说明

公民诚信守法信息采集制度建议按照采集原则、采集什么、如何采集、谁来采集等几方面内容进行规定，具体包括：公民诚信守法信息采集原则、采集内容、信息来源、信息报送与反馈、资料收集、信息采集员选聘条件、信息采集员工作职责、信息采集员的考核与奖惩。因而建议本制度增加信息采集原则的规定，同时调整原文内容的先后顺序。

三 第一条

（一）原文

一、信息采集员选配，要熟悉和掌握所辖网格区域内的户籍人口、社情民意等基本信息和基本概况。责任心强，工作积极主动，懂电脑网络和文字处理软件，对信息的收集、分析和加工能力较强的人员，担任本村（居）、部门的信息员。确保数据信息库基本信息真实、准确。经常性地、及时地将网格内的基本信息进行整理。

（二）建议修改为

六 信息采集员选配条件

1. 遵守中华人民共和国宪法、法律、法规；

2. 具有良好的品行和正常履行岗位职责的身体条件，有较强的责任感；

3. 熟悉所辖网格区域内的户籍人口、社情民意等基本信息和基本概况；

4. 具有一定的文字、口头表达能力和组织协调能力，能较熟练操作计算机日常办公软件。

（三）说明

本条修改主要有两点需要说明：

1. 本条内容主要是要明确信息采集员选配条件，而原文中"确保数据信息库基本信息真实、准确。经常性地、及时地将网格内的基本信息进行整理"的规定实际上是信息采集员的职责，故建议将其放在后面有关职责规定的条款中。

2. 一般而言，某一岗位选拔条件中，均要求首先遵守法律法规，具有良好品行，本制度是公民诚信守法档案制度的重要内容，故建议要明确这一要求。

四 第二条

（一）原文

二、信息采集员工作职责

1. 负责建立专门的记录本，对本地本单位范围的信息进行采集、整理、上报；

2. 负责年度的计划、总结、登记、统计、分析、信息报送及调研工作；

3. 负责诚信守法档案的宣传、培训工作；

4. 负责本级信息采集工作的组织、协调；

5. 协助开展档案的查询、利用和保密工作；

6. 完成上级信息管理中心交办的任务。

（二）建议修改为

七 信息采集员工作职责

1. 负责年度的工作计划、信息录入、统计、分析、信息报送、调研工作和工作总结；

2. 负责诚信守法档案建设工作的宣传、培训工作；

3. 负责本级信息采集工作的组织、协调；

4. 协助开展档案的查询、利用和保密工作；

5. 完成上级信息管理中心交办的其他相关工作。

（三）说明

与前期诚信守法档案建设工作不同，诚信守法信息系统将建成，信息采集员的一项重要工作是将有关信息录入系统，即使还保留纸质记录本，该记录本也是全县统一印制的，且原文第一条的内容在第二条中也有表述，故建议取消原文中第一条。同时，原文第二条中有关工作职责内容建议按照工作的先后顺序进行表述，即先有年度工作计划，最后才是工作总结。

五 第三条

（一）原文

三 诚信守法档案采集以下信息

（1）诚信守法行为：包括遵纪守法、团结友善、勤俭自强、移风易俗、见义勇为、助人为乐、以诚待人、公平交易、无公害生产、保护环境、邻里和睦、孝老爱亲、明礼诚信、奉献社会等。

（2）失信违法行为：包括担保失信、借贷不还、履约失信、违法经营、拖欠劳资、交通肇事、大操大办、非法上访、缠访闹访、信奉邪教、涉黄赌毒、滥砍滥伐、争地霸界、破坏基建、阻碍施工、敲诈勒索、医闹等。

（二）建议修改为

二 诚信守法档案采集以下信息

（1）诚信守法行为：包括爱国守法、诚实守信、勤俭自强、互助友善、和睦邻里、尊老爱幼、热心公益、崇尚科学、文明卫生等。

（2）失信违法行为：包括履约失信、违法经营、拖欠工资、交通肇事、大操大办、非法上访、缠访闹访、信奉邪教、涉黄赌毒、滥砍滥伐、欺行霸市、争地霸界、恃强凌弱、不履行赡养抚养义务、家庭暴力、妨害施工、敲诈勒索、医闹、损害公益设施、非法阻路断水、妨碍执行公务、破坏环境等。

（三）说明

（1）关于诚信守法行为的类别说明：从目前的分类看，其比较清楚地说明了当前农村中的几类诚信守法行为，但从公民诚信守法信息系统建设中需要的"诚信字典"编写的角度考虑，目前的分类标准不统一，类别之间存在交叉重合的情况，如"明礼诚信"与"孝老爱亲""以诚待人"，"遵纪守法"与"保护环境""公平交易"等。

（2）就失信行为的类别说明

一是原文中的"担保失信、借贷不还"属于履约失信行为的一种，故建议去掉"担保失信、借贷不还"，保留"履约失信"。

二是"拖欠劳资"。本项行为的本意应该是针对拖欠员工工资的行为,"劳资"二字实际上是包括用工方和被雇佣或聘用方,而拖欠工资的应该是用工方拖欠被雇佣或聘用方的工资,不包含双方。因而"拖欠劳资"的表述欠准确,建议修改为"拖欠工资"。

三是"阻碍施工",建议将其调整为"妨害施工"。主要是因为"妨害"属于正式的法律用语,对某一行为是十分明确的负面评价,"妨害施工"属于比较严重的阻碍施工行为,将其作为失信行为记录也符合本制度设置的目的。

四是建议增加"欺行霸市、损害公益设施、非法阻路断水、妨碍执行公务、破坏环境"几类行为。一方面是因为这几类行为是农村社会治理中的重要内容,另一方面是因为这几类行为在五峰县的部分乡镇和其他地方已经被作为失信行为对待,取得了较好的效果。如傅家堰乡已经将"阻路断水"作为一种失信行为,考虑到实际上"阻路断水"行为中,可能存在合理的"阻路断水"情形,故在前面加上"非法"二字,使行为的负面性质更加明晰。

六　第四条

(一) 原文

四　信息的来源

1. 诚信守法行为

(1) 受到上级机关发文表彰;

(2) 在官方媒体上报道;

(3) 村委会领导班子集体讨论确定表扬的;

(4) 诚信守法行为在群众中广为传颂,通过村民代表评议公认的。

2. 失信违法行为

(1) 犯罪行为:违反《中华人民共和国刑法》,受到刑事处罚的;

(2) 违法行为:违反法律法规,受到行政处罚的;

(3) 违反村规民约行为:违反村规民约,受到村(居)民委员会、村(居)民代表大会通过处分的。

违法犯罪行为依据司法机关和行政执法部门的法律文书采集。

违反村规民约行为须经村民代表会议形成处分决议,即认定为失信行为。

上述（2）（1）（2）项由乡镇信息员负责采集；（1）及（2）（3）项由村（居）委会信息员负责采集。

（二）建议修改为

三　信息的来源

1. 诚信守法行为

（1）受到乡镇及以上有关机关发文表彰；

（2）在各类有较大影响力媒体上报道，且经核实的；

（3）村（居）委会领导班子集体讨论确定表扬的；

（4）诚信守法行为在群众中广为传颂，通过村民代表评议公认的。

2. 失信违法行为

（1）犯罪行为：违反《中华人民共和国刑法》，受到刑事处罚的；

（2）违法行为：违反法律法规，受到行政处罚的，或者经司法机关确认的失信违法行为；

（3）违反村规民约行为：违反村规民约，经村（居）民委员会、村（居）民代表大会讨论认定的，即认定为失信行为。

违法犯罪行为依据司法机关和行政执法部门的法律文书采集。

上述（2）中（1）（2）项由司法机关、各行政执法部门信息员负责采集；（1）及（2）中第3项由乡镇、村（居）委会信息员负责采集。

（三）说明

1. 就"诚信守法行为"信息来源的修改说明

一是"受到上级机关发文表彰"，此处的上级机关意指乡镇及以上有关机关，但表述不明确，且不够准确，因为从法律上，村（居）委员会是自治组织，其与乡镇不属于法律上的上下级关系。故建议修改为"受到乡镇及以上有关机关发文表彰"，这样修改也便于与后面的《公民诚信守法档案信息甄别录入制度》中的"诚信守法行为"分级制度相衔接。

二是"在官方媒体上报道"，由于各类媒体尤其是互联网的快速发展，现在人们获得信息的途径并非仅限于官方媒体，很多非官方媒体也有很大的影响力，如果其诚信守法行为能够在这些有影响力的媒体上宣传,同样能够对广大群众起到很好的教育效果,如五峰县的"五峰月报"。同时,考虑到部分媒体的报道由于种种原因可能存在消息不实的情形,故需要核实后方可认定,故建议将其修改为"在各类有较大影响力媒体上报道,且经核实的"。

2. 就"失信违法行为"信息来源修改的说明

一是"违法行为:违反法律法规,受到行政处罚的"。由于目前五峰县还没有开展专门的司法诚信档案建设,而实践中,存在被司法机关确定的失信执行人,如果这类已经被确定为失信执行人但不能纳入公民失信行为记录范畴,在实际执行的过程中就可能存在明显不公平的情况。故建议在专门的司法诚信档案制度建成之前,在此处将司法机关明确认定的失信违法行为及其行为人纳入公民诚信档案制度规范的范畴,将该条款修改为"违法行为:违反法律法规,受到行政处罚的,或者经司法机关确认的失信违法行为"。

二是"违反村规民约行为须经村民代表会议形成处分决议,即认定为失信行为"。此处的表述与前面"违反村规民约行为:违反村规民约,受到村(居)民委员会、村(居)民代表大会通过处分的"的表述不匹配,前面对于违反村规民约的行为能够进行处分的主体是两个,即分别为"村(居)民委员会"和"村(居)民代表大会",但后面能确认是失信行为的只有"村民代表大会",故建议修改为"违反村规民约行为须经村(居)民委员会或村(居)民代表大会讨论认定的,即认定为失信行为"。

另外,对于"……须经村民代表会议形成处分决议"中"处分决议"的表述建议修改为"讨论认定的"。决定是党政军机关、社会团体、企事业单位对重大事项或重大行政公务做出安排而制定的一种指挥性公文,属于下行文种。上至党和国家的重大决策和战略部署,下至基层单位的奖惩事宜均可使用。决议是指党的领导机关就重要事项,经会议讨论通过其决策,并要求进行贯彻执行的重要指导性公文。就是说,"决议"的使用范围比较窄,一般是指会议通过的重大决定。从文中所述的内容的重要性看,建议用"讨论认定的"较为合适。

七　第五条

（一）原文

五　信息报送与反馈

1. 报送内容

诚信守法信息：

（1）诚信守法行为发生的时间、地点、行为人；

（2）事情经过、受益人、受益范围；

（3）行为带来的社会效果、影响范围；

（4）信息来源及采集方式、报送时间、采集员等。

失信违法信息：

（1）失信违法行为发生的时间、地点、行为人；

（2）事情经过、受害人、危害范围；

（3）行为造成的社会危害、负面效果、影响范围；

（4）信息来源及采集方式、采集依据、报送时间、采集员等。

以上诚信守法、失信违法行为一事一报。

2. 报送方式

定期报告：诚信守法信息为定期每月25日上报。信息员将本月采集到的信息汇总，按时上报到乡镇信息管理中心。

紧急报告：重大事项及时上报。如发现情况紧急的重大事件，不及时上报会导致事件进一步扩大的失信违法行为，应采取紧急措施，果断处置，并第一时间上报信息。

3. 信息反馈

信息采集员报送的信息，经乡镇信息管理中心甄别并录入，录入信息的次日应该将信息的相关情况反馈给被采集人，内容包括：失信违法事实、依据、采集时间、录入时间等。反馈方式采取短信通知或电话通知。

（二）建议修改为

四　信息报送与反馈

1. 报送内容

（1）诚信守法信息：

①诚信守法行为发生的时间、地点、行为人；
②事情主要经过、受益人、受益范围；
③行为带来的社会效果；
④信息来源及采集方式、报送时间、采集员等。
（2）失信违法信息：
①失信违法行为发生的时间、地点、行为人；
②事情主要经过、受害人、危害范围；
③行为造成的社会危害；
④信息来源及采集方式、采集依据、报送时间、采集员等。

2. 报送方式

以上诚信守法、失信违法行为一事一报。信息员将采集到的信息及时上报到乡镇信息管理中心。

如发现情况紧急的重大事件，应采取紧急措施，并第一时间上报信息。

3. 信息反馈

司法机关、各行政执法部门、乡镇和村（居）信息采集员将各自采集到的信息输入公民诚信守法管理信息系统前，应该将信息的相关情况反馈给被采集人，内容包括：诚信守法或失信违法的事实、依据、采集时间等。反馈方式采取口头形式或书面形式，包括手机短信、QQ、微信、电话、传真、文书等方式。

（三）说明

1. 关于"报送内容"的修改说明

一是诚信守法信息中"行为带来的社会效果、影响范围"，由于"影响范围"包含在"社会效果"中，故建议去掉"影响范围"；

二是失信违法信息中"行为造成的社会危害、负面效果、影响范围"。从语义上看，"负面效果、影响范围"应该都包括在"社会危害"之中，而且"社会危害"属于正式用语，故建议删除"负面效果、影响范围"。

2. 关于"报送方式"的修改说明

一是"定期报告：诚信守法信息为定期每月 25 日上报"。该定期报告制度对于规范诚信守法信息具有重要意义，但这只是针对纸质材料的报送而言，由于公民诚信守法档案制度将建立相应的数据库，报送信息的方式将由线下报送变为线上报送，使定期报告制度不再有如此重要的意义。故建议删除定期报告制度，实行一事一报制度。

二是在一事一报基础上，建议增设信息员报送信息的期限。虽然定期报告制度取消了，但从信息传递的及时性及工作的实际考虑，建议将其修改为"及时"。

三是信息员在紧急报告中的"果断处置"的规定。本制度设置的目标在于规范公民诚信守法信息的采集，对于某一特定事件的处置实际上不属于信息员的职责范围，即使信息员兼任其他职务，承担"处置"某一事件的职责，也不适宜在本制度中进行规定。故建议将"果断处置"的表述删除。

3. 关于"信息反馈"的修改说明

一是反馈主体。原文规定的反馈主体为乡镇信息员，我们建议将信息反馈的主体分成两类：一类是司法机关、各行政执法部门、乡镇信息员，其直接依据生效的司法机关的裁判文书或行政处罚决定书中的有关信息进行反馈；另一类是村（居）信息员，建议由其在将信息输入公民诚信守法信息系统前反馈给被采集人，这样做的好处在于：既利于充分发挥村（居）自治机构的作用以降低乡镇一级政府过度介入带来的负面影响，又利于再次教育失信行为人，采花乡星岩坪村的经验也表明记录失信违法行为前再次教育失信违法行为人的重要性。

二是关于信息反馈的时间。原文规定"信息采集员报送的信息，经乡镇信息管理中心甄别并录入，录入信息的次日应该将信息的相关情况反馈给被采集人"，即规定信息录入后再反馈给被记录人。为保证信息的准确性，避免重复工作，建议在将采集到的信息输入公民诚信守法信息管理系统前反馈给被记录人，将有关信息核实后再录入。

三是反馈方式。原文规定的反馈方式为"采取短信通知或电话通知"，基于目前通信方式的多元化，为了及时将有关信息反馈给被记录人，同时也为了提高工作效率，建议增加反馈方式，结合目前的通信方式，以及有部分村（居）民在外地的实际情况，建议将反馈方式修改为

"反馈方式采取口头形式或书面形式,包括手机短信、QQ、微信、电话、传真、文书等方式"。

八 第六条

（一）原文

六 资料收集

1. 诚信守法信息应收集下列资料：

（1）奖牌、奖杯、奖状、荣誉证书、表彰文件、表扬信、感谢信等；

（2）官方媒体报道的网页截图，下载的音、视频资料；

（3）村民委员会关于评选表彰的决议，村委会、村民代表评议的结论文书；

（4）有关事迹报道、典型材料、信息稿件。

2. 失信违法信息应收集下列资料：

（1）人民法院的判决书、裁定书；

（2）仲裁委员会的仲裁文书；

（3）行政执法部门的处罚决定书；

（4）村民代表大会形成的决议、村委会集体讨论决定文书。

以上资料不易收集原件的可以照片、复印件的形式收集保存。

（二）建议修改为

五 资料收集

1. 诚信守法信息应收集下列资料：

（1）奖牌、奖杯、奖状、荣誉证书、表彰文件、表扬信、感谢信等；

（2）有较大影响力媒体报道的网页截图，下载的音、视频资料；

（3）村民委员会关于评选表彰的决议、村委会,村民代表评议的结论文书；

（4）有关事迹报道、典型材料、信息稿件。

2. 失信违法信息应收集下列资料：

（1）人民法院的判决书、裁定书；

（2）行政执法部门的行政处罚决定书；

（3）村民代表大会形成的决议、村委会集体讨论决定文书。

以上资料不易收集原件的可以照片、复印件的形式收集保存。

（三）说明

第一，关于"官方媒体报道的网页截图，下载的音、视频资料"。如前面关于诚信守法信息来源所述，此处关于"官方媒体"的限制依然不尽合理，其理由同前。故建议将其修改为"在各类有较大影响力媒体上报道的网页截图，下载的音、视频资料"。

第二，失信违法信息应收集资料中的"人民法院的判决书、裁定书"。仲裁裁决书在前面失信违法行为的分类中，不含这类裁决书，建议此处也不将其纳入收集范围，与前面的信息分类保持一致。

九 第七条

（一）原文

七 考核与奖惩

对信息员工作纳入年度岗位目标责任制进行考核，对于诚信守法档案信息采集工作中成绩突出的人员给予表扬表彰，并作为晋升晋级的依据。

（二）建议修改为

八 考核与奖惩

对信息员工作纳入年度岗位目标责任制进行考核，对于诚信守法档案信息采集工作中成绩突出的人员给予表彰，并可作为晋升晋级的重要参考。

（三）说明

一是"对信息员工作纳入年度岗位目标责任制进行考核"的规定，此处意指村镇两级信息员均纳入还是区别对待。如果将村（居）一级的信息员纳入考核，如何确定其岗位责任制就需要明确，进而涉及其待遇。由于课题组目前无法得知这一制度安排，故未提出具体的修改建议。

二是"对于诚信守法档案信息采集工作中成绩突出的人员给予表扬表彰"。文中的"表扬表彰"有重复之嫌，因为"表彰"的意思是"表扬并嘉奖"，故建议此条修改为"对于诚信守法档案信息采集工作中成绩突出的人员给予表彰"。

三是"……并作为晋升晋级的依据"。建议将其修改为"……并可作为晋升晋级的重要参考",如果此制度的发文单位不包括组织部门,这一制度可能难以落实。同时,还有值得思考的是此条对村(居)一级的信息员的激励作用可能有限,因其难有晋升晋级的机会,故建议考虑采取其他的激励方式。

公民诚信守法档案信息采集制度
(建议稿)

为做好公民诚信守法信息采集(以下称信息采集)工作,及时、准确、全面地掌握公民诚信守法情况,根据相关法律法规和有关政策规定及《五峰土家族自治县公民诚信守法档案建设工作实施细则》,制定本制度。

一 公民诚信守法信息采集坚持以下原则

(一)依法采集原则;

(二)谁采集谁负责原则;

(三)依法保密原则。

二 诚信守法档案采集以下信息

(一)诚信守法行为:包括爱国守法、诚实守信、勤俭自强、互助友善、和睦邻里、尊老爱幼、热心公益、崇尚科学、文明卫生等。

(二)失信违法行为:包括履约失信、违法经营、拖欠工资、交通肇事、大操大办、非法上访、缠访闹访、信奉邪教、涉黄赌毒、滥砍滥伐、欺行霸市、争地霸界、恃强凌弱、不履行赡养抚养义务、家庭暴力、妨害施工、敲诈勒索、医闹、损害公益设施、非法阻路断水、妨碍执行公务、破坏环境等。

三 信息的来源

(一)诚信守法行为:

1. 受到乡镇及以上有关机关发文表彰的；

2. 在各类有较大影响力媒体上报道，且经核实的；

3. 村（居）委会领导班子集体讨论确定表扬的；

4. 诚信守法行为在群众中广为传颂，通过村民代表评议公认的。

（二）失信违法行为：

1. 犯罪行为：违反《中华人民共和国刑法》，受到刑事处罚的；

2. 违法行为：违反法律法规，受到行政处罚的，或者经司法机关确认的失信违法行为；

3. 违反村规民约行为：违反村规民约，经村（居）民委员会、村（居）民代表大会讨论认定的，即认定为失信行为。

违法犯罪行为依据司法机关和行政执法部门的法律文书采集。

上述（二）中第1、2项由司法机关、各行政执法部门信息员负责采集；（一）及（二）中第3项由乡镇、村（居）委会信息员负责采集。

四　信息报送与反馈

（一）报送内容

1. 诚信守法信息：

（1）诚信守法行为发生的时间、地点、行为人；

（2）事情主要经过、受益人、受益范围；

（3）行为带来的社会效果；

（4）信息来源及采集方式、报送时间、采集员等。

2. 失信违法信息：

（1）失信违法行为发生的时间、地点、行为人；

（2）事情主要经过、受害人、危害范围；

（3）行为造成的社会危害；

（4）信息来源及采集方式、采集依据、报送时间、采集员等。

（二）报送方式

以上诚信守法、失信违法行为一事一报。信息员将采集到的信息及时上报到乡镇信息管理中心。

如发现情况紧急的重大事件，应采取紧急措施，并第一时间上报信息。

（三）信息反馈

司法机关、各行政执法部门、乡镇和村（居）信息采集员将各自采集到的信息输入公民诚信守法管理信息系统前，应该将信息的相关情况反馈给被采集人，内容包括：诚信守法或失信违法的事实、依据、采集时间等。反馈方式采取口头形式或书面形式，包括手机短信、QQ、微信、电话、传真、文书等方式。

五　资料收集

（一）诚信守法信息应收集下列资料：

1. 奖牌、奖杯、奖状、荣誉证书、表彰文件、表扬信、感谢信等；

2. 有较大影响力媒体报道的网页截图，下载的音、视频资料；

3. 村民委员会关于评选表彰的决议、村委会，村民代表评议的结论文书；

4. 有关事迹报道、典型材料、信息稿件。

（二）失信违法信息应收集下列资料：

1. 人民法院的判决书、裁定书；

2. 行政执法部门的行政处罚决定书；

3. 村民代表大会形成的决议、村委会集体讨论决定文书。

以上资料不易收集原件的可以照片、复印件的形式收集保存。

六　信息采集员选配条件

1. 遵守中华人民共和国宪法、法律、法规；

2. 具有良好的品行和正常履行岗位职责的身体条件，有较强的责任感；

3. 熟悉所辖网格区域内的户籍人口、社情民意等基本信息和基本概况；

4. 具有一定的文字、口头表达能力和组织协调能力，能较熟练操作计算机日常办公软件。

七 信息采集员工作职责

1. 负责年度的工作计划、信息录入、统计、分析、信息报送、调研工作和工作总结；

2. 负责诚信守法档案建设工作的宣传、培训工作；

3. 负责本级信息采集工作的组织、协调；

4. 协助开展档案的查询、利用和保密工作；

5. 完成上级信息管理中心交办的其他相关工作。

八 考核与奖惩

对信息员工作纳入年度岗位目标责任制进行考核，对于诚信守法档案信息采集工作中成绩突出的人员给予表彰，并可作为晋升晋级的重要参考。

第四节 《公民诚信守法档案信息甄别录入制度》论证

一 第一条

(一) 原文

一 甄别录入主体

公民诚信守法档案信息由乡镇诚信守法信息中心（以下统称信息中心）甄别和录入。

(二) 建议修改为

一 甄别录入主体

司法机关、各行政执法部门，乡镇和村（居）信息员负责输入公民诚信守法档案系统，由乡镇诚信守法信息中心（以下统称信息中心）进行审核和甄别。

(三) 说明

原文件规定公民诚信守法档案信息由乡镇诚信守法信息中心统一进行甄别和录入，输入公民诚信守法信息管理系统的信息在正式提交到系统前由乡镇诚信守法信息中心统一进行甄别的规定是合理的，但村（居）信息员采集到信息后，初始信息的输入建议由村（居）信息员完成这一工作，因为公民诚信守法信息管理系统建成后，村（居）信息员完全可以在村（居）办公平台完成这一工作，然后由乡镇信息中心进行审核。这样有利于提高工作效率，尤其是对交通不便的村来说，无须信息员将信息报送到乡镇，这也完全符合国务院"让信息多跑路，让群众少跑腿"的要求。同理，司法机关、各行政执法部门的信息员也负责相应信息的录入。

二　第二条

（一）原文

二　甄别录入工作的原则

（1）尊重事实原则。甄别录入工作应该以事实为基础，在事实清楚的前提下，准确甄别失信违法行为。

（2）依法依规原则。甄别失信违法行为必须依法依规，保证每项甄别结果都有据可查。

（3）客观公正原则。甄别录入工作应该不分身份地位，不分贫富亲疏，不偏不倚，一视同仁。

（二）建议修改为

二　甄别录入工作的原则

（1）尊重事实原则。甄别工作应该以事实为基础，准确甄别诚信守法行为和失信违法行为。

（2）依法依规原则。甄别诚信守法行为和失信违法行为必须依法依规，保证每项甄别结果都有据可查。

（3）客观公正原则。甄别工作应该不分身份地位，不偏不倚，一视同仁。

（4）依法保密原则。甄别失信违法行为时应该遵守国家相关法律规定，不得侵害他人隐私等合法权益。

（三）说明

一是"尊重事实原则"。原文"甄别录入工作应该以事实为基础，在事实清楚的前提下，准确甄别失信违法行为"中有两点建议修改，首先，"在事实清楚的前提下"这一表述实际上是前面"甄别录入工作应该以事实为基础"的语义重复，故建议将其删除。其次是"……准确甄别失信违法行为"的表述遗漏了"诚信守法行为"，即准确甄别的对象既包括失信违法行为，还应该包括诚信守法行为，故建议表述为"……准确甄别诚信守法行为和失信违法行为"。

二是"依法依规原则"。原文"甄别失信违法行为必须依法依规"的表述有遗漏，即不仅对失信违法行为的甄别要依法依规进行，对诚信守法行为的甄别也应遵循同样的原则。故建议增加"诚信守法行为"，将其调整为"甄别诚信守法行为和失信违法行为必须依法依规"。

三是"客观公正原则"。原文"……不分贫富亲疏"的表述实际上与后面"不偏不倚，一视同仁"的语义重复，建议将其删除。

四是建议增加"依法保密原则"。即在公民诚信守法信息和失信违法行为信息时，不得擅自泄露当事人的隐私，必须保护当事人的合法权益。

三 第三条

（一）原文

甄别分类

1. 诚信守法行为分两个层级

第一层级：受到乡镇以上党委、政府及有县以上有关部门发文表彰表扬的；在官方媒体上报道的。

第二层级：诚信守法行为在群众中广为传颂、赞扬，经村（居）委会领导班子集体讨论，确定表彰表扬的或村（居）民代表评议赞扬的。

2. 失信违法行为分三个层级

第一层级：受到刑事处罚的行为；公民违反《中华人民共和国刑法》被判处有期徒刑、缓刑、管制、拘役等，依据人民法院判决书进行甄别。

第二层级：受到行政处罚的行为；违反行政法律法规，受到拘留、警告、罚款、训诫、责令具结悔过，依据行政执法部门的处罚决定书进行甄别。

第三层级：违反规章以及村规民约的行为；依据村民委员会决议、

村委会集体讨论决定进行甄别。

(二) 建议修改为

甄别分类

1. 诚信守法行为分三个层级

第一层级：受到县级及其以上国家机关发文表彰表扬的，在有较大影响力媒体上报道的。

第二层级：受到乡镇一级国家机关发文表彰表扬的，或在同级媒体上报道的。

第三层级：诚信守法行为在群众中广为传颂、赞扬，经村（居）委会领导班子集体讨论，确定表彰表扬的或村（居）民代表评议赞扬的。

2. 失信违法行为分三个层级

第一层级：受到刑事处罚的行为。公民违反《中华人民共和国刑法》被判处管制、拘役、有期徒刑、无期徒刑和死刑等，依据人民法院判决书进行甄别。

第二层级：违法行为，包括受到行政处罚的行为和其他违法行为。违反行政法律法规的，依据行政执法部门的处罚决定书进行甄别。其他违法行为依据人民法院的判决书、裁定书进行甄别。

第三层级：违反村规民约的行为；依据村民委员会决议、村委会集体讨论决定进行甄别。

(三) 说明

第一，关于"诚信守法行为"甄别的修改说明。

一是诚信守法行为的分类上，建议由目前的两个层次调整为三个层次，即分为村（居）、乡镇和县及其以上三个层级，这样区分便于与销号制度进行有效的衔接。

二是在乡镇以上层级的有关单位或部门的表述中，除党委和政府外，建议在乡镇一级还应该考虑人大，在县级及以上单位或部门，还应该考虑人大和政协，故为了表述简洁，一律用"国家机关"替代。与此同时，在媒体的类型上，也不应仅局限于官方媒体，这一点与前面公民诚信守法信息来源相呼应。

第二，关于"失信违法行为"甄别修改的说明。

一是"受到刑事处罚的行为"的甄别表述欠妥当。根据我国刑法的规定，刑事处罚包括主刑和附加刑两部分。主刑有：管制、拘役、有期徒刑、无期徒刑和死刑。附加刑有：罚金、剥夺政治权利和没收财产；此外还有适用于犯罪的外国人的驱逐出境。"缓刑"不是刑种，而是一种刑罚执行方法，故原文"公民违反《中华人民共和国刑法》被判处有期徒刑、缓刑、管制、拘役等"表述应该进行调整，将"缓刑"这一内容删除，同时调整相应的顺序。

二是"第二层级：受到行政处罚的行为"表述有遗漏，与其他制度不匹配。原文将第二层级的行为只限定为行政违法行为的处理方式与《公民诚信守法档案信息采集制度》的分类存在冲突。在《公民诚信守法档案信息采集制度》中，第二层级的行为是"违法行为"，其不仅包括行政处罚行为，还包括经司法机关认定的其他违法行为。为保持制度之间的协调，建议此处进行调整，与《公民诚信守法档案信息采集制度》的规定保持一致。

三是"第三层级：违反规章以及村规民约的行为"。由于规章也属于法的范围，其与村规民约不是同一层次的内容，故建议将其去掉，对规章的违反已经包括在第二层级的违法行为之中了。

四 第四条

（一）原文

1."信息甄别程序"第一、二款

（1）组织甄别小组。甄别小组由乡（镇）单位、村（居）委会以及相关部门组成，同时聘请村民代表、法律顾问参加。甄别小组应体现专业和社会管理功能，避免行政性作为。

（2）信息核实。甄别小组首先应对信息进行核实，确保信息准确。核实可采取实地调查、现场勘查、走访，也可以通过信函、电话等方式核实。收集和补充证据材料，关键性证据需要有两件以上相互印证。

（二）建议修改为

1. 信息甄别程序

（1）组织甄别小组。甄别小组由乡（镇）、村（居）委会以及相关部门的负责人或相关工作人员、村民代表、法律顾问组成。

（2）信息核实。甄别小组首先应对信息进行核实，确保信息准确。核实可采取实地调查、现场勘查、走访，也可以通过信函、电话等方式核实。收集和补充证据材料，关键性证据需要有证据相互印证。

（3）甄别意见书。甄别小组在充分尊重客观事实的基础上，依据法律法规和规章确定失信违法行为和诚信守法行为，甄别过程要做好记录，甄别小组成员签名后形成甄别意见书，甄别意见书是记录失信违法行为和诚信守法行为的依据。

（4）通知与反馈。甄别小组作出甄别意见书的次日，应将结果反馈失信违法行为当事人和诚信守法行为当事人，告知其申辩程序。通知可采取电话、短信、文书等形式，同时保留通知痕迹。

（三）说明

一是"甄别小组"的构成，从履行甄别公民诚信守法信息的功能考虑，"甄别小组"应该是由乡（镇）单位、村（居）委会以及相关部门的负责人或相关工作人员组成，而非前述相关单位。

二是"信息核实"的方式中，"关键性证据需要有两件以上相互印证"的规定欠妥。证据是用来证明事实的，为了尽量保证事实认定的准确性，证据之间常常需要相互印证，但对于印证的证据进行数量上的规定欠妥，因为有时关键性证据并不需要印证，或者一个证据已经足够。对证据的类型与数量进行规定是"法定证据制度"的重大缺陷之一，现代证据制度是典型的自由心证，故不宜明确规定"关键性证据需要有两件以上相互印证"。

三是增设"甄别意见书"这一环节，目的是固定甄别结果，为后续工作开展提供明确意见。

四是"通知与反馈"，该环节目的在于充分保障当事人的知情权。

五　第五条

（一）原文

申辩与撤销

失信违法人员在接到通知后十五日内，可向信息中心申辩，申辩可采取书面等方式,信息中心在受理申辩后十五日内,组织原甄别小组复核。复核或重新甄别后作出维持、变更、撤销的决定并通知申辩人。二次甄别为最终结果。

(二) 建议修改为

申辩与撤销

诚信守法行为人员或失信违法行为人员在接到通知后十五日内,可向乡镇信息中心申辩,申辩可采取口头或书面等方式,乡镇信息中心在受理申辩后十五个工作日内,重新组织甄别小组复核。复核或重新甄别后作出维持、变更、撤销的决定并通知申辩人。二次甄别为最终结果。

(三) 说明

一是"申辩"的主体。原文将申辩的主体仅限于失信违法人员,这一处理方式欠妥,建议将诚信守法人员也列为申辩主体,因为在诚信守法行为采集、上报过程中的确存在张冠李戴的情形,因而需要给诚信守法行为的被记录人申辩的机会,将真正的诚信守法行为人记录在案。

二是复核程序中,"甄别小组"应重新组织。原文规定,复核工作由原"甄别小组"承担。这一规定有违正当程序,建议复核工作由新组建的"甄别小组"承担。

六 第六条第一、二、三款

(一) 原文

信息录入

1. 第一层级的诚信守法行为直接采集为诚信守法信息,第二层级诚信守法行为经村(居)民20人以上联名要求表彰并经甄别小组查证属实。

2. 第一、二层级失信违法信息依据法律文书录入,第三层级的失信违法行为依据甄别小组作出的甄别意见书录入。

3. 乡镇诚信守法信息中心负责信息录入工作,录入工作由专职信息员负责,专职信息员在接到生效甄别意见书后三个工作日内录入公民诚信守法档案。

(二) 建议修改为

信息录入

1. 第一、二层级的诚信守法行为中，除媒体报道的外，直接采集为诚信守法信息；第三层级的诚信守法行为和媒体报道的诚信守法行为依据甄别小组作出的甄别意见书录入。

2. 第一、二层级失信违法信息依据法律文书录入，第三层级的失信违法行为依据甄别小组作出的甄别意见书录入。

3. 乡镇诚信守法信息中心负责信息录入工作，录入工作由专职信息员负责，专职信息员在接到生效甄别意见书后三个工作日内录入公民诚信守法档案。

4. 信息的内容

（1）基本情况，包括姓名、性别、年龄、民族、职业、住址、公民身份证号码等。

（2）事实经过，包括行为发生的时间、地点、经过、关系人、见证人、受益人（受害人）、行为结果等。

（3）甄别依据：甄别工作所引用的法律依据，包括法律、法规、规章、制度、村规民约等。

（4）甄别过程，包括甄别小组成员，甄别时间、地点，甄别记录，甄别意见书等。

（5）反馈及申辩过程，包括失信违法信息反馈送达时间、方式，申辩理由、申辩材料，复核时间、结果等。

（6）证明材料及附件，包括调查笔录、核实记录、勘查、鉴定报告、证人录音、录像、书证、实物样本等。

（三）说明

一是直接采集为诚信守法行为信息的范围。为了与之前的信息采集制度相衔接，对于媒体报道的信息，建议此处规定一律将交由甄别小组核实。

二是对第三层级的诚信守法行为，建议以甄别小组的意见书作为录入依据。这样一方面是与后面同级的失信违法行为的录入依据一致，另一方面也是为了确保录入工作的规范与严谨。

七　第七条

（一）原文

统计报表与信息上报

失信违法信息实行月上报制度，信息中心每月底将本月的甄别录入情况以报表的形式上报到县诚信守法管理办公室（县诚信守法信息中心）。

（二）建议修改为

统计报表与信息上报

公民诚信守法信息系统全部建成之前，诚信守法信息和失信违法信息实行月上报制度，信息中心每月底将本月的甄别录入情况以报表的形式上报到县诚信守法管理办公室（县诚信守法信息中心）。

（三）说明

一是诚信守法信息与失信违法信息均应上报。原文"失信违法信息实行月上报制度"，由于诚信守法信息与失信违法信息对社会秩序的有效维护具有同等重要意义，故建议诚信守法信息与失信违法信息均应上报。

二是在公民诚信守法信息系统全部建成之前，公民诚信守法信息上报制度方有意义。公民诚信守法信息系统全部建成之前，县诚信守法管理办公室（县诚信守法信息中心）对全县公民诚信守法信息的掌握主要依靠乡镇一级信息中心提供，故需要明确规定月上报制度。在公民诚信守法信息系统全部建成之后，县诚信守法管理办公室（县诚信守法信息中心）通过信息系统，可实时看到所有全县公民诚信守法和失信违法信息，不再需要乡镇一级定期上报信息。

八　增补条款

（一）建议增加条款为

信息查看权限与保密要求

1. 县、乡镇和村（居）三级的信息员和分管负责人可查看本级录入对象的诚信守法信息和失信违法信息。

2. 县、乡镇和村（居）三级的信息员和分管负责人与县诚信守法管理办公室（县诚信守法信息中心）签订保密协议，违反保密协议的，将依法依规追究其责任。

（二）说明

一是"查看权限"的设定。公民诚信守法信息系统汇集了全县公民的诚信守法信息，从个人信息保护的角度，需要针对不同层级的信息员及分管负责人设定相应的权限。

二是"保密要求"。基于工作的需要，县、乡镇和村（居）三级的信息员和分管负责人知悉了公民的诚信守法信息，但必须遵守相应的法律法规和其他规范性文件关于公民个人信息的保密要求。

公民诚信守法档案信息甄别录入制度
（建议稿）

一 甄别录入主体

司法机关、各行政执法部门，乡镇和村（居）信息员负责输入公民诚信守法档案系统，由乡镇诚信守法信息中心（以下统称信息中心）进行审核和甄别。

二 甄别录入工作的原则

（一）尊重事实原则：甄别工作应该以事实为基础，准确甄别诚信守法行为和失信违法行为。

（二）依法依规原则：甄别诚信守法行为和失信违法行为必须依法依规，保证每项甄别结果都有据可查。

（三）客观公正原则：甄别工作应该不分身份地位，不偏不倚，一视同仁。

（四）依法保密原则：甄别失信违法行为时应该遵守国家相关法律规定，不得侵害他人隐私等合法权益。

三 甄别分类

（一）诚信守法行为分三个层级

第一层级：受到县级及以上国家机关发文表彰表扬的；在有较大影

响力媒体上报道的。

第二层级：受到乡镇一级国家机关发文表彰表扬的，或在同级媒体上报道的。

第三层级：诚信守法行为在群众中广为传颂、赞扬，经村（居）委会领导班子集体讨论，确定表彰表扬的或村（居）民代表评议赞扬的。

（二）失信违法行为分三个层级

第一层级：受到刑事处罚的行为。公民违反《中华人民共和国刑法》被判处管制、拘役、有期徒刑、无期徒刑和死刑等，依据人民法院判决书进行甄别。

第二层级：违法行为，包括受到行政处罚的行为和其他违法行为。违反行政法律法规的，依据行政执法部门的处罚决定书进行甄别。其他违法行为依据人民法院的判决书、裁定书进行甄别。

第三层级：违反村规民约的行为；依据村民委员会决议、村委会集体讨论决定进行甄别。

四 信息甄别程序

（一）组织甄别小组。甄别小组由乡（镇）、村（居）委会以及相关部门的负责人或相关工作人员、村民代表、法律顾问组成。

（二）信息核实。甄别小组首先应对信息进行核实，确保信息准确。核实可采取实地调查、现场勘查、走访，也可以通过信函、电话等方式核实。收集和补充证据材料，关键性证据需要有证据相互印证。

（三）甄别意见书。甄别小组在充分尊重客观事实的基础上，依据法律法规和规章确定失信违法行为和诚信守法行为，甄别过程要做好记录，甄别小组成员签名后形成甄别意见书，甄别意见书是记录失信违法行为和诚信守法行为的依据。

（四）通知与反馈。甄别小组作出甄别意见书的次日，应将结果反馈失信违法行为当事人和诚信守法行为当事人，告知其申辩程序。通知可采取电话、短信、文书等形式，同时保留通知痕迹。

五　申辩与撤销

诚信守法行为人员或失信违法行为人员在接到通知后十五日内，可向乡镇信息中心申辩，申辩可采取口头或书面等方式，乡镇信息中心在受理申辩后十五个工作日内，重新组织甄别小组复核。复核或重新甄别后作出维持、变更、撤销的决定并通知申辩人。二次甄别为最终结果。

六　信息录入

（一）第一、二层级的诚信守法行为中，除媒体报道的外，直接采集为诚信守法信息；第三层级的诚信守法行为和媒体报道的诚信守法行为依据甄别小组作出的甄别意见书录入。

（二）第一、二层级失信违法信息依据法律文书录入，第三层级的失信违法行为依据甄别小组作出的甄别意见书录入。

（三）乡镇诚信守法信息中心负责信息录入工作，录入工作由专职信息员负责，专职信息员在接到生效甄别意见书后三个工作日内录入公民诚信守法档案。

（四）信息的内容

1. 基本情况，包括姓名、性别、年龄、民族、职业、住址、公民身份证号码等。

2. 事实经过，包括行为发生的时间、地点、经过、关系人、见证人、受益人（受害人）、行为结果等。

3. 甄别依据：甄别工作所引用的法律依据，包括法律、法规、规章、制度、村规民约等。

4. 甄别过程，包括甄别小组成员，甄别时间、地点，甄别记录，甄别意见书等。

5. 反馈及申辩过程，包括失信违法信息反馈送达时间、方式，申辩理由、申辩材料，复核时间、结果等。

6. 证明材料及附件，包括调查笔录、核实记录、勘查、鉴定报告，证人录音、录像、书证、实物样本等。

七　统计报表与信息上报

公民诚信守法信息系统全部建成之前，诚信守法信息和失信违法信息实行月上报制度，信息中心每月底将本月的甄别录入情况以报表的形式上报到县诚信守法管理办公室（县诚信守法信息中心）。

八　信息查看权限与保密要求

1. 县、乡镇和村（居）三级的信息员和分管负责人可查看本级录入对象的诚信守法信息和失信违法信息。

2. 县、乡镇和村（居）三级的信息员和分管负责人与县诚信守法管理办公室（县诚信守法信息中心）签订保密协议，违反保密协议的，将依法依规追究其责任。

第五节　《公民诚信守法档案管理制度》论证

一　建议增补引言

（一）原文

无

（二）建议增补内容为

为了有效地利用档案，提高社会治理水平和促进村民自治，现根据《中华人民共和国档案法》和《档案馆工作通则》的规定，制定本制度。

（三）说明

1. 五峰县《公民诚信守法档案管理制度》应该以《中华人民共和国档案法》和《档案馆工作通则》为法律和制度依据，遵循其立法宗旨。《中华人民共和国档案法》第一条明确规定了立法目的：加强对档案的管理和收集、整理工作，有效地保护和利用档案，为社会主义现代化建设服务，制定本法。《档案馆工作通则》第三条明确规定："档案馆的基本任务是在维护党和国家历史真实面貌的前提下，集中统一地管理党和国家的档案及有关资料，维护档案的完整与安全，积极提供利用，为社会主义现代化建设服务。"由此可见，《中华人民共和国档案法》和《档案馆工作通则》的立法宗旨就是有效、积极地利用档案为社会主义现代化建设服务。五峰县《公民诚信守法档案管理制度》的本质是提高档案利用效率，必须以《中华人民共和国档案法》和《档案馆工作通则》作为法律和制度依据，充分体现《中华人民共和国档案法》和《档案馆工作通则》的立法精神和立法宗旨。

2. 提高社会治理水平是五峰县公民诚信守法档案建设的主要目的。党的十八届三中全会提出："全面深化改革的总目标是完善和发展中国特色社会主义制度，推进国家治理体系和治理能力现代化。"从政治学的角度来看，政府作为社会的核心治理者，提高社会治理水平是政府的主要职责。农村基层社会治理恰恰是社会治理的难点和盲点。公民诚信守法档案建设是目前政府提高农村基层社会治理水平的最佳切入点，政府以村民自治为抓手，可以实现政府治理和村民自治的良性互动。

3. 促进村民自治是五峰县公民诚信守法档案建设的重要目的。促进和完善村民自治是中国特色社会主义民主政治的重要目标，为此国家颁布了《中华人民共和国村民委员会自治法》。从五峰县公民诚信守法档案建设的内容来看，《中华人民共和国村民委员会自治法》的有关规定是其重要依据之一，村民委员会按照村规民约规定的内容和程序进行，有充分的法律依据，充分体现了党和国家促进村民自治的精神。而村民对诚信守法档案建设工作的认同和积极参与则成了发展和完善村民自治的新方式、新手段。

二 第一条

（一）原文

公民诚信守法档案是本乡镇公民诚信守法行为的真实记录，诚信守法档案由乡镇诚信守法建设领导小组办公室设立的档案室集中管理。

（二）修改建议

明确"档案室"和"档案管理信息中心"的关系，并准确表述在公民诚信守法档案的各项制度中。

（三）说明

这里规定"乡镇诚信守法建设领导小组办公室设立的档案室"是对

公民诚信守法档案进行管理的单位，管理职责按照第五条包括负责档案的查询。但在《公民诚信守法档案管理制度》中，其第六条规定的提供查询单位是"乡镇诚信守法档案管理信息中心"。"乡镇诚信守法建设领导小组办公室设立的档案室"和"乡镇诚信守法档案管理信息中心"是否指向同一个单位，如果是，则在各项制度中应该统一表述，如果不是，则不同制度中有关规定会出现矛盾。

三　第二条

（一）原文

公民诚信守法档案应保证客观性、真实性和连续性。不损害当事人的合法权益，不侵犯当事人的隐私。

（二）建议修改为

1. 将"连续性"改为"动态性"；

2. 去除"不损害当事人的合法权益，不侵犯当事人的隐私"的规定。

（三）说明

1. 动态性不仅包括连续性，同时还包括档案管理制度中涉及的记录销号等内容，用"动态性"可以更完整地涵盖对公民诚信档案的要求。

2. "不损害当事人的合法权益，不侵犯当事人的隐私"不是对档案本身的要求，而是对档案管理人管理和档案使用人使用的约束，应予单列。建议在制度中单列一条，且内容变更为："档案室管理人员和使用人员不得利用公民诚信档案中的信息来威胁公民本人及家庭，或者滥用信息以从事非法活动。"通过该条也可以体现对诚信守法信息所涉及公民的权利的保护。

四　第三条

（一）原文

公民诚信守法档案以村（居）民委员会、行政执法部门、司法部门等单位为信息来源。

（二）建议修改为

公民诚信守法档案以村（居）民委员会、乡（镇）直各单位、行政执法部门、司法部门等单位为信息来源。

（三）说明

根据《五峰土家族自治县公民诚信守法档案建设工作实施细则》第八条，各村（居）民委员会、乡（镇）直各单位每月25日向乡（镇）信息中心报送村（居）民的诚信守法行为和失信违法行为，因此，公民诚信守法档案的信息来源也应当包括乡（镇）直各单位。

五　第四条

（一）原文

公民诚信守法档案保管实行纸质档案、电子档案双重管理，提倡保存照片、光盘、实物等形式的档案。

（二）建议修改为

公民诚信守法档案保管实行纸质档案、电子档案双重管理，提倡保存照片、光盘、实物等其他形式的档案。

（三）说明

加"其他"可更清楚表明提倡保存纸质档案、电子档案之外的各种形式的档案。

六　第五条

（一）原文

乡镇公民诚信守法档案办公室配备专职档案管理员1名。档案管理员职责是：

1. 负责信息收集、梳理、分类、登记以及提请甄别；
2. 负责诚信守法档案的整理、编目、索引、立卷、登录、归档、查询；
3. 负责诚信守法档案安全和保管；
4. 负责诚信守法档案信息平台的管理及应用；
5. 负责诚信守法档案的数据统计、报表、情况分析、计划、总结等工作；

6. 负责乡镇公民诚信守法建设领导小组交办的其他工作。

（二）建议修改为

乡镇公民诚信守法档案办公室配备专职档案管理员1名。档案管理员职责是：

1. 负责信息梳理、分类、登记以及提请甄别；

2. 负责诚信守法档案的整理、编目、索引、立卷、录入、归档；

3. 负责诚信守法档案利用的办理和记录；

4. 负责诚信守法档案的保管，保障诚信守法档案的安全；

5. 负责诚信守法档案信息平台的管理和应用；

6. 负责诚信守法档案的数据统计、报表、情况分析、计划、总结等工作；

7. 负责乡镇公民诚信守法建设领导小组交办的其他工作。

（三）说明

1. 取消本条第1项中的"信息收集"，信息收集职责主要由村（居）、部门的信息采集员履行，应将档案管理员职责与信息采集员的职责进行明确界定，避免交叉。

2. 将本条第2项中的"登录"改为"录入"，是因为按照制度规定，信息甄别之后是录入，登录含义不明且与制度规定不符。

3. 增加第3项"负责诚信守法档案利用的办理和记录"。根据《公民诚信守法档案管理制度》的第五条、第六条和第七条的内容，本项增加条款属于其应当承担的职责，内容上也适宜单列。

4. "安全"和"保管"在词性上不一致，原句将其并列表述不恰当。

5. 此外，本制度中的"档案管理员"和《公民诚信守法档案信息甄别录入制度》"专职信息员"在职责上也有重复，按照原制度规定，档案管理人员负责信息录入、查询，专职信息员也负责录入、查询等。我们认为，《公民诚信守法档案信息甄别录入制度》中的专职信息员的职责实际是档案管理员的职责，因此，专职信息员的称谓可用档案管理员代替，以免称谓过多，引人误解。

七　第六条

（一）原文

诚信守法档案管理的内容：

1. 公民的基本情况（包括姓名、性别、公民身份证号码、家庭成员、社会关系、政治面貌、身体状况等）；

2. 公民的诚信守法和失信违法行为记录；

3. 奖励与惩处记录；

4. 动态销号记录；

5. 基层组织鉴定及社会评价；

6. 法治教育、社会帮助、心理辅导方面的记录；

7. 诚信守法档案的查询和利用记录；

8. 本人提供的相关情况。

（二）建议修改为

诚信守法档案管理的内容：

1. 公民（户主及家庭成员）的基本信息（包括姓名、性别、年龄、民族、职业、住址、公民身份证号码、家庭成员、社会关系、政治面貌、身体状况等）；

2. 公民的诚信守法和失信违法行为记录；

3. 奖励与惩处记录；

4. 动态销号记录；

5. 诚信守法档案的查询和利用记录；

6. 失信违法行为的法治教育、社会帮助、心理辅导方面的记录。

（三）说明

1. 上述"公民基本信息"的内容根据管理需要并不完整，结合《公民诚信守法档案信息甄别录入制度》中第六条规定，建议增加部分内容。同时根据《五峰土家族自治县公民诚信守法档案建设工作实施方案》，其规定公民诚信守法档案包括三部分，第一部分是"户主及家庭成员的基本信息"，为保证与该方案一致，且表述更为明确，建议在本条第一项中注明"户主及家庭成员"。

2. 删除原文中第 5、6、8 项内容，因为上述内容与诚信档案制度并无紧密关联，将其作为管理内容目的不明。

八　第七条　第一款

（一）原文

查阅

设立档案查阅资料室以供利用查阅。相关权限人员可以到档案室进行查看，无关人员不得要求档案查阅。档案管理员要做好查阅的资格审查及登记工作。

（二）建议修改为

公民、企事业单位和社会组织可以根据需要申请查询公民诚信守法档案信息，档案室管理员应依据规定做好查询工作。

（三）说明

1. 本条规定的是"查阅"，而《公民诚信守法档案管理制度》第五条和第六条、第八条规定的则是"查询"制度，同时，《五峰土家族自治县公民诚信守法档案建设工作实施方案》第十条规定的也是向有关单位和个人提供"查询"服务，也即在诚信档案的利用上，《公民诚信守法档案管理制度》与《公民诚信守法档案利用制度》《五峰土家族自治县公民诚信守法档案建设工作实施方案》中的规定是不一致的，我们认为这里应该统一规定为"查询"制度，包括到档案室阅览，也包括通过其他方式的查询。

2. 可查询公民诚信档案信息的主体和查询依据的程序在《五峰土家族自治县公民诚信守法档案建设工作实施细则》第十条已经做出规定，本条不需要采用原文中"相关权限人员"这种含义不明的规定，也无须在本条突出程序规定。

九　第七条　第二款

（一）原文

借出使用

相关人员为完成某项人事工作任务，必须将人事档案借出使用时采用的方式。借阅人必须履行借阅手续，时间不能超过一周，逾期未归还的，续办延长借阅手续，并到期归还。

（二）建议修改为

使用

为工作需要，必须使用档案时，使用人必须向档案管理员办理相关使用手续后方可使用。

（三）说明

1. 将"借出使用"改为"使用"，以此保证与《公民诚信守法档案利用制度》规定的一致。该制度第四条规定：公民诚信守法档案的利用包括信息查询、档案借阅、褒奖惩戒、提供证明等。

2. 原文"相关人员为完成某项人事工作任务，必须将人事档案借出使用时采用的方式。借阅人必须履行借阅手续"表意不清，用语不规范。

十　第七条　第三款

（一）原文

出具证明材料

当事人因入团、入党、提升、招工、征兵、外出务工、出国等要求需要公民诚信档案管理部门出具证明材料的，由管理部门核实情况，可以出具证明材料。出具的证明材料经认真校对、审查，经主管部门审批，加盖公章后方能生效。

（二）建议修改为

出具证明材料

当事人因入团、入党、提升、招工、征兵、外出务工、出国等要求需要公民诚信档案管理部门出具证明材料的，由档案室核实情况，可以出具证明材料。出具的证明材料由公民诚信守法系统自动生成打印，经主管部门审批后，加盖公章后方能生效。

（三）说明

公民诚信档案信息管理系统建成后，为了保证公民诚信档案信息的真实性与准确性，应该明确规定出具的证明材料由公民诚信档案信息管理系统自动生成，并不得进行修改。

十一　第八条

（一）原文

公民诚信守法档案保存期限转移

1. 诚信守法档案原则上永久保存，对于已死亡的随即注销，对于户口转出等可转为短期，五年后方可销毁。

2. 工作调动、招工、征兵、入学需要转出诚信守法档案的，可以由建立诚信守法档案的单位开出调档信函，经乡镇领导小组审批同意后转出。

（二）建议修改为

公民诚信守法档案保存期限转移

1. 诚信守法档案原则上永久保存，已死亡的公民，其诚信档案随即注销，户口转出等情况下，诚信守法档案可转为短期，五年后方可销毁。

2. 工作调动、招工、征兵、入学需要转出诚信守法档案的，可以由建立诚信守法档案的单位开出调档信函，经乡镇领导小组审批同意后转出。

（三）说明

原文表述不规范。

公民诚信守法档案管理制度
（建议稿）

为了有效地利用档案，提高社会治理水平和促进村民自治，现根据《中华人民共和国档案法》和《档案馆工作通则》的等有关规定，制定本制度。

一、公民诚信守法档案是本乡镇公民诚信守法行为的真实记录，诚信守法档案由乡镇诚信守法建设领导小组办公室设立的信息中心集中管理。

二、公民诚信守法档案应保证客观性、真实性和动态性。

三、档案室管理人员和使用人员不得利用公民诚信档案中的信息来威胁公民本人及家庭，或者滥用信息以从事非法活动。

四、公民诚信守法档案以村（居）民委员会、乡（镇）直各单位、行政执法部门、司法部门等单位为信息来源。

五、公民诚信守法档案保管实行纸质档案、电子档案双重管理，提倡保存照片、光盘、实物等其他形式的档案。

六、乡镇公民诚信守法档案办公室配备专职档案管理员 1 名。档案管理员职责是：

1. 负责信息梳理、分类、登记以及提请甄别；
2. 负责诚信守法档案的整理、编目、索引、立卷、录入、归档；
3. 负责诚信守法档案利用的办理和记录；
4. 负责诚信守法档案的保管，保障诚信守法档案的安全；
5. 负责诚信守法档案信息平台的管理和应用；
6. 负责诚信守法档案的数据统计、报表、情况分析、计划、总结等工作；
7. 负责乡镇公民诚信守法建设领导小组交办的其他工作。

七、诚信守法档案管理的内容：

1. 公民（户主及家庭成员）的基本信息（包括姓名、性别、年龄、民族、职业、住址、公民身份证号码、家庭成员、社会关系、政治面貌、身体状况等）；
2. 公民的诚信守法和失信违法行为记录；
3. 奖励与惩处记录；
4. 动态销号记录；
5. 诚信守法档案的查询和利用记录；
6. 失信违法行为的法治教育、社会帮助、心理辅导方面的记录。

八、诚信守法档案利用

1. 查阅

公民、企事业单位和社会组织可以根据需要申请查询公民诚信守法档案信息，档案管理员应依据规定做好查询工作。

2. 使用

为工作需要，必须使用档案时，使用人必须向档案管理员办理相关使用手续后方可使用。

3. 出具证明材料

当事人因入团、入党、提升、招工、征兵、外出务工、出国等要求需要公民诚信档案管理部门出具证明材料的，由档案室核实情况，可以出具证明材料。出具的证明材料由公民诚信守法系统自动生成打印，经主管部门审批后，加盖公章后方能生效。

九、公民诚信守法档案保存期限与转移

1. 诚信守法档案原则上永久保存，已死亡的公民，其诚信档案随即注销，户口转出等情况下，诚信守法档案可转为短期，五年后方可销毁。

2. 工作调动、招工、征兵、入学需要转出诚信守法档案的，可以由建立诚信守法档案的单位开出调档信函，经乡镇领导小组审批同意后转出。

第六节 《公民诚信守法档案信息动态管理制度》论证

一 引言部分

（一）原文

为了加强公民诚信守法档案的动态管理，鼓励诚信守法，惩戒失信违法，特制定本制度。

动态管理包括：诚信守法星级管理制度和失信违法警示、销号管理制度。

（二）修改建议

删掉。

（三）说明

包括该项制度在内的整个诚信制度都是这个目的，而且要和前面的制度陈述保持格式一致。

二 第一条

（一）原文

诚信守法星级评定及管理

1. 公民诚信守法以户为单位进行星级评定，星级户分为三星户、两星户和普通户。

2. 乡镇人民政府制定《诚信守法星级评定标准》，根据评分细则进行量化管理，按照评分评定为诚信守法星级户。

3. 被评定为三星户的，由政府张榜公布并授予牌匾，牌匾在星级户住房正门上方悬挂。

4. 对于保持10年荣誉的普通户、两星户可以评定升级为两星户、三星户。对于星级户中，如遇有失信违法行为标记一黑点以上的，随即取消星级户资格。

5. 凡星级户可以优先享受村（居）规民约界定的各项待遇，并优先享受其他有关优惠政策待遇、奖励等，并报上级政府予以备案。

（二）建议修改为

诚信守法星级管理制度

1. 公民诚信守法以户为单位进行星级评定，星级户分为三星户、两星户和一星户。

2. 县人民政府制定《诚信守法星级评定标准》，作为评定的依据。由村（居）民委员会组织评定，每年评定一次。

3. 被评定为三星户的，由镇政府张榜公布并授予牌匾，牌匾在星级户住房正门上方悬挂。

4. 对于保持5年荣誉的一星户、两星户可以分别直接升级为两星户、三星户。星级户如有失信违法被标记一黑点以上的，取消星级户资格。

5. 星级户优先享受法律、政策和村（居）规民约规定的各项待遇和优惠，星级户之间按星级享有优先权。

（三）说明

评定属于管理的形式之一，故建议改为"诚信守法星级管理制度"。

龙田镇农户诚信守法档案管理制度中分为两星户、一星户和普通户，这说明有"一星户"的提法，而且也更符合后文星级户的名称。

全县推进的一项工作，评分标准宜统一。把具体操作的部分放在一起加以规定。

明确是哪一级政府。由于是具体执行，而且工作量大，宜由镇政府承担。

与后文记录保存的时间保持一致，改为 5 年，而且直接升级，无须评定。5 年的时间也参考了龙田镇农户诚信守法档案管理制度。语言表述进一步精练、准确。

语言不够精练；忽略了不同星级之间的差别。

三 第二条

（一）原文

失信违法行为的警示制度

1. 以下严重失信违法行为在记录档案的同时给予黑点标记：

（1）受到刑法处罚被判处有期徒刑、缓刑、管制、拘役的犯罪行为，并标记为三黑点（●●●）；

（2）严重违法受到拘留、警告、罚款、训诫、责令具结悔过等行政处罚的行为，并标记为二黑点（●●）；

（3）违反法律法规不够处罚，但行为造成一定后果或不良社会影响的，违反村（居）规民约的行为，标记为一黑点（●）；

2. 在电子信息平台上，对于两黑点及以上的户实行红灯警示，对于一黑点户实行黄灯警示。

3. 红灯和黄灯警示方式方便档案信息化管理，向社会开放接口，提供查询。

（二）建议修改为

失信违法警示管理制度

1. 以下失信违法行为记入档案，同时给予黑点标记：

（1）受到刑事刑罚的犯罪行为，并标记为三黑点（●●●）；

（2）受到行政处罚的违法行为，并标记为二黑点（●●）；

（3）违反村（居）规民约的行为，并标记为一黑点（●）。

2. 在电子信息平台上，对于标记为三黑点的户实行红灯警示，对于标记为二黑点的户实行黄灯警示。

3. 红灯和黄灯警示信息按照《公民诚信守法档案利用制度》供社会查询。

（三）说明

标题与前文保持一致。

表述不严谨，列举不完全，而且缓刑不是一种单独的刑种，只是一种刑罚执行方式，不能与有期徒刑并列。不列举，更为简洁。

录入的依据是行政处罚决定书，不严重的违法行为也可能受到行政处罚，所以去掉"严重"二字。处罚方式非常多，不宜列举，更为简洁。

表述上与前文一致，因此加上"并"了；前面"违法但不够处罚"的表述，实践中操作困难，应该以处罚决定书为依据，建议删除。

阐述规则时不必阐明理由，更为简洁。

四 第三条

（一）原文

失信违法行为记录的销号

1. 下列失信违法记录经过一定年限，且没有新的失信违法记录的可以消除记录：

（1）不构成处罚的行政违法行为经过五年以后；

（2）违反法律法规和村规民约的行为三年以后；

2. 因抢险救灾、扶贫帮困、见义勇为、移风易俗、奉献社会等诚信守法行为并受到以下记功、表彰的，三条记录可以抵消一条失信违法记录：

（1）受到上级机关发文表彰的；

（2）在官方媒体上报道的；

（3）村（居）委会领导班子集体讨论表彰或村（居）民代表评议确定的褒扬的；

（二）建议修改为

失信违法记录销号管理制度

1. 下列失信违法记录经过一定期限，且没有新的失信违法记录的，直接消除黑点记录：

（1）受到刑事刑罚的犯罪行为自结束之日起被记录经过五年的；

（2）受到行政处罚的违法行为被记录经过三年的；

（3）违反村（居）规民约的行为被记录经过两年的。

2. 因抢险救灾、扶贫帮困、见义勇为、移风易俗、奉献社会等诚信守法行为受到以下褒扬的，其诚信守法记录可以抵消已有的失信违法记录，具体抵消办法为：

（1）一条第一层级的诚信守法行为可抵消一个黑点；

（2）两条第二层级的诚信守法行为可抵消一个黑点；

（3）三条第三层级的诚信守法行为可抵消一个黑点。

（三）说明

去掉"可以"二字，表述符合规定条件就销号，意思简明，操作简单。销号情形与前文相衔接。

基于诚信守法行为与失信违法行为均分为三个层级，使原文中设计的直接抵消"一条失信违法行为"可能带来不平衡的情况，即可能出现"三条第一层级的诚信守法行为抵消一条第三层级的失信违法行为"的情形，为了与前面信息采集制度中公民诚信守法行为分级制度衔接，同时考虑不同层级的诚信守法行为难易程度及其操作的简便性，故设计成不同层级的诚信守法行为直接抵消一个黑点。

五　第四条

（一）原文

组织和实施

1. 乡镇组织对失信违法行为人进行销号评审，评审小组由乡镇信息中心、相关部门、村（居）委会、村民代表、法律顾问组成。失信违法销号事宜每年年终评审一次，评审后及时更新记录。

2. 村（居）民委员会组织村民代表大会，对诚信守法星级户进行评定，星级户评定要按照评分标准量化评分，经村民代表讨论通过，诚信守法星级户每年评定一次。

3. 失信违法警示、销号评审记录和评审结论纳入诚信守法档案痕迹管理。

（二）建议修改为

失信违法记录销号过程在电子信息平台后台予以保存。

（三）说明

公民诚信守法档案信息管理系统建成后，其系统可以根据记录时间自动将其消除，不需要再组织人员进行评审，这样利于提高工作效率，及时销号。同时建议将保留的部分放入"三失信违法记录销号管理制度"之中。

公民诚信守法档案信息动态管理制度
（建议稿）

一 诚信守法星级管理制度

（一）公民诚信守法以户为单位进行星级评定，星级户分为三星户、两星户和一星户。

（二）县人民政府制定《诚信守法星级评定标准》，作为评定的依据。由村（居）民委员会组织评定，每年评定一次。

（三）被评定为三星户的，由镇政府张榜公布并授予牌匾，牌匾在星级户住房正门上方悬挂。

（四）对于保持5年荣誉的一星户、两星户可以分别直接升级为两星户、三星户。星级户如有失信违法被标记一黑点以上的，取消星级户资格。

（五）星级户优先享受法律、政策和村（居）规民约规定的各项待遇和优惠，星级户之间按星级享有优先权。

二 失信违法警示管理制度

（一）以下失信违法行为记入档案，同时给予黑点标记：

1. 受到刑事刑罚的犯罪行为，并标记为三黑点（●●●）；
2. 受到行政处罚的违法行为，并标记为二黑点（●●）；
3. 违反村（居）规民约的行为，并标记为一黑点（●）。

（二）在电子信息平台上，对于标记为三黑点的户实行红灯警示，对于标记为二黑点的户实行黄灯警示。

（三）红灯和黄灯警示信息按照《公民诚信守法档案利用制度》供社

会查询。

三　失信违法记录销号管理制度

（一）下列失信违法记录经过一定期限，且没有新的失信违法记录的，直接消除黑点记录：

1. 受到刑事刑罚的犯罪行为自结束之日起被记录经过五年的；
2. 受到行政处罚的违法行为被记录经过三年的；
3. 违反村（居）规民约的行为被记录经过两年的。

（二）因抢险救灾、扶贫帮困、见义勇为、移风易俗、奉献社会等诚信守法行为受到以下褒扬的，其诚信守法记录可以抵消已有的失信违法记录，具体抵消办法为：

1. 一条第一层级的诚信守法行为可抵消一个黑点；
2. 两条第二层级的诚信守法行为可抵消一个黑点；
3. 三条第三层级的诚信守法行为可抵消一个黑点。

（三）失信违法记录销号过程在电子信息平台后台予以保存。

第七节　《公民诚信守法档案利用制度》论证

一　建议增补引言

（一）原文

无

（二）建议增补内容为

为了有效地利用档案，提高社会治理水平和促进村民自治，现根据《中华人民共和国档案法》和《档案馆工作通则》的规定，制定本制度。

（三）说明

理由同《公民诚信守法档案管理制度》的引言。

二　第一条

（一）原文

公民诚信守法档案是记载公民诚信情况和守法信息的真实记录，做好档案的利用是建立公民诚信守法体系、完善社会管理的必然要求。

(二) 建议修改为

公民诚信守法档案是记载公民诚信信息和守法信息的历史记录，做好档案的利用是建立公民诚信守法体系、完善社会治理的必然要求。

(三) 说明

1. 把"情况"改为"信息"符合档案的来源特征。从档案学的角度来看，档案是把办理完毕的、具有保存价值且处于分散状态的文件按一定逻辑规律整理而成的信息单元。档案具有信息性，档案来源于文件，但文件的内容则为档案形成者记录的各种具有保存价值的信息。

2. 把"真实"改为"历史"符合档案的本质属性。《中华人民共和国档案法》第二条对档案的本质属性进行了明确的界定：本法所称的档案，是指过去和现在的国家机构、社会组织以及个人从事政治、军事、经济、科学、技术、文化、宗教等活动直接形成的对国家和社会有保存价值的各种文字、图表、声像等不同形式的历史记录。中华人民共和国档案行业标准《档案工作基本术语》对档案的定义表述是："国家机构、社会组织或个人在社会活动中直接形成的有价值的各种形式的历史记录。"学者冯惠玲在《档案学概论》中对档案的定义是："档案是组织或个人在以往的社会实践活动中直接形成的清晰的、确定的、具有完整记录作用的固化信息。"

从以上界定可以看出，档案是直接形成的历史记录。"直接形成"说明档案继承了文件的原始性，"历史记录"说明档案具有历史再现性，是再现历史真实面貌的原始文献。

3. 把"社会管理"改为"社会治理"是政府治理能力现代化的必然要求。党的十八届三中全会《决定》把"推进国家治理体系和治理能力现代化"写进全面深化改革的总目标，这是我国第一次提出国家治理体系和治理能力的现代化。社会治理的核心议题就是处理好政府与社会的关系，正如经济改革的核心议题是处理好政府和市场的关系，实际上是要处理好政府、市场和社会三者之间的关系，就是要弄清楚，哪些社会事务需要政府、市场和社会各自分担，哪些需要政府、市场和社会共同承担。要更好地调动起社会各方面的力量，政府该交给社会的就交给社会,就像当年我们说该交给市场的要交给市场。交给市场,市场要求有一个竞争规则;交给社会,社会要有一个运行秩序。

"社会治理"与"社会管理"虽只有一字之差,但还是有很大区别。"社会治理"与"社会管理"的区别集中在三个方面:一是覆盖的范围不同,"社会管理"在实践中往往被理解为无所不包,涵盖的领域过于宽泛,在实践中不容易把握、很难界定;"社会治理"则聚焦于激发社会组织活力、预防和化解社会矛盾、健全公共安全体系等。二是"社会治理"相比于"社会管理",更突出地强调"鼓励和支持各方面的参与",强调更好地发挥社会力量的作用,而不是政府的管控。三是"社会治理"更加强调制度建设,特别是要用法治思维和法治方式化解社会矛盾,社会治理体系可以说是国家治理体系的一个重要组成部分。

三 第二条

(一)原文

公民诚信守法档案的利用坚持"客观真实、方便快捷、保护隐私"的原则。

(二)建议修改为

公民诚信守法档案的利用坚持"方便快捷、保护隐私"的原则。

(三)说明

1. 为利用者提供方便条件是提高档案利用效果的前提和保障。《中华人民共和国档案法》第五条明确规定了档案利用的原则:"档案工作实行统一领导、分级管理的原则,维护档案完整与安全,便于社会各方面的利用。"《档案馆工作通则》也把"为利用者提供方便条件"作为档案利用的原则。第十八条规定:"档案馆应积极主动地开展利用工作,并根据党和国家有关规定开放历史档案。"第十九条规定:"档案馆应设立阅览室,积极改善阅览条件,为利用者提供方便。"第二十条规定:"档案馆应编制必要的检索工具和开放档案目录,印发档案馆指南等,为各方面广泛利用档案和资料提供方便条件。"第二十四条规定:"档案馆应及时、准确地掌握档案和资料的利用效果,不断改进利用工作。"

2. 删除"客观真实"的原则。公民诚信守法档案的客观真实是由档案的评议、甄别、告知、异议、录入、查询等制度共同保障的。在档案查询时，查询信息由信息系统自动生成，加盖公章，从技术层面完全可以排除虚假档案的可能性，因而不必过多强调。

四 第三条

（一）原文

公民诚信守法档案注重社会效果的原则。对诚信守法行为人要大力褒奖，弘扬社会正能量。凡属于失信违法行为的，要发挥惩戒一人、教育一片的作用。

（二）建议修改为

充分发挥公民诚信守法档案的社会功能，对诚信守法行为给予褒奖，对失信违法行为给予惩戒。

（三）说明

1. 从档案学的角度看，档案的社会功能属于更加规范的术语。档案的社会功能是指档案的社会信息服务、资政和教育作用，这恰恰是公民诚信守法档案发挥的社会作用。公民诚信守法档案是公民在社会活动、生产经营等方面建立和利用信用体系，获得发展最有力的工具。档案的社会功能是档案本身的属性，是相对恒定的，但档案的社会效果则是不确定的。

2. 把"对诚信守法行为人要大力褒奖，弘扬社会正能量。凡属于失信违法行为的，要发挥惩戒一人、教育一片的作用"修改为"对诚信守法行为给予褒奖，对失信违法行为给予惩戒"。修改后语言更加简洁凝练。

3. 删除"大力"。一是制度条文不适宜使用表达情绪的字眼；二是如果激励机制不完善，则乡（镇）、村（居）很可能产生失信行为。

五 第四条

（一）原文

公民诚信守法档案的利用包括信息查询、档案借阅、提供证明等。

(二) 建议修改为

公民诚信守法档案的利用包括信息公示、信息查询、档案借阅、褒奖惩戒、提供证明等。

(三) 说明

要充分发挥公民诚信守法档案的社会功能,提高公民诚信守法档案的利用效果,必须建立和完善公民诚信守法档案公示制度,通过公示产生宣传、教育、警示的效果。

六　第五条

(一) 原文

公民诚信守法档案由乡(镇)诚信守法档案管理信息中心向有关单位和个人提供查询服务。

(二) 建议修改为

公民诚信守法档案由乡(镇)诚信守法档案信息中心向有关机关、团体、企业事业单位和其他组织以及公民提供查询服务。

(三) 说明

1. 删除"管理"。机构名称应当简洁。

2. 把"有关单位和个人"修改为"有关机关、团体、企业事业单位和其他组织以及公民"。查询主体更加明确。《中华人民共和国档案法》第二十条对档案利用主体作出了明确的规定:"机关、团体、企业事业单位和其他组织以及公民根据经济建设、国防建设、教学科研和其他各项工作的需要,可以按照有关规定,利用档案馆未开放的档案以及有关机关、团体、企业事业单位和其他组织保存的档案。"

七　第六条

(一) 原文

乡(镇)公民诚信守法档案信息中心向有关单位和个人提供以下查询:

1. 公民的诚信守法情况;

2. 公民的失信违法情况;

3. 公民的资信记载；

4. 公民的诚信守法档案的记载和销号情况。

（二）建议修改为

乡（镇）诚信守法档案信息中心向有关机关、团体、企业事业单位和其他组织以及公民提供以下查询：

1. 公民的诚信守法情况；

2. 公民的失信违法情况；

3. 公民的诚信守法档案的记载和销号情况。

（三）说明

1. 删除"公民"。机构名称保持统一。

2. 删除"公民的资信记载"。一是资信属于个人隐私。提供和查询公民的资信状况可能涉嫌侵犯公民隐私权。资信是民事主体从事民事活动的能力和社会对其所做的综合评价，属于名誉权范畴。它由民事主体的经济实力、经济效益、履约能力和商业信誉等要素决定。在市场经济中各个经济主体在社会活动中都离不开信用，借、贷、购、销、人欠、欠我等一切经济交往，均与信用有直接的关联。二是资信证明只能由银行或其他金融机构出具。资信证明是指由银行或其他金融机构出具的足以证明他人资产、信用状况的各种文件、凭证等。此类证明、文件不论以何种名义、形式出具，核心都是证明他人拥有某项资产、债权或具有何种程度经济实力等。公民的资信信息只有银行或其他金融机构拥有，乡（镇）诚信守法档案信息中心无法提供公民的资信信息，也无法提供查询服务。

3. 把"有关单位和个人"修改为"有关机关、团体、企业事业单位和其他组织以及公民"，查询主体更加明确。

八 第七条

（一）原文

公民诚信守法档案管理办公室向有关单位和个人提供以下证明：

1. 为公务员录用、企事业单位招工、聘用、征兵等提供政审材料；

2. 为加入党团组织提供证明材料；

3. 为国内外务工、出国留学等事项提供证明；

4. 为地方福利提供优先享受的证明；

5. 为解决矛盾纠纷和处理突发事件提供必要的档案资料。

（二）建议修改为

乡（镇）诚信守法档案信息中心向有关机关、团体、企业事业单位和其他组织以及公民提供以下证明：

1. 为公务员录用、企事业单位招工、聘用、征兵等提供证明；

2. 为加入党团组织提供证明；

3. 为国内外务工、出国留学等事项提供证明；

4. 为地方福利提供优先享受的证明；

5. 为解决矛盾纠纷和处理突发事件提供证明。

（三）说明

1. 把"公民诚信守法档案管理办公室"修改为"乡（镇）诚信守法档案信息中心"。机构名称保持一致。

2. 把"有关单位和个人"修改为"有关机关、团体、企业事业单位和其他组织以及公民"。服务对象更加明确、具体。

3. 删除"政审"。在全国各地未统一建立公民诚信守法档案的情况下，诚信守法档案是否作为政审材料应当由有关单位依法依规自主决定。

4. 删除"材料"。表述更加简洁。

九　第八条

（一）原文

查询和借阅须提供以下证明材料：

1. 居民身份证；

2. 有关单位开具的查询证明；

3. 与查询事项有利害关系的证明；

4. 其他相关证明。

（二）建议修改为

查询和借阅须提供以下证明：

1. 个人查询，提供居民身份证或驾照；

2. 单位查询，提供单位开具的正式介绍信；

3. 利用档案的目的与范围的证明；

4. 《保密承诺书》；

5. 其他相关证明。

（三）说明

1. 删除"材料"。表述更加简洁。

2. 把个人查询和单位查询要求的证明分开。个人可以凭借居民身份证或驾照申请查询。

3. 把"查询证明"修改为"正式介绍信"，把"与查询事项有利害关系的证明"修改为"利用档案的目的与范围的证明"，证明内容符合《档案馆工作通则》的规定。《档案馆工作通则》第二十一条明确规定了档案馆提供利用档案的证明："利用者查阅、摘录或复制档案，必须持本单位的正式介绍信，注明利用者的身份和利用档案的目的与范围。大量利用档案进行专题研究，必须事先将上级批准的研究计划抄送有关档案馆。"

4. 公民需要查询他人诚信守法档案信息的，应由乡（镇）诚信守法档案信息中心征求被查询人意见，经被查询人同意后方可查询。查询前，查询人应该签订《保密承诺书》，以保护被查询人隐私。

十　第九条

（一）原文

提供证明材料须通过以下程序：

1. 提交查询申请书；

2. 档案管理信息中心查询并做好登记；

3. 制作证明提供主管领导审查；

4. 主管领导审批签字；

5. 提供证明材料并留存备查。

（二）建议修改为

查询或开具公民诚信守法信息证明须通过以下程序：

1. 有关机关、团体、企业事业单位和其他组织向乡（镇）诚信守法档案信息中心查询或要求开具证明材料的，出具单位介绍信（函）；提交信息查询申请表；公民需要查询他人诚信守法档案信息的，应提交身份证和有关材料，由乡镇信息中心征求被查询人意见，取得被查询人同意后方可查询。

2. 填写《信息查询申请表》，签订《保密承诺书》；

3. 乡（镇）诚信守法档案信息中心查询并做好登记；

4. 制作证明提供主管领导审查；

5. 主管领导审批签字；

6. 提供证明并留存备查。

公民需要查询本人诚信守法档案信息的，需提交本人身份证或驾照，由乡（镇）诚信守法档案信息中心工作人员核验后即可查询。

（三）说明

1. 删除"材料"。语言更加简洁。

2. 把"档案管理信息中心"修改为"乡（镇）诚信守法档案信息中心"。机构名称保持一致。

3. 为了保护被查询人的隐私，维护被查询人的合法权益，避免不必要的纠纷，公民需要查询他人诚信守法档案信息的，应当由乡（镇）诚信守法档案信息中心征求被查询人意见，经被查询人同意后方可开展查询工作。查询前，查询人应当填写查询申请表和签订《保密承诺书》。

公民诚信守法档案利用制度
（建议稿）

为了有效地利用档案，提高社会治理水平和促进村民自治，现根据《中华人民共和国档案法》和《档案馆工作通则》的规定，制定本制度。

一、公民诚信守法档案是记载公民诚信信息和守法信息的历史记录，做好档案的利用是建立公民诚信守法体系、完善社会治理的必然要求。

二、公民诚信守法档案的利用坚持"方便快捷、保护隐私"的原则。

三、充分发挥公民诚信守法档案的社会功能，对诚信守法行为给予褒奖，对失信违法行为给予惩戒。

四、公民诚信守法档案的利用包括信息公示、信息查询、档案借阅、褒奖惩戒、提供证明等。

五、公民诚信守法档案由乡（镇）诚信守法档案信息中心向有关机关、团体、企业事业单位和其他组织以及公民提供查询服务。

六、乡（镇）诚信守法档案信息中心向有关机关、团体、企业事业单位和其他组织以及公民提供以下查询：

1. 公民的诚信守法情况；

2. 公民的失信违法情况；

3. 公民的诚信守法档案的记载和销号情况。

七、乡（镇）诚信守法档案信息中心向有关机关、团体、企业事业单位和其他组织以及公民提供以下证明：

1. 为公务员录用、企事业单位招工、聘用、征兵等提供证明；

2. 为加入党团组织提供证明；

3. 为国内外务工、出国留学等事项提供证明；

4. 为地方福利提供优先享受的证明；

5. 为解决矛盾纠纷和处理突发事件提供证明。

八、查询和借阅须提供以下证明：

1. 个人查询，提供居民身份证或驾照；

2. 单位查询，提供单位开具的正式介绍信；

3. 利用档案的目的与范围的证明；

4.《保密承诺书》；

5. 其他相关证明。

九、查询或开具公民诚信守法信息证明须通过以下程序：

1. 有关机关、团体、企业事业单位和其他组织向乡（镇）诚信守法档案信息中心查询或要求开具证明材料的，出具单位介绍信（函）；提交信息查询申请表；公民需要查询他人诚信守法档案信息的，应提交身份证和有关材料，由乡镇信息中心征求被查询人意见，取得被查询人同意后方可查询。

2. 填写《信息查询申请表》，签订《保密承诺书》；

3. 乡（镇）诚信守法档案信息中心查询并做好登记；

4. 制作证明提供主管领导审查；

5. 主管领导审批签字；

6. 提供证明并留存备查。

公民需要查询本人诚信守法档案信息的，需提交本人身份证或驾照，由乡（镇）诚信守法档案信息中心工作人员核验后即可查询。

第 三 章

公民诚信守法档案制度全面实施阶段

五峰县公民诚信守法档案建设工作经过两年多的努力已基本成型，在农村社会治理中彰显出的作用越来越明显，此项工作引起了中央、省、市有关领导和媒体的高度关注，逐渐形成社会治理"五峰模式"。

第一节 工作开展情况

2017年12月1日，五峰县公民诚信守法档案信息系统平台启动仪式在县司法局举行。县直相关部门、企业主要负责人，各乡镇司法所长40多人参加启动仪式。宜昌市司法局党组成员、副局长刘克勤，县委常委、县委政法委书记覃业成等出席启动仪式。启动仪式由县司法局局长、五峰县公民诚信守法档案工作领导小组办公室主任张泽林主持。在启动仪式上，软件开发公司技术人员向与会人员演示了五峰县公民诚信守法档案信息系统平台的运行操作，用实际案例和五峰县基层信息采集员进行现场互动，对公民诚信守法信息的查询和录入功能进行展示。

2018年7月12日，五峰县召开公民诚信守法档案建设工作推进会，截至召开时，已完成对全县所有的农民居民一户一档的纸质建档工作，共采集诚信守法记录和失信违法行为记录2020条。系统管理平台也正式运行，选配了县司法机关、行政执法部门和乡镇村（居）180名信息员，并开展了培训，全面进行系统管理平台的信息录入工作，目前已录入诚

五峰县公民诚信守法档案信息平台启动仪式

信守法行为记录和失信违法行为记录500余条。两年来，全县共张贴公告2000余份，印发宣传资料35000份，编制专场文艺节目到各乡镇巡回演出，建立车载电视、《五峰月报》2个固定宣传平台；召开会议、培训等101场次，各乡镇出动宣传车15台次，巡回宣传8000多公里，利用分布各村（居）的400多只"村村响"广播喇叭播放宣传，全县12万多名群众受到教育。通过公民诚信守法档案的宣传运用，两年来，全县共化解矛盾纠纷1084起、制止越级非法上访48起、排除阻挠项目建设和公益事业建设68起、治理约束农村大操大办142件。会后，各乡镇、村召开了公民诚信守法档案建设工作推进会，部分村在推进会上通过了《村规民约》。如采花乡黄家台村于2018年8月初召开公民诚信守法档案推进会，会上通过了《黄家台村村规民约》。该村规民约在法律、法规、政策的框架内，以践行社会主义核心价值观为根基，以弘扬中华民族传统美德为准则，结合本村实际，广泛征求村民意见，制定出了涉及村风民俗、公共道德、社会管理、精神文明建设等方面约束规范村民行为的规章制度。会上，村党支部书记谭祖军宣读《黄家台村村规民约》，党员群众代表一致举手表决通过。它将成为黄家台村村民自我管理、自我教育、自我服务、自我约束的行为准则。

五峰县采花乡黄家台村公民诚信守法档案建设工作推进会

2018年11月20日，宜昌市公民诚信守法档案建设工作推进会在五峰县召开。会议旨在进一步推广五峰县公民诚信守法档案建设工作经验，提升全市基层社会治理法治化水平。与会人员通过实地走访查看、听取现场介绍、翻阅档案资料、观看法治节目、演示县公民诚信守法档案管理系统等多种形式详细了解了渔洋关镇大房坪社区公民诚信守法档案建设工作的开展情况。五峰县司法局局长张泽林就五峰县公民诚信守法档案建设工作进行专题汇报，介绍了经验做法，展示了公民诚信守法档案在维护农村和谐稳定、推动农村精神文明建设、加快脱贫攻坚步伐、提升全民法律素养和推动乡村社会治理等方面取得的显著成效。会议认为，五峰县公民诚信守法档案建设工作来源于基层，推进过程稳妥，适用基层发展。五峰县领导敏锐重视，县司法局敢闯新路、敢于突破，在做深做细做实上肯下功夫，特色鲜明，亮点突出，经验丰富，成效显著，达到了可学习、可借鉴、可复制、可推广的效果。

宜昌市公民诚信守法档案建设工作推进会

宜昌市推进会后，宜都市聂家河镇率先启动公民诚信守法档案建设工作，2019年3月，经专题研讨、外出参观学习、实地调查，结合镇情，决定以聂家河镇邓家桥村为试点建设公民诚信守法档案，计划2019年年底，建成全镇第一个公民诚信守法档案试点村，并逐步建立健全公民诚信守法档案信息采集、信息甄别录入、档案管理、档案动态管理、档案利用等五项制度，完善村规民约，构建公民诚信守法激励和失信惩戒机制，使其广泛应用于督促信贷履约、化解矛盾纠纷、治理大操大办、开展环境整治、履行赡养义务、规范市场秩序、打击非法上访等社会治理工作领域，全面增强公民诚信守法意识，引导公民遵法守法学法用法，推进"三治融合"向纵深发展。2019年6月14日，在第12个全国"信用记录关爱日"之际，聂家河镇召开了公民诚信守法档案建设工作推进会，会上深入解读建设公民诚信守法档案工作方案和实施细则，邓家桥村就诚信守法档案启动建设作了典型发言，邓家桥村已经完成公民诚信守法档案信息采集、甄别录入工作。该村同时组织村（社区）开展公民诚信守法档案建设培训，以加快全镇诚信档案建设步伐。

宜都市聂家河镇公民诚信守法档案建设工作推进会

2019年以来，五峰土家族自治县五峰镇认真贯彻落实党的十九大精神，创新基层社会治理方式，坚持"四个着眼"强力推进公民诚信守法档案建设，取得了丰硕成果。

一是着眼入心抓宣传。（1）宣传对象全民化。把领导干部、国家公职人员、企事业单位职工、村（居）"两委"干部、农民居民，包括驻村第一书记、队长、分队长、帮扶责任人，全部纳入宣传对象，做到全民普及。(2)是宣传重点分类化。领导干部、国家公职人员层面，重点宣传县委、县政府重推公民诚信守法档案的指导思想、总体原则、工作措施和具体要求，使其成为工作实施的领导者；村（居）"两委"班子及信息员层面，重点宣传诚信守法行为和失信违法行为的种类、信息采集、评议办法、信息录入操作程序、结果运用、"红黑榜"发布、奖惩机制等内容，使其成为公民诚信守法档案的宣传员；农民居民层面，重点宣传诚信守法和失信违法的种类、结果运用、奖惩措施等内容，让群众知晓公民诚信守法档案，敬畏档案运用，参与公民诚信守法档案建设。(3)宣传方式多样化。五峰镇15个村（居）召开了群众大会、党员会、群众代表会、小组会、屋场会共180余场次，印发资料2万余份，村村通播放广播稿30篇，镇村16个QQ群、微信群推送宣传信息近100条，将公民诚信守法档案主要精神送进千家万户。

二是着眼长效抓建制。五峰镇在县委、县公民诚信守法档案建设工作领导小组及其办公室出台的"5+2"系列制度保障性文件基础上，结合镇情，制定了《五峰镇关于加快推进公民诚信守法档案工作实施方案》及实施细则、《五峰镇公民诚信守法档案甄别评议办法》，调整了由镇党委书记任组长、镇长任副组长，班子成员、镇直部门负责人、村（居）支部书记为成员的公民诚信守法档案推进工作领导小组及办公室，组建了35人规模的镇甄别审核小组成员库和15个村（居）评议小组，明确了25名信息员，并进行系统操作培训。真正形成了横向到边、纵向到底的网络体系。

三是着眼环节抓规范。在信息采集环节，五峰镇采取小组采、群众报、重点查的方式采集；在民主评议环节，代表们认真履行职责，秉承公道、正义、正气，敢说、敢议、敢评；在甄别审核环节，甄别审核小组坚持多方参与、集思广益、共同把关进行。对诚信行为，弘扬正能量；对失信行为，办成"铁案"；在信息录入上，注重言简意赅、准确无误；在"红黑榜"发布上，坚持正反典型同发，既惩戒失信违法，又褒奖诚信守法。

四是着眼中心抓运用。五峰镇坚持把公民诚信守法档案工作推进与党委、政府的中心工作的开展有机结合，广泛运用于精准扶贫、金融诚信、环境整治、乡风文明建设、公益事业建设、敦促子女履行赡养义务等领域，取得了相得益彰的良好效果。截至目前，共采集信息250余条，召开民主评议会28场次。通过公民诚信守法档案宣讲和履行评议告知申辩程序，一大批失信行为得以改正：易地搬迁主动入住或拆旧33户、进行危房改造42户、敦促履行赡养老人义务8例、敦促履约偿还扶贫贷款26人共计108万元、阻止阻挠公益事业建设3例。甄别审核审定了40件诚信行为和8件失信行为，发布"红黑榜"15期。此外，2019年五峰镇党委还对新招录的12名村后备干部运用公民诚信守法档案进行了政审环节考核。①

第二节 取得的成效

党的十九大报告提出实施乡村振兴战略，健全自治、法治、德治相结合的乡村治理体系。近年来，湖北省五峰县着力构建"三治融合"的公民诚信守法档案建设，将"枫桥经验"本土化，一条让"自治更加有序、法治更加有力、德治更加有效"的基层社会治理新途径得以逐渐形成。通过公民诚信守法档案的宣传运用，农村社会风气逐年好转，农村社会更加和谐稳定。该项工作已受到上级领导的充分肯定和外界媒体的积极关注。央视综合频道《新闻直播间》《法制日报》《中国档案报》《中国青年网》《楚天法治》《长安湖北网》《三峡日报》等媒体都相继作了全面报道。湖北省副省长曾欣也作了专门批示，要求在全省公安系统推广。省委宣传部将"诚信守法档案推进核心价值观入法"确定为全省宣传思想文化工作创新项目。该项工作荣获2017年宜昌市"十大法治事件"，2018年，五峰县委又将公民诚信守法档案工作作为脱贫攻坚、激发广大群众内生动力、敦促履行赡养义务的关键措施来抓。2018年6月，五峰县因创新推行公民诚信守法档案建设和法律顾问全覆盖等一系列法

---

① 参见《五峰坚持"四个着眼" 强力推进公民诚信守法档案建设》，湖北省司法厅网站，2019-9-26，http://sft.hubei.gov.cn/wzlm/xwdt/fzlb/yc/160576.htm，2019年10月7日最后访问。

治宣传教育活动,破局基层治理中的短板取得显著成效,荣获"全国法治县(市、区)创建活动先进单位"。2018 年荣获宜昌市文明单位"十佳"创新品牌提名奖。五峰县公民诚信守法档案的成效越来越明显。① 可归纳为如下五个方面。

一 进一步完善档案管理机制,全面推进规范管理

一是完善以家庭户为单位,涵盖其家庭成员的建档单元。对常年居住在五峰县的年满 18 周岁以上的农民居民,以家庭户为单位,依法依规对每名家庭成员的诚信守法行为和失信违法行为进行记录,档案实行电子文档和纸质档案双重建档,一户一档。按乡镇、村、组对每户进行统一编号,便于规范建档立档查询。目前,已对全县所有的农民居民完成建档,采集到诚信守法记录和失信违法行为记录共 3000 余条。二是建立以乡镇为单位、以村居为基础的诚信守法档案管理系统。形成由乡镇党政一把手任组长、相关部门为成员的工作领导小组,乡镇设信息中心,办事机构设在司法所,负责信息甄别,指导各村(居)信息录入工作。三是实行部门为主、各负其责的收录机制。建立了公民诚信守法档案信息采集、甄别录入、档案管理、动态管理和档案利用五项制度,按照制度设计,刑事犯罪行为由司法部门依据判决书录入,违法行为由各行政执法部门依据处罚决定书录入,违反村规民约失信行为由各村(居)录入。对于有较大影响的好人好事、积德行善等诚信守法行为由各相关部门予以记录。四是依托信息系统平台,提升档案管理现代化水平。开发运行公民诚信守法档案管理系统平台,实行线上线下同步走,在信息平台上,对诚信守法户以"红点"标记,对于失信违法户以"黑点"警示,由村委会以"红黑榜"形式定期公示。完善公民诚信守法和失信违法行为记录查询制度,可对公民个人和有关单位提供查询服务,有失信违法行为的将在公务员招录、企事业招聘、评先树优、劳务用工、征兵、社

---

① 有关内容可参见 2018 年 7 月 12 日五峰县县长万红和五峰县司法局局长张泽林在全县在公民诚信守法档案建设工作推进会上的讲话,以及覃业成(五峰县县委常委、政法委书记):建公民诚信守法档案探索社会治理新途径,人民法治网,http://www.rmfz.org.cn/contents/2/228415.html,2019 年 8 月 19 日,2019 年 10 月 5 日访问。

会福利保障等方面考量。

五峰县公民诚信守法档案建设中的红黑榜

二 助推基层社会治理，维护农村和谐稳定

一是公民诚信守法档案成为推动矛盾纠纷化解的"秘诀"。五峰县在矛盾纠纷调解工作中，通过公民诚信守法档案的宣传运用，让双方当事人明理、知错、诚信、守法，已成为成功化解矛盾纠纷的"秘诀"，形成了本土化的"枫桥经验"。有效化解了仁和坪镇富裕冲村长达20年的赡养纠纷、采花乡白鹤村达10年的山林土地权属纠纷等一批积案、骨头案。截至2019年8月底，全县共化解矛盾纠纷2194起，排除阻挠项目建设和公益事业建设76起。二是公民诚信守法档案成为有效遏制非法上访的"武器"。公民诚信守法档案在引导公民依法合理表达诉求，维护良好的信访秩序方面起到积极作用。在全县开展"信访问题法治宣传活动"专项工作期间，五峰县将专项工作与公民诚信守法档案相结合，对摸排的1100名有潜在"越级非法"上访意向的上访人进行了走访，向他们宣传公民诚信守法档案政策，有效遏制了其越级非法上访行为。四年来，全县共制止越级非法上访68起。如渔洋关镇三房坪村15名村民因不满征地拆迁补偿政策，违反正常上访程序，多次到县政府大楼采取围堵、静坐等方式非法上访。镇公民诚信守法档案信息中心对非法上访人员宣讲了公民诚信守法档案信息采集、录入和运用的规定，并将这15名村民非

法上访的行为载入了公民诚信守法档案，有效遏制和及时平息了这一非法上访闹事事件。

三 推动精神文明建设，营造良好道德风尚

五峰县将公民诚信守法档案广泛运用于治理大操大办、履行赡养义务、开展环境整治等工作领域。一是公民诚信守法档案成为有效治理大操大办的"法门"。各乡镇村（居）将公民诚信守法档案与村规民约有机结合，参与治理大操大办，推进乡风文明。四年来，全县共治理约束农村大操大办257件，农村风气逐年好转。二是敦促子女履行赡养义务。五峰县六部门联合下发《关于开展敦促赡养人将被赡养人接入安全住房共同生活》的通告，将不履行赡养义务的失信违法行为记入公民诚信守法档案，通过宣传运用，全县共敦促子女履行赡养义务45起，营造了良好社会道德风尚，保障了老年人合法权益。三是有效整治农村环境卫生。五峰县将公民诚信守法档案与村庄环境整治相结合，开展"文明乡村洁净家园"创评活动，每季度组织村干部+组长+保洁员的工作专班，严格对农户房前屋后卫生进行检查，并在考核评分、召开村民代表大会、公示等环节后，将排名前5名记入红榜，后5名记入黑榜，对"红榜"农户授予"洁净家庭"荣誉称号，并给予一定物质奖励，充分激发村民的环保内生动力。

四 不断激发贫困群众内生动力，加快脱贫攻坚步伐

"五峰的深度贫困，既深在发展落后的客观限制上，更深在精神层面的主观束缚上。"为突破精神区位的瓶颈，五峰先行先试，决定"以精神扶贫除穷根，用诚信档案破陋习"。即从引导贫困人口树立诚信守法意识入手，扫除农村地区存在的陋习，补足贫困群体的精神之钙，激发自主脱贫积极性。一是加强公民诚信守法档案在易地扶贫搬迁工作中的成果运用。五峰县对住新房不拆旧房的搬迁户、子女住新房老人住危房的搬迁户、申请搬迁房屋建成后又不愿意入住的搬迁户等类型的失信对象开展法治宣传教育，拒不改正的一律记入公民诚信档案，以"黑榜"公开曝光。通过宣传运用诚信档案"红榜评星、黑榜约束"，全县共化解异地搬迁纠纷36起，依规发布"黑榜"12期。二是按照有关规定并结合公民

诚信守法档案取消部分"拿着低保去打牌、领着救济去酗酒"的贫困户待遇。五峰县以公民诚信守法档案激发贫困群众内生动力，增添脱贫致富生活信心，同时约束"等、靠、要"依赖思想，依规依章取消了采花乡白溢坪村村民向某等一批"拿着低保去打牌、领着救济去酗酒"的贫困户，营造了自力更生、勤劳致富的发展氛围。

五 促进全民法律素养提升，争做诚信守法好公民

2019年，五峰县深入开展扶贫小额信贷专题宣传教育活动，通过精准摸底强基础、营造氛围抓宣传、规范标准严程序、强化运用见实效等多项举措，广泛运用公民诚信守法档案建设工作敦促信贷履约。活动开展以来，全县共敦促1074户还款328.6万元，唤醒广大农民居民诚信意识，营造诚信金融的浓厚氛围。同时，将档案广泛运用于征兵、入党、大学生扶贫村官招录、村（社区）"两委"换届选举等方面，通过公民诚信守法档案共审核2342人，其中40余人受到限制和考量。有效促使公民自觉遵法学法守法用法，形成办事依法、遇事找法、解决问题用法、化解矛盾靠法的良好氛围。

五峰县公民诚信守法档案建设工作宣传标语

六 典型案例

随着五峰县公民诚信守法档案工作的全面系统推进，该制度在推进五峰县乡村社会治理过程中又取得了较为显著的成效，并形成了一批典型案例，本部分选取了其中 12 个典型案例供读者查阅。

案例 1　明理知错诚信守法

仁和坪镇村民薛某某，现年 81 岁，她的独生儿子黄某某，现年 62 岁。母子二人为一个户口，是一家人。因亲生儿子黄某某拒绝亲生母亲薛某某在家居住、生活。其母亲薛某某被迫在自己住房对面的山坡上选择一片岩旮旯，以岩石峭壁为主墙体，以茶杯粗的杂树为支架。用四处捡来的破烂石棉瓦、广告布、塑料布做"围墙"，盖"房顶"，搭棚居住生活。其间，镇、村干部无数次对黄某某做思想工作，要求黄某某将母亲接回家居住生活，赡养母亲。但黄某某坚决拒绝。各级干部无数次向薛某某提出，援助她向法院起诉，要求儿子尽赡养责任接她回家居住生活，但薛某某坚辞不允，她说：我不能把自己的亲生儿子告上公堂。就这样年复一年，薛某某在岩旮旯棚里吃、住、睡觉，在荒郊野林开荒种地，像原始人一样生活了 20 多年，一起母子赡养纠纷持续了 20 多年。

2017 年 12 月，仁和坪镇政府、仁和坪司法所在矛盾纠纷大排查中，对这起长达 20 多年的赡养纠纷高度重视。党委、政府将处理这起纠纷作为一项重要任务交给了司法所。分管政法工作的领导指示司法所立即开展工作，妥善安置老人，迅速办结此案。司法所接受任务后，立即展开了深入细致的调查工作。通过走访本组村民、邻居，与双方当事人分别座谈，司法所仅用两天时间弄清了情况，查明了事实，找到双方当事人内心深处的思想症结，司法所深刻剖析了这起纠纷的矛盾成因，深入研究了这起纠纷的调解办法，提出了运用诚信守法档案建设工作的手段调解这起赡养纠纷的具体方案。

2017 年 12 月 4 日，由镇政府牵头、司法所主导、驻村扶贫工作队和村委会参与、镇文化宣传中心工作人员随行采访，开始了入户上门调解。

调解工作按照司法所制定的调解方案分步展开，循序渐进，以第一套方案：安抚、启发、引导切入调解工作。首先，调解小组首先对母亲薛某某在儿子6岁时弃儿在家，数十年外出，不尽抚养儿子义务的行为提出了严厉批评；对儿子黄某某为母亲制作棺木，为安葬母亲做好了准备工作的行为给予了充分肯定，对儿子黄某某6岁时遭母亲抛弃的心灵伤痕予以抚慰，对激愤的情绪加以安抚。其次，调解小组运用"百善孝为先"的道德伦理启发儿子黄某某对母亲既要尽安葬义务，更要尽生养责任，要做得自己良心无愧，赢得社会好评。最后，调解小组向双方当事人详细讲解了妇女、儿童、《老年人权益保障法》等相关法律法规的具体规定，指出赡养父母是法定的责任义务，不尽赡养责任将要受到法律的惩处。教育儿子黄某某要不计母亲弃子前嫌，竭尽赡养母亲的法律责任，为自己的子孙做出榜样。调解小组用整整一上午时间向当事人宣讲法律，采用安抚、启发、引导的方法开展调解工作，但当事人黄某某整整一个上午都在历数其母亲的种种过错，都在阐明自己不赡养母亲的种种理由。最后，黄某某决断地表示：不管怎样制裁、处罚，他都不让母亲回家居住。面对执迷不悟的当事人，调解小组决定启动第二套方案：批评、教育、惩戒，运用诚信守法档案打开缺口，打破僵局，促进当事人改变思想观念。司法所干部当场严肃批评当事人黄某某的行为是对抗法律，严厉指责他是不孝之子，严重警告要将其拒绝赡养母亲的恶劣行为记入他的家庭诚信守法档案，将他20多年来拒绝母亲回家居住、不尽赡养责任的事实制作成诚信守法档案专题教育片在全镇广泛宣传，警示、教育广大村民。司法所所长当场指示文化宣传中心工作人员对黄某某的楼房新居和他母亲的岩壁破棚多方位全面摄影，在专题片中鲜明对比，揭露他遗弃母亲的违法事实、不孝行径。当工作人员扛起摄像机开始拍摄时，当事人黄某某的态度急剧转变，他一把拉住司法所所长的手说："千万不要记上我的诚信守法档案，我不能因为不讲孝道臭名远扬，更不能因为我不讲孝道记上档案牵连我的子孙，我答应马上把母亲接回家居住。"黄某某不仅明确表示接母亲回家居住，并且主动提出了腾出砖木结构的附属屋，满足母亲单独生活的要求和对附属屋改造、修缮的具体方案及母亲搬迁的具体时间。

12月5日，村委会指派两名工人到黄某某家为其母亲改造、修缮房屋。12月6日，村委会派人派车到仁和坪集镇为老人采购烤火炉以及生活必需用品。当天下午村委会全体干部和当事人黄某某一起热热闹闹将老人接回黄某某家，安置在安全、温暖、生活方便的砖木房新居内单独生活。儿子黄某某为母亲灌满了水缸、备足了烧柴。已享受国家低保政策多年的老人今天开始享受到儿子的孝敬。国家照顾和儿子孝道的双重温暖让老人心里乐陶陶，脸上笑开了花。一对积怨20多年的亲生母子在诚信守法档案建设长镜头的聚焦下，前嫌冰释，亲情回归，牵手团聚，一场历时20多年的母子赡养纠纷终于成功化解。

五峰县仁和坪镇赡养纠纷调解现场

本案是一起典型的赡养纠纷案。案中双方当事人为亲生母子关系，而且老母亲薛某某仅生育黄某某一子，依照我国法律规定，黄某某应履行赡养母亲的全部责任和义务。本案案情简单，法律关系明确。但就是这样一起简单的赡养纠纷案却一直延续了 20 多年未能解决，个中原因令人深思。调解小组在调查过程中对母子双方矛盾的成因进行了深入追踪调查：原来黄某某的母亲在儿子 6 岁时离家出走，丢下儿子，背弃丈夫，跟随他人在外生活了数十年，直到六十花甲才落叶归根，回到故乡。母亲薛某某几乎是只生下了儿子而未抚养儿子，她给了儿子生命，却没有管儿子死活，为跟随他人生活而抛弃了自己的家庭。母亲的不良行为，像尖刀一样在从小失去母爱的儿子心灵上划下了一道无法愈合的深深伤痕，使儿子从小到大在心底深处淤积了难以化解的怨恨，这才导致儿子黄某某拒亲生母亲薛某某于家门之外 20 多年。调解小组在找到本案纠纷真正成因之后，先是批评教育母亲要清楚自己的过错，求取儿子的谅解，抚慰儿子的心灵伤痕；再是启发引导儿子要以母亲之错为戒，不能世世走错路，代代传怨仇，要为自己的子孙做好孝道榜样，纠正家庭错误，传承传统美德；最后充分运用诚信守法档案建设以法律责任和道德规范双管齐下，严肃地教育当事人黄某某必须遵守法律法规，遵从诚信道德，消除心中怨恨，赡养亲生母亲。否则将会因违法受到法律的严惩和因失信受到社会的谴责而身败名裂并牵连子孙。充分运用诚信守法档案建设的法律强制力、道德威慑力成功调解了这起历史积案。本案成功调解的经验在于：一是深入调查，找准矛盾成因症结，对症下药；二是直指错误，不留情面，公正处理；三是依法办案，诚信治人，双管齐下。在矛盾纠纷调解工作中，让双方当事人明理、知错、诚信、守法，是成功化解矛盾纠纷的"八字秘诀"。充分运用诚信守法档案建设化解社会矛盾纠纷，是新时期社会管理的重要途径和有效手段。

案例 2　银行催款不见效诚信档案立功劳

2017 年 11 月，傅家堰乡司法所接到一家催款公司电话，称家住鸭儿坪村的覃某于 2013 年 1 月因信用卡透支 6 万余元一直拖欠至今未还，覃某父母于 2016 年已经帮其还款 1.5 万元，还剩余 4 万多元未还清，其间多次与覃某父母沟通但一直没有效果，后来直接不接电话了，希望司法所能帮忙联系其父母追回此欠款。司法所工作人员随联系到覃某父母，耐心询问相关情况。

覃某父母在电话中确认了此事，称其儿子覃某在外地务工时的确在平安银行办理过一张信用卡，而且在2013年提取现金5万元一直未还，催款公司在联系不到覃某后也多次打电话到覃某父母家中，二老不胜其烦只好帮其儿子先行还了1.5万元，后来由于银行的高额滞纳金及利息，让两位经济拮据的老人产生了"赖账"的想法，再加上二老文化水平不高，听到普通话口音以为是诈骗分子，于是就不再接听银行及催款公司的陌生电话。

司法所工作人员一方面利用诚信档案向老人细心讲解失信违约将会对其儿子产生的严重后果，劝其和覃某一起商量尽快归还欠款；另一方面和银行工作人员沟通协调，希望能考虑到覃某父母家庭经济困难的因素，给予减免其部分利息与滞纳金。随后覃某父母答应想办法继续归还欠款，而银行工作人员也称向上级汇报后给予相关减免政策。

次日，银行方面回复称同意减免其1万余元的利息，只需归还本金3.5万元即可，但减免政策只有一周的期限，司法所工作人员要求银行工作人员通过传真将特殊减免的通知及公司资质证明文件发至乡司法所，在仔细审核确认无误后便通知覃某的父母尽快办理还款手续，当天下午，覃某父亲便拿着东拼西凑的3.5万元来到司法所，并在司法所工作人员的陪同下在三峡农行办理了还款手续。

"感谢俩们帮我们争取了减免政策，还为我们操心把关，真是谢谢哒！"几日后，覃某的父亲在拿到银行的结清证明后感恩地说。

案例3　诚信守法档案显成效　多年道路纠纷终调处

2017年12月28日深夜，仁和坪镇司法所深入大檀树村通过运用诚信守法档案成功调处一起长达三年的道路通行纠纷案。

以刘某为代表的刘家3户和以潘某为代表的潘家3户的双方道路通行纠纷持续三年之久，其间道路被水泥钢筋路障阻断通行，潘、刘两家各不相让。为了尽早解决纠纷，防止演变为群体性刑事案件，仁和坪司法所决定于12月28日晚与村委会连夜对此道路纠纷案进行调处，力争元旦前化解矛盾、达成协议，确保一方稳定。

调解开始前，司法所事先确定了通过运用公民诚信守法档案作为调处手段的工作方案，并要求双方各指派一名代表参加调解，以避免双方现场产生争执。调解从18时起持续到21点整，调解过程中，双方因补偿金问题一度僵持，司法所工作人员和村委会干部连同双方当事人一起当场详细计算了道路投入成本，解决了双方的主要分歧，并通过对当事人宣传讲解诚信守法档案对其今后生活的影响后，在司法所、村委会长达3小时动之以情、晓之以理、衡之以法的调解下，最终两方代表达成共识，当事人一方同意支付道路补偿，另一方也同意立即拆除路障，并保证道路通畅。双方承诺各自能分别全权代表潘、刘两家签订调解协议。

在双方签订了调解协议后，双方当事人同在场调解员欢欢喜喜地进行了集体合影，均表示对今天的调解结果非常满意，并对所有参与调解的工作人员忍饥挨冻深夜调解、力保平安的精神表示十分感动；双方均表示通过今天的事情对诚信守法档案有了更深入的认识，在今后的生活中一定会诚信守法，妥善应对矛盾分歧，用合法手段解决争议，力争维护邻里和谐。

案例4　诚信档案治理"大操大办"促乡风文明

为整治违规整酒（办酒席），刹住"人情份子"的歪风，塑造更加文明的乡风，2017年5月，湾潭镇重拳出击，成立治理"违规整酒风"领导小组，结合公民诚信守法档案的实际运用，出台《治理"违规整酒风"的实施意见》，明确整治范围和10条惩治措施，有违规整酒行为的将被记入其本人公民诚信守法档案；同时要求全体干部群众签订《不违规整酒吃酒承诺书》，所有人员除婚（初次婚姻）丧嫁娶事宜之外，不得操办其他任何酒宴。并通过公告、标语、"村村响"、短信、微信等多种方式进行宣传，营造了浓厚的文明新风氛围。

红烈村向某姐姐为二婚，根据《治理"违规整酒风"的实施意见》中"所有人员除婚（初次婚姻）丧嫁娶事宜之外，不得操办其他任何酒宴"的规定，并不具备整酒的资格，但为给姐姐争口气赢个面子，向某邀请乐队，准备为姐姐大办一场。得知情况后，镇治违办迅速行动，组织工作专班，深入该村民家进行劝导，多次入户谈话教育后，向某最终取消了乐队，放弃了整酒的念头。

五峰县湾潭镇治违办和村"两委"工作人员劝阻村民参加违规整酒

三台坡村陈某长期在外打工，因喜得二孩举家回村庆祝，由于在结婚和头孩时没有办事，就想借此机会整个酒好好庆祝一下，于是下了帖，请了人。接群众投诉举报电话后，镇治违办深入陈某家中开展全方位监督检查，耐心劝导陈某不要操办违规整酒。并通过村内党员劝导组对周边群众及其亲友进行教育，坚决遏制违规整酒风气蔓延。经过前后五次入户，陈某最终承诺不操办类似"无事酒"，取消了整满月酒的想法。

鹿耳庄村谭某喜得龙凤胎，全家人高兴得不得了，拟订了办事日期，接了客，请了厨师，准备大摆宴席，好好庆祝一番。镇治违办和村"两委"班子知晓后，立刻上门宣传政策，通过列举周边违规整酒被记入公民诚信守法档案的例子，耐心劝导，谭某一家最终放弃了整酒的想法。

截至 2017 年年底，通过广泛宣传教育、上门宣讲政策、岗点值守拦截等形式，已成功劝阻小凤池村罗某、茅庄村张某等违规整酒行为 61 起。不仅遏制了大操大办的歪风，也切实减轻了群众负担。

案例 5　无证驾驶被处罚积极整改变守法

家住傅家堰乡左泉洞村的村民伍某某，于 2016 年 2 月 1 日在未取得有效机动车驾驶证的情况下驾驶一辆无号牌橘红色宗申牌正三轮载货摩托车，车载四人，从左泉洞村自己家中出发，沿"付左线"往大龙坪方向行驶，行驶至"付左线"13 公里处（大龙坪集镇）被执勤民警当场查获。后根据《中华人民共和国道路交通安全法》第九十九条第一款第（一）项、第二款之规定，对伍某某行政处罚行政拘留九日。处罚后伍某某虽未再骑车上路，但也未取得机动车驾驶证。

2017 年 4 月，司法所在其所在村组开展公民诚信守法档案的民主评议会工作时，他在得知自己无证驾驶的违法行为已记入失信违法黑名单以及将面临的相关影响后，多次主动询问销号办法。司法所告知其需先将两证办齐，并在三年内没有新的失信违法记录便可自动销号；或者其有诚信守法的行为受到褒奖也可以抵消相应的黑点记录。

伍某某表示十分后悔自己无证驾驶的违法行为，并保证自己今后绝不再做违法失信之事，并积极参加村里的公益事业，努力改正错误。

案例 6　以情动人亲兄弟血浓于水　以法束人两家人握手言和

采花乡某村方某合、方某权两兄弟同一屋场居住，因一块荒地权属问题积怨多年，虽为亲兄弟，却老死不相往来。2017 年 9 月 10 日，老大方某权在赶羊回圈时，因疏于管理，致使一只羊跑到老二方某合屋旁吃晾晒在外的玉米，方某合看见后取来一根木棍打在羊身上，因木棍腐朽严重当场断裂，溅起的残渣刚好打在方某权脸部，致使其脸部刮伤出血致其住院治疗。2017 年 9 月 19 日，方某权在外务工的儿子方某涛听说此事后，赶回家中报复，用一根木棍将方某合头部打伤出血致其住院治疗。

采花乡派出所民警接警后迅速赶往现场，经过现场调查取证和走访附近村民，认为在此次事件中双方都存在过错，且双方所受伤害都较轻微，遂建议双方保持克制，将该案转入人民调解程序，避免民转刑事件的发生。2017年10月18日，方某合向乡人民调解委员会递交了人民调解申请书，申请人民调解。

2017年10月20日，采花乡组建联合调解专班前往调解。调解前，调解专班先后前往双方当事人家中进行单独沟通，在与方某涛沟通过程中，对其行为应负的法律责任进行了详细讲解，并告知因该案转入人民调解程序，对方尚未做伤情鉴定，若鉴定为轻伤，根据《中华人民共和国刑法》第二百三十四条规定："故意伤害他人身体的，处三年以下有期徒刑、拘役或者管制。"通过沟通，方某涛表示愿意积极配合调解，做出合理赔偿，但数额不能太大。在与方某合沟通过程中，人民调解员从亲情、邻里的角度进行了劝导，劝告其祸不及下代，要以和为贵，将精力都用到家庭经济发展上来。方某合及女儿方某群在听了劝告后，表示只要赔偿到位，将放弃追究方某涛刑事责任。

在调解过程中，调解员就所了解的情况提出了调解意见：

一、大家为血肉至亲，打断骨头还连着筋，不要将这一辈的恩怨遗留给下一代，希望大家在公平正义的前提下，以一个积极的态度化解矛盾，和谐相处。

二、本次事件中，双方当事人都有不同程度受伤，根据本地农村平均收入水平、双方住院治疗费用单据，通过计算申请人方某合应赔偿被申请人方某涛父亲方某权医药费、护理费、误工费等费用共计4000元，被申请人方某涛应赔偿申请人方某合各项费用共计15000元，冲抵后，被申请人方某涛还应支付申请人方某合各项费用11000元。

三、双方履行赔偿后，申请人方某合不再追究被申请人方某涛刑事责任，双方保证在今后的生产生活中，互利互让，和睦相处。

在听取完人民调解员的调解意见后，方某涛表示同意调解意见，愿意赔偿。然而，方某合认为自己对方某涛父亲造成的伤害是一个意外，自己当时仅仅是想赶走羊，没有主观故意，不应赔偿，方某涛听后明确表示不同意。双方围绕申请人方某合该不该赔偿争论不休，一度和谐的调解氛围就此被打破，调解陷入僵局。

见双方矛盾有升级的迹象，一位人民调解员出面制止了争吵并拿出诚信档案范本介绍道："五峰县正在全面建设公民诚信守法档案，将记录所有人的诚信守法行为和失信违法行为，你们兄弟二人的矛盾若无法化解，我们也将记录在册，方某涛打伤人的行为更将详细记载，这将作为将来你们自身以及子女外出务工、参加征兵、考取公务员、竞选村'两委'干部等资格审查的主要参考。"听了调解员的话，当事双方一时都陷入了短暂的沉默，继而详细询问起诚信守法档案的影响。见当事双方因慑于诚信守法档案的巨大作用，剑拔弩张的氛围得到缓和，人民调解员趁热打铁给当事双方讲了一个案例：大约十年前在采花乡一个村子，有一户王姓人家，父亲王某华平时为人霸道，爱贪小便宜，把周围所有人家都得罪了个遍，后来王某华死了，他儿子需要请人办理后事，但没有人愿意帮忙，王某华的儿子没有办法，只得请人民调解员协调。通过调解，周围的人同意帮忙，却提出了一个要求，他儿子必须每家每户上门磕头。王某华的儿子只得一户一户磕头请求原谅，当来到他堂哥家正要磕头时，被堂哥制止了，他堂哥说了一句话："血脉不可失，吾待汝如故。"这句文绉绉的话从一个农村汉子的口中出来，让在场的人不禁潸然泪下，后来村民没有再要求磕头，主动帮忙将丧事办理了。

调解员讲完这个故事，现场出现了长时间的沉默。这时，从调解开始未说一句话的申请人方某合的女儿方某群站了出来，泛红着双眼劝导父亲，从两家关系没有恶化时讲起，列举了兄妹、父辈过往生活的点点滴滴，劝告父亲顾念亲情。方某涛听了堂妹的话，首先站出来向叔叔道歉，并表示同意赔偿15000元。方某合也表达了自己的歉意，并当场要求将引起争议的荒地一分为二，一户一半各自经营，以后一定和睦相处，再无纷争。

十几年的积怨就此化解，可谓圆满解决。从本案中我们可以看到，在农村矛盾纠纷中，不仅要以理服人、以情动人，更要以德服人、以法束人。

五峰县采花乡联合调解组调解方姓兄弟间纠纷现场

案例7 公民诚信守法档案为《村规民约》立威护航

  2019年8月15日傍晚，五峰县清水湾村委会治调主任接到群众电话，反映清水湾村一组周某、龚某二人因为吃水问题引发了矛盾纠纷。

  治调主任通过现场勘查，走访询问周边农户，查看龚某家实际饮水情况，确定事实为龚某一家生活用水十分丰富，因以前与周某存在矛盾，遂故意在饮水源头增加饮水管道，导致周某、田某等周边几家农户生活用水困难。针对这一事实，治调主任对龚某的行为提出批评，指出龚某的行为违反了《村规民约》行为规范第十一条家庭和睦、邻里友善、不损人利己的条款。龚某表示愿意把增设的管道撤离。

  2019年8月16日下午，治调主任再次接到群众电话，还是关于饮水问题。治调主任现场勘查后发现，原来龚某只是把水源的管道变细，并未真正撤走管道。治调主任来到龚某家中，告知龚某如不履行诺言拆除多余水管,将把他的失信行为记入公民诚信守法档案"黑榜"予以公布。龚某见动真格,怕上"黑榜",当场撤除了增设的管道。

五峰县清水湾村运用公民诚信守法档案,通过红黑榜有效地化解了矛盾,引导村民诚信守法,维护《村规民约》的实施和威信,助推了农村基层综合治理规范化。

案例8 运用诚信守法档案化纠纷,真情回归一家人

五峰镇小河村十三组的沈老太居住在破旧的板壁瓦房里,因房子紧挨山岩,被当地人称为"岩屋"。五峰镇党委、政府高度重视,迅速成立了由司法所、综治办、法庭、派出所、村委会等部门负责人组成的工作专班对此事进行调查处理。经过2天的努力,运用公民诚信守法档案成功予以解决。

沈老太变卦了

82岁高龄的沈老太独自居住,老伴已于2012年去世,膝下有三个儿子,长子谭某甲自立门户;次子谭某乙过继给大姑;三子谭某丙随两老生活,后结婚生子,在离老屋约300米处新建了一幢二层楼房居住。因婆媳关系不合,沈老太便一直居住在"岩屋"。

2011年,谭某甲与谭某丙为沈老太的养老问题曾签订了一份赡养协议,该协议载明由谭某丙负责沈老太的生养死葬,谭某甲和谭某丙共同负担沈老太的医疗费用。

2018年,沈老太估摸着三儿子盖新房花费了不少钱,还要供孙子上学,不忍心让他一个人承担自己的养老负担,便寻思着变更以前签订的养老协议,由谭某甲和谭某丙共同负担其养老问题。

双方各执己见

得知缘由后,工作专班与村委会商议,决定先了解兄弟二人的意见和想法。

谭某甲认为:"我很早就出去自立门户,没有占家里的一草一木、一针一线,每年还不时给家里带米带油,补贴家用,大人生病,出钱出力,没有少过我。况且已经签订了赡养协议,界定由老幺负责,现在又要我

承担养老问题，不干。"

谭某丙认为："我们一共三兄弟，老屋被烧了，家里穷得扒垫子，我什么好处都没讨到，父亲本就是我安葬的，还要我一个人继续赡养、安葬母亲，没门。"

双方争吵不休，出言不逊，作势要动手打人。两兄弟的坚决态度，让工作专班陷入僵局。

引导疏通心气

面对僵持不下的局面，工作专班商议将专班分成两个小组，分别对两兄弟做工作，试图从政策宣传、心理疏导上寻找突破。

小河村党支部书记张莉君劝说道："你们的所作所为败坏了我们村的社会风气，违反了村规民约，若不及时改正，将按村规民约予以处理。"

五峰镇司法所所长夏振池给两兄弟宣传了五峰县为加强基层社会治理创新实施的公民诚信守法档案，列举了哪些是诚信守法行为，哪些是失信违法行为。明确提出不赡养老人的情况就是失信违法行为，将受到公民诚信守法档案约束，并用实例阐释其产生的后果会对家庭及个人带来的负面影响。

"你们若不履行赡养义务，从轻的来说，属失信违法行为，会受到公民诚信守法档案的约束。从重的来说，根据法律规定，构成遗弃罪，将会受到法律的制裁。"五峰镇人民法庭庭长张祖茂严厉地指出。

镇综治办常务副主任朱真武解读了五峰县六部门联合下发的《关于敦促子女履行赡养义务　保证被赡养人住房安全和生活起居的通告》，指出沈老太年事已高，居住在破木房里存在很大的安全隐患，不符合该通告所要求的子女必须确保被赡养人住房安全的规定。

经过4个多小时的宣传教育和耐心说服，兄弟二人渐渐意识到了自己的错误，调解出现转机。

工作专班趁热打铁，来到老二家中探探他的想法。老二表示："我虽然离开那个家很久了，但她毕竟是我的亲生母亲，赡养她也是我应尽的义务和责任。"工作人员随即把老二邀请到了村委会里。

方案可行被接受

工作专班考虑到三兄弟各自的实际情况，经商议提出了具体的养老方案：从 2019 年 3 月 1 日起，老大、老二、老三分别按照每年 4 个月、2 个月、6 个月依次循环负责养老，在规定的时间内必须把老人接入自己家中生活，确保老人吃饱、穿暖、安全，若生病产生医疗费用，据实由三兄弟平摊。任何一方不按协议履行的将依法追究法律责任。

三兄弟都表示接受，并在协议书上签字。至此，一起长达 8 年的赡养纠纷成功予以化解，沈老太将搬离"岩屋"，随儿子们共同生活。

近年来，赡养老人矛盾纠纷呈高发态势。有矛盾不可怕，怕的是面对矛盾没有化解办法，我们相信，随着五峰县六部门《关于敦促子女履行赡养义务　保证被赡养人住房安全和生活起居的通告》的出台，通过公民诚信守法档案的广泛宣传与运用，敬老爱幼的传统美德将继续传承，赡养纠纷会逐年减少，千家万户会更加和睦，社会会更加和谐美好。

案例 9　诚信档案"红黑榜"管出文明好乡风

一本诚信账，一个红黑榜，管理出一片文明乡风。近年来，渔洋关镇大房坪社区大力推行公民诚信守法档案建设，通过将"红黑榜"制度与居民行为挂钩，加强诚信行为监督管理，不断助推社区精神文明建设，营造出了文明和谐的社会风气。

2018 年 7 月，渔洋关镇大房坪社区居委会工作人员收到了一条邀请短信，社区居民张某女儿考取大学，邀请大家赴宴。确认情况后，社区干部立即前往张某家中开展思想工作，通过劝说，最终让他打消了举办升学宴的念头。据了解，这也是渔洋关镇 2017 年以来成功制止的第 62 起大操大办违规失信行为，在这类行为的治理中，社区推出的公民诚信档案"红黑榜"起到了关键作用。

居民的失信行为被记入"黑榜"，除了会取消在村组所享受的一切福利待遇外，还会在学业、工作、入伍、经商等各方面事务中受到政策限制和约束。

据了解，2017 年 4 月，大房坪社区率先在全县推行公民诚信守法档案建设工作，全社区 2105 户，每户都有一份诚信档案。诚信守法档案中的守信失信"红黑榜"与村规民约紧密结合，在抵制大操大办、强化社区志愿服务、丰富百姓文化生活等方面起到了积极促进作用，大房坪社区也涌现出了以渔洋十星为代表的文明榜样人物和众多社区工作志愿者，营造出了全民守信、向德向善、文明和谐的社会风气，受到了广大社区居民的拥护和肯定。

案例10　诚信档案促调解屋场论断化纠纷

2019年5月9日，采花乡人民调解委员会与白鹤村干部群众合力，以家庭屋场会的形式成功调处了一起积压十多年的山林土地权属纠纷。

事情要从2002年说起，家住白鹤村八组的钱整（化名）购买迁居同村余明（化名）的房屋以后，就一直因山林、土地承包经营权的问题与周边多位农户发生过争议。十几年来，乡、村两级历届干部进行过多次调处，却一直没有得到妥善解决。其间甚至还发生过肢体冲突，幸好没有发生意外。这让生活在周边的村民坐卧不宁，苦不堪言。

5月8日，钱整在争议地段自行种植农作物的行为，进一步激化了与邻居李兴（化名）、余富（化名）积怨已久的矛盾，继而发生争吵谩骂。派出所立刻出警调处，仍无法达成一致，最终该起纠纷被移送至乡调委申请调解。

5月9日，乡调委首先翻阅了钱整近年来所有的调解资料档案，紧接着与白鹤村村干部到争议现场进行查看。工作人员发现，钱整在搬迁至现居住地后，长期和周边农户发生土地经营权属纠纷，致使包括他自身在内的多位农户自2005年二轮土地延包至今，都无法取得相应的土地承包经营权证，且争议土地也无法在原转包方余明1997年的经营合同上得到据实体现。

走访过程中，李兴、余富坚称，在钱整搬来之前，都是自己在该争议地段从事经营活动，并且自家老经营合同上也有记载。但钱整拒不认可李兴、余富的说法，称该地段就是在余明1997年的经营合同上，是李兴和余富故意侵占土地经营权，双方为此僵持不下。

由于双方所出示的老承包合同均无明确界线描述，而且原转包方余明已去世多年，关于这块争议地段的归属问题已无法获得最直接的答案。

乡调委工作人员提出召开屋场调解会，邀请周边知情村民以及在村里任过职的老干部们到场，帮助梳理，协助指证，决定以历史经营活动来断定争议土地的承包经营权属。

所有人员到齐后，乡调委工作人员将钱整、李兴、余富三方聚焦的土地争议矛盾点作了简要介绍，同时请到场的村民及原村干部对争议土地的历史经营情况进行还原，结果一致证实：在2002年钱整搬来之前，余明从未在争议土地上从事过经营活动，而且钱整搬来之后也未在此处从事过经营活动。但2018年，钱整曾强行在争议地段种植农作物，引发了邻里矛盾。争议地段应属李兴、余富承包经营。

一位村民当即指出，钱整的做法是破坏邻里关系，败坏当地风气，影响了周边农户的生活。那些被此案影响而无法取得土地承包经营权证的村民们叫苦不迭，一时群情激愤。

在强大舆论压力下，钱整妻子恼羞成怒，慌了手脚便开始大吵大闹，扬言要弄出人命，并掉头离开调解现场。司法所所长当即厉声训斥钱整妻子，告诫他们要认清事实，接受真相，如若继续无理取闹，将对其争田霸界的恶劣行为现场进行公民诚信守法档案民主评议表决，记入黑名单，并在全村"红黑榜"公示亮丑。

钱整和其妻子经女儿及女婿劝说后，返回调解现场，并主动承认错误，表示愿意立即停止争议地段的经营活动，归还土地承包经营权，李兴、余富也表示接受钱整的道歉，并对之前因矛盾冲突产生的相关赔偿责任不予追究。

终于，在干部群众的见证下，依靠公民诚信守法档案的约束力，三方签订了和解协议，十多年的纠纷就此化解。

事后，参会的群众和干部对这种屋场调解形式纷纷叫好，表示这既解决了当事人的矛盾纠纷，同时也给所有参会人员上了一堂生动的法治道德课，起到了很好的警示宣传作用。

案例11 诚信档案助调和，现场督办促执行

五峰土家族自治县仁和坪镇升子坪村陈某、杨某因道路纠纷数年不

和，经村、镇两级多次调解均未能化解。为尽快解决道路通行问题，2019年3月18日，由镇人民调解委员会成员组成工作专班赶赴纠纷现场，经过整整一天细致周密的调解，矛盾双方终于握手言和。

原来，陈某在2017年准备新修住房，经杨某同意后，将房屋左侧一条去往杨某山田的道路临时占用，承诺事后恢复原状。新屋落成，陈某根据约定将损毁的道路进行翻修，但是，问题出现了，新修的道路狭窄崎岖，与占用前天壤之别，杨某想上山耕地，却连耕牛都无法通行。一气之下，杨某也故意将陈某上山田的必经之路用石头堵塞，使陈某也无法上山耕种土地。双方僵持不下，都无法上山，且对来往的其他村民亦造成了不便。

2019年年初，经镇调委会调解，双方曾签订协议，确定由陈某负责先恢复通往杨某山田的道路。但是，陈某翻修后的道路依然陡峭难行，双方矛盾升级，多次为此争吵，互不相让。了解了来龙去脉，调委会专班人员理清了调解思路后，立刻召集矛盾双方当事人展开座谈。

第一步，以法明理。工作人员列出了《民法通则》第83条规定，即在相邻关系中，一方在使用或经营自己的不动产时，负有不得妨碍对方合理行使权利的义务，同时也有权要求对方不妨碍和侵犯自己权利的合理行使。明确指出，陈某未能恢复杨某通行道路的正常使用，妨碍了杨某的权利行使，违反了《民法通则》相关规定。

第二步，用规制人。村干部提出，按照升子坪村村规民约规定，若互不退让，僵持不下，且对他人造成不便，将在道路纠纷调解处组织召开村民代表大会，如果集体讨论，表决通过，则计入公民诚信守法档案"黑榜"，进行发榜张贴予以公示。公民诚信守法档案系统中的黑点还会对其家庭子女将来参军、考公等政审环节造成负面影响。

第三步，现场督办。两人意识到自己的行为是失信违法行为，语气开始缓和，态度有所转变。工作人员趁热打铁，征得二人同意后，专班出面请来挖土机，现场督办恢复道路，将坑坑洼洼的路面进行翻整、修建、加宽，也终于填平了杨某心中多年的不满。随即，杨某将阻断陈某道路的障碍物清除。

至此，一起邻里道路纠纷在法律、村规民约和公民诚信守法档案的共同作用下,在专班人员现场督办中画上了圆满的句号。

案例12　消危减土引纷争　诚信档案除病根

　　五峰土家族自治县仁和坪镇张某家为在册贫困户,消危减土工作启动时,由其父亲向某于2017年3月签订了搬迁拆旧承诺书及异地搬迁集中安置协议书,而后,向某于2018年8月溺水意外身亡。2018年9月,张某以承诺书、协议书是其父亲签订而非张某本人签订为由,对此前签订的承诺书、协议书不予认可,并且态度坚决,声称绝不搬迁到新房入住,也绝不同意拆除危房,甚至还向村委会提出要求原址重建。村委会干部多次上门沟通劝说,均以失败告终。由此,该村委会申请镇人民调解委员会协调解决。

　　2018年9月7日镇人民调解委员会受理申请后,立即抽出精干力量成立工作组开展入户调解工作。正式入户前,工作组经过了解得知,该户张某约26岁,小学文化,以在外务工为生,其母亲彭某存在智力缺陷。父亲意外身亡后,家中仅剩母子二人相依为命。当下工作组面临的实际情况是张某对于其父亲签订的承诺书不予认可,对建新拆旧工作完全不予配合并向村委会要求原址重建。工作组考虑到张某文化水平较低且其母亲存在智力缺陷,经讨论一致认为应该请出一位张某家族中头脑清晰、通情达理的亲人代表到现场参与此次调解工作。经过张某本人同意,工作组于2018年9月7日受理当天即联系张某姨父王某从松滋专程回家参与调解。相关准备工作完成后,工作组、村委会干部及驻村工作队成员于9月8日前往张某家中开展座谈劝说工作。

　　座谈初始阶段张某态度坚决,强烈要求继续住在老屋,不同意搬往新房入住。经过多番劝说,对方依然固执己见,一意孤行。面对调解员的劝说,张某情急之下甚至扬言报复。通过调解员的情绪稳控,当事人张某逐渐冷静下来,而后调解员又从三个方面向张某和其姨父王某一一列举此种不端行为对其个人、家庭和国家带来的不利影响并希望王某能为张某做通思想工作:一是根据继承法相关规定,国家出资为其家庭所建新房因其父亲过世,将由其母子二人法定继承,并且该栋新房经过造价测算,对于普通农户而言也可谓价值不菲,若放弃该房屋所有权,必将得不偿失、追悔莫及,实在不是明智之举。二是其父亲在世时对于该份协议已经签字认同,若其家庭不按照原有的承诺履行协议,将是严重的失信行为,其行为将被记录入公民诚信守法档案。张某风华正茂,正值大展宏图的年龄,若其家庭行为因此落下污点,将对张某今后的发展产生极大的不利影响。三是在政府为其家庭建新房前,其父亲向某就已经签字同意建新拆旧,若现在新房建造完成,却拒绝搬迁入住,将是严重损害国家利益和集体利益的行为,是对国家扶贫资金的浪费和虚耗。同样,此种损害国家和集体利益的行为必将在公民诚信守法档案上载上一笔。

听了调解员推心置腹的一席话,张某内心触动较大,特别是了解了公民诚信守法档案对其本人今后人生的重大影响之后,张某的态度发生了180度大转弯,对搬迁拆旧工作表现出积极配合意愿。王某在知晓公民诚信守法档案的推行在今后对其外甥张某的生活可能产生严重影响的情况后,积极协助安抚劝说,最后共同促成张某于9月9日配合村委会完成了搬迁入住。

本案是公民诚信守法档案助力农村消危减土工作的一例典型。在当前易地搬迁工作中,存在诸多失信不履约、占旧不搬新的情况,在镇村两级做了大量工作之后,依旧还有顽疾残留。在这种复杂形势下,便需要多措并举、共商良方,而利用公民诚信守法档案作为重要抓手和突破口不失为上策。在本案中,张某年纪较轻,正处于工作和事业的上升期,通过调解员向其宣讲公民诚信守法档案,能有效触动其"心",震慑其"行",加之其亲人王某出于对张某的爱护和关心,必然不希望张某的人生因小失大,从而最终促成了当事人易地搬迁工作如期完成。

第三节 存在的问题

一 工作进展不平衡

自"公民诚信守法档案"建设工作开展以来,全县8个乡镇108个村(居)均已启动工作,但县直与乡镇、乡镇与乡镇、村与村之间进展很不平衡，部分乡镇、村（居）仅限于建立档案，完成工作任务，缺乏后续措施和宣传力度。个别县直部门对这项工作还未予以高度重视，具体要求还不了解。

二　平台录入滞后

系统平台建立后，各乡镇、各执法部门的信息采集、信息甄别和信息录入工作进度迟缓，特别是对于违反村规民约的信息采集、上报严重滞后。目前共采集诚信守法记录和失信违法行为记录3000余条，但系统平台录入的信息仅500余条。个别乡镇和县直部门还未启动平台信息的录入，部分村（居）网格员对系统平台流程操作不熟练，对平台信息运用不够、氛围不浓、效果不明显。

三　宣传运用不力

各乡镇、各部门虽然都广泛开展了公民诚信守法档案宣传活动，但宣传氛围不够浓厚，对成果的运用还不够。各乡镇村（居）、各部门要加大公民诚信守法档案的成果应用，紧密结合五峰县基层社会治理、脱贫攻坚、文明创建等工作领域加大宣传力度，使公民诚信守法档案发挥出最大的效果。

四　经验推广不够

对全县在公民诚信守法档案建设工作中涌现出来的典型案例、好的做法的总结提炼有待加强，同时，对外宣传推介不力，还未引起更高层次领导和媒体的广泛关注。

第四章

国内其他地方公民诚信守法档案建设制度探索

五峰县探索实施的公民诚信守法档案是五峰县在新时代中探索的社会管理措施，有效地促进了五峰县社会治理水平的提升。事实上，在我国其他地方也对此制度进行了相应的探索，本章将以广东省龙门县龙田镇、河北省广平县、重庆市云阳县、福建省南安市、山东省宁津县、重庆市城口县修齐镇、黑龙江杜尔伯特县一心乡、四川省苍溪县等地为例，介绍我国其他地方在公民诚信守法档案建设方面的探索经验，以期更加全面地分析我国不同地区对公民诚信守法档案探索的经验与不足，并分析其未来走向，为我国其他地方的公民诚信制度建设提供参考与借鉴。

第一节 广东省龙门县龙田镇农户诚信守法档案管理制度探索

广东省龙门县龙田镇位于龙门县东北部，总面积195.07平方公里，辖15个村委会，196个村民小组，总人口23755人。辖区内有天然温泉和龙门铁泉两个国家4A级旅游景区，世界500强企业法国达能益力矿泉水公司也落户该镇，全镇社会经济发展良好，宜居宜游，是龙门县的生态旅游强镇和工业强镇。近年来，随着经济的发展，各类利益纠纷增多，违法违规现象抬头，例如政府禁止土葬，一些村民偏要土葬；违规建房、盗伐林木、打架斗殴、邻里和家庭纠纷等事件时有发生；特别是在土地征收、财产分配、政府各项补助等经济利益领域，一些村民漫天要价，很难调和。即各种利益关系变得复杂化，让原本淳朴的村庄风俗遭遇严峻挑战。

这些现象，在龙田镇政府的内部材料中被表述为：道德失范、约束失准、信用失诚。当地干部维护稳定、促进和谐的工作压力空前加大，直感叹基层工作难做。哪件事该怎么办，政策法规写得清清楚楚，处理过程中也没有任何偏袒和暗箱操作，为什么部分村民还是不相信、不满意呢？龙田镇领导班子反思认为，问题的根子出在不良风气和信任缺失方面。因此，除了进一步强化全员维稳、信访包案、直接沟通等传统的措施，从根本上培养"诚信守法"的社会风气，重建村民与镇、村干部之间的信任基石，才是改变这种被动局面的根本出路。于是，村民诚信守法档案管理制度应运而生。

一　龙田镇农户诚信守法档案活动的基本情况

2009年，龙田镇率先尝试在农村社会管理上大胆创新，首创"龙田镇农户诚信守法档案管理制度"。为了推行该项制度，龙田镇一方面通过召开座谈会、动员会统一干部思想，另一方面把大量宣传材料发放到农户家中。同时缩小口子，先选择旧梁村试点，边试点推行，边总结完善，一年后再推广到全镇。在试点过程中，工作人员发现，原来设想的一些评价标准不够合理，于是在2010年1月对原有制度进行了修订和完善，考评项目也更细致全面。从2011年年初对旧梁村的考评来看，442户村民中有364户达到了普通户标准。

2011年，经市、县领导调研指导将"龙田镇农户诚信守法档案管理制度"提炼升华为"争创诚信守法先进户"活动并在全县推广。"争创诚信守法先进户"活动作为面向广大农村的一次大胆尝试，旨在通过规范、引导村民诚信守法，做到自律与他律、内在约束与外在约束有机结合，使诚信守法由原来单纯的道德教化演变为道德教化和社会激励约束机制相结合的量化调节，使群众自觉回归诚信守法轨道，带动群众的诚信守法自觉，以此形成良性循环，推动广大农村形成遵纪守法、诚实守信、团结互助、勤劳俭朴、思富思进、风清气正的良好氛围，维护农村社会和谐稳定。2012年，龙田镇争创"诚信守法先进户"活动在全镇15个村委、196个村民小组中铺开，涉及全镇6308户共23755人。2013年，全镇共评出2012年度"诚信守法户"3943户，"诚信守法先进户"279户，不合格户359户，镇政府共出资4万元为先进户购买农村合作医疗作为奖励。获评"诚信守法户""诚信守法先进户"的农户逐年增加，2016年，龙田镇评选出2015年度"诚信守法户"5189户、"诚信守法先进户"344户，对比2014年度分别增加6%和5%。① 2018年度，"诚信守法先进户"有367户，"诚信守法户"有4830户。②

二　龙田镇农户诚信守法档案活动的具体做法

（一）制定龙田镇《村民诚信守法行为规范》和《龙田镇诚信守法户评分标准》

在2011年"争创诚信守法先进户"活动开始之前，龙田镇采用的是档案管理的方式。档案内容涵盖农村社会管理八大方面，详细记录着家庭有哪些成员、住房如何、收入状况如何、有无重大疾病等特殊困难、享受政府的哪些补助政策、曾提出过什么要求，此外还包括有无各方面的违规违纪情况等。每一份材料下面都有记录员与监督员的签名。档案本村民每家每户都有一本，每个村民小组和每个村委会也都有一本。有专人负责，实行动态化管理，信息随有随记，逐步积累。重点评价范畴包括和谐稳定、计划生育、遵纪守法、生态保护、安全生产、殡葬改革、农村医保、民主管理等8个方面。而且这个记录和个人档案一样是终身制的，期限直到村民户口迁走，或者死亡为止。

为了使诚信守法档案管理发挥实际效果，龙田镇还配套制定了考评制度，分门别类进行量化打分。《龙田镇诚信守法户评分标准》共列出了24项考核项目。其中17项扣分，7项有奖分。扣分项目包括计划生育、殡葬管理、刑事案件、土地占用、欠贷骗贷、骗取补助、家庭暴力、制

---

① 林嘉玲：《龙门县龙田镇在农村社会管理上大胆创新首创"农户诚信守法档案管理制度"》，https://www.sohu.com/a/154892752_645318，2019年11月6日最后访问。
② 冯丽均、谭琼芳：《龙门大力推动政务诚信、企业诚信、农村诚信建设》，惠州文明网，http://hz.wenming.cn/wmcs/201911/t20191101_6130251.htm，2019年11月6日最后访问。

假售假、赌博偷盗、缠访闹访、虐待老幼等，几乎囊括了村民日常生活所涉及方方面面的行为。违反前3项的，一票否决星级户评定资格，后面各项违反其中一项扣10分。如有见义勇为被镇级以上政府认定，积极参加公益事业，获得市、县、镇政府表彰等突出表现的，则可以根据档次各项奖励3—10分不等。

在2011年"争创诚信守法先进户"活动开始之后，再次由镇政府牵头并充分征求各村意见，将遵从党和政府领导、遵纪守法、积极履行村民义务、遵守社会公德和家庭美德、遵守市场规则、勤劳致富、遵守信用规定、遵守合同协议八大方面内容制定成《村民诚信守法行为规范》。《村民诚信守法行为规范》经各村村民会议或村民代表会议讨论通过后在各村实施，引导和规范村民诚信守法行为，引领文明和谐新风尚。同时，镇农村社会管理办公室根据《村民诚信守法行为规范》的七大方面的内容细化评分标准，基本项共52项，合计86分，奖励加分8项，一票否决3项。得分为80—90分的为诚信守法户，得分为90分以上的为诚信守法先进户。

（二）各村委会以户为单位，建立诚信守法档案

1. 建档要求。坚持实事求是、教育帮助、服务群众、保护隐私的建档原则。要求登记农户的信息应准确无误，建立信息档案的目的是便于镇政府和村干部掌握情况、发现问题，进而使之能够有针对性地教育群众，引导群众和服务群众，同时加强信息档案管理，依法依规保障和尊重农户隐私。

2. 基本内容。主要分两大方面，首先是反映农户家庭基本情况的姓名、职业、家庭成员、收入来源、居住情况，目前享受的政策待遇和主要利益诉求等信息；其次是农户遵守《村民诚信守法行为规范》（以下简称《规范》）的具体情况。

3. 登记和管理

（1）信息收集。农户诚信守法信息的收集采取村民主动上报、村干部到户记录、驻村干部跟踪落实和镇有关职能部门提供数据相结合的办法进行。信息收集实行动态管理，随有随记。村民、村干部到户记录的，应认真填写农户诚信守法信息登记表。各村小组对记入诚信守法档案的信息内容应告知农户并经驻村队长签字确认。村民、村干部和镇相关职

能部门应对提供的诚信守法信息的真实性和合法性负责。

（2）信息的录入和管理。为更好地开展争创活动，龙田镇专门成立农村社会管理办公室，配备有主任、副主任等共5名工作人员，并划出专项经费，开发了一套相对完善的档案管理软件，实现了农村社会管理办公室与各职能部门联网共同管理全镇6000多户农户的诚信守法档案，各职能部门针对自身职能对各农户的档案信息实行定期更新。镇农村社会管理办公室确定相关职能部门负责农户诚信守法信息的录入和管理，并指定专人对农户诚信守法信息进行综合整理后，统一录入农户诚信守法信息系统。新录入的诚信守法信息以书面形式告知农户。农户对档案信息存有异议的，可向村委会提出书面修改申请。村委会根据调查核实情况，出具书面修正意见报镇农村社会管理办公室审查，审查后将是否修改的意见于5个工作日内告知当事人。

（3）信息披露和使用。农户诚信守法档案信息按法律法规的相关规定披露和使用，镇、村负责信息登记和录入人员不得违反规定泄露农户隐私。农户经申请批准后可查阅相关的档案信息。

（4）农户诚信守法信息录入期限至村民户口迁出本辖区或死亡时止。每一年度的农户诚信守法信息档案自建档日起，保管5年。5年后由镇政府负责统一销毁。

（三）诚信守法先进户评选办法

根据村民遵守《规范》的情况，发动群众开展诚信守法户、诚信守法先进户评选活动。诚信守法户、诚信守法先进户评选活动每年举行一次。

1. 基本条件。家庭成员认真遵守《规范》，在公安、工商、税务、计生等部门无不良记录；家庭和睦，勤劳致富，个人品行和社会信誉良好，邻里关系融洽，无"黄赌毒"等不良嗜好；诚实守信，家庭资信状况良好，无债务、合同纠纷，无恶意逃废债务等不良记录。

"一票否决"制度：如有违反殡葬管理规定，发生土葬行为；发生刑事案件、群体性事件；违反计划生育政策，发生非婚生育、超生情况的农户一律取消评选资格。

2. 评选步骤

（1）村委会初评。各村委会成立由村"两委"成员、村小组长、驻村干部、村民代表组成的评议小组，根据农户遵守《规范》情况，依据《评分标准》，得分达到80—89分的农户为"诚信守法户"，90分以上的农户为"诚信守法先进户"并报镇农村社会管理办公室。

（2）镇农村社会管理办公室复评。镇农村社会管理办公室组织相关部门人员成立复评小组，依据"诚信守法户"和"诚信守法先进户"评选条件对上报的农户进行审查，确定诚信守法户及诚信守法先进户。

（3）公示及评定。镇农村社会管理办公室对获评"诚信守法户"和"诚信守法先进户"的农户分别在镇政府、农户所在村委会和村小组进行公示，公示时间5天。公示期间，群众对先进户有不同意见可以向镇农管办反映。镇农管办对群众意见认真调查核实，并于10个工作日内书面回复当事人。公示期满，经镇农管办最终评定"诚信守法户"和"诚信守法先进户"名单并向全镇公布。

3. 表彰奖励。由镇委、镇政府对获评为"诚信守法户"的农户授予牌匾，在惠农助农、科技指导、入党入伍、致富项目、就业创业等方面给予优先照顾；对于获评"诚信守法先进户"的农户，在享受"诚信守法户"同等待遇的基础上，在城乡居民医保或农村养老保险方面给予一定的奖励。

（四）诚信守法先进村委会、先进村小组的评定

每年对各村、各村小组开展"争创诚信守法先进户"活动成效进行评先评优。诚信守法户达到95%以上的村小组为先进村小组；所在村诚信守法户达到90%以上，或全部村小组为先进村小组的村委会为先进村委会。镇委、镇政府每年度对先进村委会、先进村小组给予全镇通报表彰及奖励。

三 龙田镇农户诚信守法档案活动取得的成效

从几年的实践来看，龙田镇争创活动成效显著。

（一）提高了村民法律素质和诚信守法意识

把争创活动和普法教育活动有机结合，始终以维护社会和谐稳定和加强创新农村社会管理作为开展法制宣传教育的出发点和落脚点，多形式、多途径、多层面扎实开展法律进乡村、进农户活动，村民的法律素

质得到进一步提高,诚信守法意识得到进一步增强,为大力推进依法治镇,营造了良好的社会环境。

例如旧梁村下谭田村民小组的黄水桥,2010年因各方面表现良好被评为普通户。他听说2011年要评星级户还要挂牌,心里充满期待。在他看来,虽然得到"诚信守法星级户"这个称号并不能得到多大的好处,但如果别人评到了,自家却没有,对比起来就会觉得没面子。"有了这个措施,大家平时说话做事当然要更注意喽,要不然记在档案里多不光彩!"

又如做蔬菜生意的廖志华。退伍老兵廖志华为人正直,卖菜价格公道,从不缺斤少两,所以有一帮固定的老顾客,生意一直都不错。早上7点钟左右,廖志华卖完菜赶回家,还要为菜地浇水、施肥。在蔬菜种植过程中,廖志华坚决不使用法律法规明文禁用的农药化肥。在对子女的教育中,廖志华经常教导他们要遵纪守法,听老师和家长的话。"大道理我也不懂,但最基本的做人准则还是要有的",廖志华说道。

2013年7月,廖志华一家被评为"2012年度诚信守法先进户"。从龙田镇政府工作人员手中接过金灿灿的牌匾时,廖志华不由得挺直了腰,随后就把这一块象征先进的"金牌"工工整整地贴在自家门楣上。"农村人也讲究面子,一块金牌挂上去全家人脸上都有光。现在大家都在比谁家挂金牌、谁家挂银牌、谁家没有挂牌",廖志华笑着说。龙田镇农村社会管理办公室主任谭国光介绍说,2012年,争创"诚信守法先进户"活动在龙田镇全镇14个村委、196个村民小组中铺开,参评总户数6308户,涉及人口23755人。其中凌角塘村委12个村民小组共480户农户参与争创活动,440户被评为"诚信守法户",33户被评为"诚信守法先进户"。

(二)提高了各级人大代表、政协委员及农村党员的积极性和责任感

龙田国镇各级人大代表、政协委员及党员通过构建和谐责任区、争创诚信守法先进户活动,参与参政议政、参与监督管理村务、参与化解社会矛盾,体现了身份的特殊性和优越性,在活动中起到了较好的示范带头作用。

（三）促进了农村基层社会和谐稳定，保障人民群众安居乐业

在扎实推行争创活动工作实践中，为进一步维护农村基层社会和谐稳定，同时切实加强了信访、人民调解、行政调解、司法调解工作的互联互通，通过开展争创活动引导农民群众遵纪守法、依法依规反映诉求，切实保护人民群众的合法权益，有效解决了一批群众性纠纷问题，使矛盾化解在基层，消除在萌芽状态。自推行争创活动后，群众满意度大幅上升，达95%。社会治安明显好转，据统计，2010年共立刑事案件25宗；2011年共立刑事案件22宗，下降了12%；2012年共立刑事案件19宗；下降了13.6%；信访工作呈现"两降、两无、一好转"的良好态势，2010年全镇信访总量为46宗；2011年为41宗，同比下降了11%；2012年为34宗，同比下降了17%。2010年被惠州市委评为依法治镇工作先进单位，2011年被评为惠州市2009—2010年度综治信访维稳工作三级平台建设先进单位。村里存在的实际问题均得到及时、有效的解决。多个村委会村风民风出现好转，如2009年龙田镇社厦村到县信访案件为3宗；2010年、2011年、2012年，社厦村连续三年信访案件为零，在年终分别受县、镇的嘉奖。

（四）促进了全镇乃至全县经济社会又好又快发展

龙田镇不断加大依法治镇工作力度，通过全面推行"村（居）民小组议事规则""四民主工作法"和开展争创活动，取得了明显的工作成效，为促进龙田镇经济社会科学发展创造了良好的法治环境，提供了强有力的法治保障。2012年，龙田镇实现地区生产总值7.95亿元，比上年增长16.2%；财政一般预算收入3413万元，龙田比上年增长了21.76%。农村居民人均年纯收入为9793元，比上年增长了17.6%。社会各项事业取得新进步，"平安龙田""和谐龙田""法治龙田""幸福龙田"建设迈上了新台阶。2013年，争创活动更被列为全县创建平安工作的新亮点，在全县范围内推广。

自龙田镇农户诚信守法档案管理制度建设取得成效后，龙门县委、县政府便意识到，社会信用体系建设是龙门建设和谐社会的重要途径，更是龙门营造法治化营商环境的重要手段。2017年，国家和省都对信用联合奖惩制度建设做了指导和要求，在惠州市信用办的支持和指导下，

同年,《龙门县人民政府关于印发龙门县建立完善守信联合激励和失信联合惩戒制度的实施方案》出台,2018年,惠州市被广东省确定为"信用联合奖惩试点市"之一,龙门县更加明确信用联合奖惩这个"牛鼻子"是推动优化营商环境的有力抓手。目前,龙门县把发改、公安、自然资源、交通运输、市场监管等12个单位列入信用联合奖惩的试点,并完成了"三清单"梳理工作,其中,梳理措施清单744项、类别清单588项、应用清单142项。龙门县发展和改革局已经完成和公布了龙门县首批联合奖惩试点事项35项,目前正努力做好首批联合奖惩试点事项调整和嵌入工作。通过信用联合奖惩,能有力引导企业诚信经营。

2019年,龙门县制定了《龙门县加强政务诚信建设实施方案》,目前该方案已印发并在公共资源交易领域、政府和社会资本合作领域、招商引资领域、政府债务领域开展实施,发挥政府在社会信用体系建设中的表率作用。在信用承诺方面,龙门县也做了一些探索。目前,龙门县司法局已全面建立和实行法律服务人员诚信承诺制度,即建立和实行律师、公证员、基层法律服务工作者等公开诚信承诺制度,法律服务人员立足职业道德、执业禁令、执业纪律,向社会作出公开诚信承诺,自觉接受社会监督。①

四 龙田镇农户诚信守法档案活动存在的问题

在开展"争创诚信守法先进户"活动的实际操作过程中,总体运行良好,回顾、总结、思考过去几年的工作实践,发现仍然存在一些问题,主要表现在:一是群众接受程度还有待进一步提高,仍有部分农民群众存在事不关己、无所谓的思想。二是评定等次可操作性仍有难度,涉及面广,评分标准较难做到全面、细化。特别是在量化考评方面,工作量大、评比的难度较大。三是争创活动的配套制度仍不够完善,需在进一步实践中不断加以修订、完善。四是镇政府的经济较为紧张及镇一级的政府惠民资源极为有限,不能从更大的利益导向层面引导更多的群众遵纪守法。

---

① 冯丽均、谭琼芳:《龙门大力推动政务诚信、企业诚信、农村诚信建设》,惠州文明网,http://hz.wenming.cn/wmcs/201911/t20191101_6130251.htm,2019年11月6日最后访问。

第二节　河北省广平县农户诚信档案建设工作的探索

广平县，河北省下辖县，位于河北省南部，太行山东麓海河平原的黑龙港流域，西及西北分别与成安县、肥乡县接壤，北与曲周县相望，南与魏县交界，东与馆陶县为邻，地处晋、冀、鲁、豫四省交界区域，面积320平方千米。广平县辖7个镇（广平、平固店、胜营、十里铺、南韩、南阳堡、东张孟）、169个村。河北省广平县始终注重在引领农民闯市场、搞经济中，渗透诚信教育，培育文明诚信新风。为此，在全县广大农村提出并开展了农户诚信建档工作。借助农户诚信档案这一社会信用评价体系，借助社会舆论的力量，唤起人们的诚信意识，弘扬人人履约践诺、真诚相待的新风尚，构建和谐的社会关系。广平县政府把诚信建设作为精神文明创建工作的核心任务来抓，在全县上下大力深化诚实守信教育，并以建立农户诚信档案为载体，全力打造"诚信广平"，为该县对外开放营造良好的社会环境。通过农户诚信档案的建立，形成了良好的诚实守信风气，为真正构建和谐农村奠定了坚实基础。

一　农户诚信档案建设的背景、目的与意义

（一）农户诚信档案建设的背景

广平县建立"农户诚信档案"并提出以此为载体打造"诚信广平"，不是偶然之举，而是在认真分析我国当前社会主义道德建设中的主要矛盾、借鉴国内外信用体系建设经验的基础上，结合县情实际，经过理论思考做出的具体实践。人无信不立，县无信不强，近年来，该县经济建设和社会各项事业突飞猛进就得益于"诚信"二字。

人民群众提高生活质量、提高自身文化素质和思想道德素质的愿望十分强烈，渴望在一个诚信程度更高的社会环境中生产和生活。然而一些地方、企业、个人由于受到眼前利益的驱使，诚信缺失现象十分严重。诚信的缺失严重干扰了社会主义市场经济的正常运行，也给广大人民群众的生活带来了损失和不便。

目前我国正在建立企业经济档案制度和个人信用体系，政府也支持各地正在进行的建立个人和企业信用体系的尝试，并把这项工作作为市场经济建设的基础性工作积极推动。《公民道德建设纲要》的颁布，更为各地建立区域性的信用体系铺平了道路。在这种大环境、大气候下，广平县"农户诚信档案"应运而生。

（二）农户诚信档案建设的目的与意义

建立"农户诚信档案"的目的是使诚信由原来单纯的道德教化这种软约束变为道德教化和社会激励约束机制相结合的量化调节，通过记载、公开这样一种形式，使广大农民群众的日常行为成为信贷、参军入伍、外出务工以及婚姻家庭等方面的重要参考信息，最大限度地约束广大农民的行为。借助农户诚信档案这一社会信用评价体系，教育、倡导广大农民在诚实守信的基础上，规范信用激励约束机制，对诚信行为予以社会褒奖，对失信行为予以社会惩罚，真正做到自律与他律、内在约束与外在约束有机结合，加大失信者的失信成本，解决失信行为无力约束、无法惩罚的问题。

"农户诚信档案"的建立是农村精神文明建设在工作手段和工作方式方法上的突破和创新，对推动诚信广平、诚信社会建设迈出了重要的一步，为构建和谐农村、和谐社会奠定了坚实的基石。

二 农户诚信档案建设工作基本情况

1. 农户诚信档案建档原则。坚持弘扬正气，重在教育、促其改正的原则，建立和使用农户诚信档案。

2. 农户诚信档案征信对象。农户诚信档案建设工作的对象为该县辖区的所有农户，不管有无信息全部登记，档案记录随有随记、逐步积累。

3. 农户诚信档案记载内容。（1）基本情况：包括登记对象的姓名、性别、出生年月、民族、家庭成员、家庭住址。（2）信息内容：①遵纪守法情况。包括遵守国家法律法规、遵守村规民约等。②金融信贷消费情况。包括按期还贷还息，水费、电费按时缴纳等。③履行义务工及参加公益活动情况。包括公民基本义务、捐献捐赠等。④子女教育情况。包括家庭教育、子女就学、子女成才等。

4. 信息征集渠道及认定。一是部门反馈。由各乡直部门以行政决定或行政处罚为依据向乡镇反馈所征集的信息经乡镇认定后，登记入库。二是村委会上报。各村将农户诚信信息情况经村民小组决定、村委会通过后向乡镇上报，经乡镇认定后登记入库。三是个人申报或举报。在证据翔实可靠的前提下，由个人向部门、村委会或直接向乡镇申报个人或举报他人的诚信情况，经乡镇认定后登记入库。

5. 登记及管理。农户诚信档案由乡镇组织填写、专人管理，有条件的逐步纳入微机管理。诚信信息入档后，其修改和删除须经个人申请，村或乡直部门通过乡镇认定，其他单位和个人无权修改和删除。

6. 档案查阅使用。单位或个人查阅档案须经乡镇批准后，方可查阅使用，同时档案管理人员登记查阅者的单位、姓名。

7. 奖惩措施。为倡导诚实守信，规范信用激励约束机制，广平县规定农户诚信信息连续两年保持良好的农户可以直接晋升为十星级文明生态户和诚信户，并按照《广平县诚信万户行实施意见》颁发《诚信手册》，从医疗卫生、信贷等方面给予优惠。凡农户家庭任何成员出现失信行为并被登记入档的一律取消"十星级文明户""诚信户"称号及相应优惠政策。

三 农户诚信档案建设的初步成效

1. 引发了全社会对诚信问题的深层次思考，促进了社会公众诚信意识的提高。农户诚信档案建成启用后，绝大多数的农民对农户诚信档案持肯定态度，认为农户诚信档案对诚信行为是一种无形的宣传，对失信行为是一种鞭策。一些以前不守信用、违约失信的农户，如农村输水系统受条件的限制，个别农户不按规定缴纳水费，村干部对其无可奈何，在信用档案建立后，他们主动改正自己以前的不良行为，使失信现象得到遏制。

2. 守信者得到了社会的回报，失信者受到了社会的制约。农户诚信档案使个人的诚信记录很快变成了一种无形资产；县文明委给具有"十星级文明户"和"诚信户"资格的农户颁发了《诚信手册》，使其凭《诚信手册》享受相关优惠政策，得到了全社会认可。同时诚信档案对失信者也起到了约束作用，由于诚信档案是对整个家庭成员的记录，一个人失信，全家失利，因此每个家庭成员之间也起到了相互劝阻的作用。

3. 在全县形成了诚实守信、热心公益事业的良好风气。建立农户诚信档案强化了诚信建设约束激励机制，每个人对诚信十分珍惜，过去不被重视的好人好事和热心公益事业的奉献者成了最受尊重的人，家家守规则、个个讲道德、人人求诚信，成为每个农户的新追求。像几年如一日义务送报的梁恩祥、不计报酬免费为学生修自行车的王保德等好人好事举不胜举。

四　对诚信档案建设工作的几点思考

1. 诚信建设是一项系统工程，要切实加强领导、健全工作机制，使农户诚信档案建设工作步入制度化、规范化的轨道。各部门要把诚信建设当作促进经济发展和社会进步的一件大事常抓不懈，从宣传发动、制定措施，到督导检查、总结经验，每一个环节都扎扎实实，取得实效。

2. 诚信档案建设工作还必须得到全社会的肯定认可和积极参与，才能切实发挥诚信档案的作用，达到推动诚信广平建设的目的。对其要进行广泛的宣传，使诚信档案建设工作家喻户晓、人人皆知，并积极参与这项活动中。

3. 农户诚信档案建设工作必须与农村精神文明建设工作有机结合。制定更加切合农村实际的激励约束机制，真正唤醒和提高广大农民群众的自律意识，从而促进农村精神文明建设健康发展。

第三节　重庆市云阳县公民诚信守法体系构建实践

云阳县位于重庆市东北部，三峡库区腹心地带，距重庆主城九区 310 公里，是三峡库区生态经济区沿江经济走廊承东启西、南引北联的重要枢纽。云阳县东与奉节县相连，西与万州区相接，南与湖北省恩施州利川市相邻，北与开州区、巫溪县为界，面积为 3649 平方公里。云阳县下辖 31 个镇、7 个乡（1 个民族乡）、4 个街道办事处，共 90 个居委会，388 个村委会。常住人口 91 万，户籍人口 138 万，是典型的农业大县、人口大县、移民大县。近年来,云阳县委、县政府确定以"和"文化理念推动社会治理工作,以解决影响社会和谐稳定突出问题为突破口,围绕实现"人人和善、家庭和气、邻里和睦、社会和谐"的目标,倡导以儒家文化"诚信"为人们遵循的行为准则,深入推进社会诚信体系建设,不断提高公民诚信意识,增强社会信任度,形成诚实守信的社会风尚,构建和谐诚信云阳,实现了经济社会同步快速发展。①

一 重庆市云阳县诚信体系构建的背景

诚信是社会的基石,诚信缺失将直接影响社会稳定和文明进步。改革开放以来,随着市场化、工业化、城市化、信息化、网络化快速发展,人们的思想更趋多元化,社会阶层日趋复杂化,人们为获取利益,各领域诚信危机现象愈演愈烈,几乎每个社会成员都直接或间接感受到道德诚信缺失带来的伤害,社会诚信缺失问题已成为推进社会主义核心价值体系建设的重点和难点之一。举世瞩目的长江三峡百万大移民,被称为世界难题,云阳县动迁人口超过17万,相当于湖北省三峡移民的总和,一直以来各种社会矛盾交织,在"后三峡时代"群众诉求更是不断增加,对全县是一个严峻的考验。

党的十八大明确提出了"深入开展道德领域突出问题专项教育和治理,加强政务诚信、商务诚信、社会诚信和司法公信建设"的战略任务。2014年1月15日,国务院常务会议通过的《社会信用体系建设规划纲要(2014—2020年)》将加快推进政务诚信、商务诚信、社会诚信、司法公信建设。为此,云阳县在深入调查研究的基础上,确立了全县社会诚信体系建设的总体思路:"以科学发展观为指导,以建设和谐、幸福新云阳为目标,坚持以人为本,党委政府主导、法律法规保障、政府部门监管、社会主体参与,突出'12345'工作目标,即:围绕一条主线(司法公正促政务公信带社会诚信),突出两个重点(诚信文化建设和诚信综合信息

---

① 有关重庆云阳县诚信体系构建的内容参见时任县委书记张学锋接受平安中国行栏目记者的专访《云阳以诚信体系建设为抓手深入推进社会治理工作》,https://www.docin.com/p-874121680.html。2019年12月20日最后访问。

网),抓好三大工程(司法公权力促进工程、政务公信力提升工程、公民道德诚信影响扩大工程),强化四个重点(诚信信息的采集、保密、公开、运用),健全五大系统(司法公信系统、政务诚信系统、商务诚信系统、金融诚信系统、公民道德诚信系统),全力推进'诚信云阳'建设。"

二 重庆市云阳县诚信体系构建的具体做法

2010年以来,云阳县在社会服务管理过程中针对部分群众语言失当、行为失范、诚信缺失的现象,在全县探索建立"公民道德诚信档案"制度,取得了良好的成效。但社会诚信仅靠道德的力量是远远不够的,因此,云阳县确立了以"司法公正促政务公信带社会诚信"的工作思路,从2012年开始探索开展以"司法公信、政务诚信、商务诚信、金融诚信、公民道德诚信"为主要内容的社会诚信体系建设,积极构建党委领导、政府负责、社会协同、公众参与、法治保障的社会治理格局。为顺利推进该县诚信建设工作,云阳县成立了以县委书记为组长、县长为常务副组长、"县四大家"有关领导为副组长、县综治委成员单位主要领导为成员的全县社会诚信体系建设协调领导小组。出台了《社会诚信体系建设实施意见》和《社会诚信体系建设任务分解表》,拟制《云阳县社会诚信体系建设2012—2017五年发展规划》《云阳县企业信用信息归集和使用管理办法》等文件,以完善诚信体系建设联席会议制度,助推全县社会诚信体系的建设步伐。主要内容如下。

(一)建立"五大系统",构建诚信体系

坚持"党委领导、政府推动、统一规划、分步实施、重点带动、社会参与"的原则,把个人诚信、行业诚信和公共诚信有机结合,建立"五大系统",构建社会诚信体系。一是司法公信系统。以提高司法公权力的透明度和公信力为着力点,探索建立宽严相济的刑事司法政策、司法自由裁量基准制度等在实体诚信中的运用。政法各部门依法加大对恶意拖欠和逃废银行债务、逃骗偷税、商业欺诈、制假售假、非法集资等失信行为的打击和惩戒力度,对违法失信行为"零容忍",使失信者付出相应代价,进一步规范社会秩序。二是政务诚信系统。以增进效能、保障公益和维护公正为着力点,促进公正执法和诚信行政,提升政务公信力。根据《行政执法检察监督实施意见》，健全完善行政失信惩戒制度，加强对公务人员诚信教育和失信行为的监督和惩戒，推进行政执法机关决策信用、执行信用建设。行政执法部门根据法定职能，积极探索具有本行业特点的信用分类监管办法，建立健全行业管理对象信用分类监管、奖惩等制度体系。三是商务诚信系统。以加强行业自律、强化行业主管和社会监督为着力点，建设以纳税、合同履约、产品质量、服务质量等信息为基础的企业信用信息监督管理系统，形成企业信用调查、征信、评价和咨询服务活动的企业信用体系。强化各类市场主体依法、诚信经营的责任，积极开展诚信经营示范创建工作。四是金融诚信系统。以信贷征信体系建设为着力点，建立完善征信数据库，加强失信行为信息披露，增强透明度，提高金融信用水平。五是公民道德诚信系统。为筑牢诚信的思想根基，云阳县建立了诚信宣传教育体系，开展了诚信文化进校园、进社区、进农村等"六进行动"和诚信主题演讲、征文、讲座等"八大活动"，还编写了以诚信文化为主题的《"和"文化系列丛书》，展播了诚信文化公益广告、方言故事剧等，引导群众树立诚信理念，营造深厚的诚信氛围。云阳县以营造"爱国守法、诚实守信、勤俭自强、互助友善、和睦邻里、热心公益、崇尚科学、文明卫生"社会风气为着力点，积极推进公民社会公德、职业道德、家庭美德、个人品德建设。按照"一户一档"要求，在全县18周岁以上实有人口中建立"公民道德诚信档案"。

(二) 强化"四个环节"，建立信用平台

2012年，云阳县研发建立了"诚信云阳综合信息网"信用平台，整合社会保障、融资信贷、工商税务、司法行政、道德档案等信用信息，按照依法采集、分级审核、客观公正、严格保密的原则，切实抓好信息管理四个环节。一是信息采集。出台《诚信云阳信息采集办法》，按照实用性、兼容性、开放性和标准化的原则，细化诚信信息采集规则，制定和规范诚信信息采集的技术标准，严格依法进行诚信信息的征集，提升各类信息数据的采集、加工、处理能力。在信息存储时，以组织机构代码、居民身份证号码等为基础，建立诚信信息电子档案和数据库，确保数据库的信息客观、公正。二是信息保密。所有系统用户均签订保密承诺书，保守秘密、保护隐私，防止信息丢失和泄露。加强诚信云阳综合信息网网络环境的维护，建立综合信息网内部运行和外部访问的监控制度，保障网络环境及信息安全。三是信息查询。对录入综合信息网的信息，由系统自动保存在录入单位用户名下，用户通过关联信息进行查询和统计。按照保密和授权的要求，由县诚信办授权录入员、管理员查询部门、乡镇（街道）、村（社区）、法人和个人的相关信息。县诚信办定期对查询情况进行检查，及时纠正不合法、不规范的查询，确保所有查询符合规定，保护信息安全。四是信息运用。制定《诚信信息等级评定办法》，建立完善"守信激励、失信惩戒"的奖惩机制，促进诚信信息适用工作制度化。将诚信信用等级评定纳入政审考察、资格审核、证照审核和政策性扶持、救助等4个大类28个具体项目的范围。如对诚信主体给予公示通报，开通事务绿色通道，减免税务，颁发奖证奖金，提高信贷额度等奖励；对失信主体实施公布"黑名单""不良记录"，各适用主体按照有关法律法规和本部门、本行业的要求，按照相关程序研究后，对诚信信息结果进行运用。"诚信云阳综合信息网"是一个成果记载、查询平台，它的背后则是一个全面、系统的社会诚信体系建设。

（三）实施"三大工程"，打造诚信云阳

围绕诚信体系建设中的关键环节，云阳县以司法公权力促进工程、政务公信力提升工程、公民道德档案影响力扩大工程为抓手，统筹规划、整体推进，着力打造诚信云阳。一是司法公权力促进工程。不断深化司法体制和工作机制改革。制定阳光政法、调解协议司法确认、在押人员未决羁押表现评鉴、案件回访等制度，探索建立宽严相济的刑事司法政策、司法自由裁量基准制度等的运用。严格执行《行政执法检察监督实施意见》，运用司法手段规范行政权力运行，加大行政执法检查监督力度，着力保护公民、法人和其他组织的合法权益，共发出检察建议书120件，整改120件，全面落实执法规范化建设和司法公开制度，从源头减少执法不公的问题。目前，全县因失信被限制市场准入150人，限制投标25处，处理公职人员6人。二是政务公信力提升工程。完善县、乡镇（街道）、村（社区）三级社会服务（管理）平台功能，实行"一站式"办公、"一条龙"服务，不断提高行政效率。深化行政审批制度改革，实施行政执法依据、执法主体、执法程序、执法用语、执法文书规范化建设,制定完善行政执法自由裁量权基准制度,推进科学民主依法决策。建立健全《云阳县行政程序规定》《规范行政裁量权办法》《政府信息公开办法》等制度,规范行政决策程序。积极发挥县法学会职能作用,为党委、政府提供专业法律服务。目前,共吸收社会各界有效建议656份,整改率100%。三是公民道德档案影响力扩大工程。制定《村(居)民自我管理诚信道德评定记录办法》和《"8+X"星级评定标准》,村(社区)根据诚信道德档案日常记录情况,让不道德者在日常生活中付出应有的代价,加大结果运用力度,组织群众民主评出"十佳诚信公民""十佳信用文明户""十佳和谐邻里户""十佳家庭和睦户""十佳孝子"等道德模范称号,扩大道德档案影响力。云阳县各村(社区)根据群众日常表现情况,按"八星"标准,组织群众民主评选,同时将道德诚信与金融支持结合起来,重庆银行与云阳县签订了道德诚信户无抵押担保"农户诚信贷"。公民道德档案影响力扩大工程(道德档案是云阳县道德诚信系统的重要载体,全县为100余万人建立了道德档案)让农民看得见,摸得着,有实惠,充分感受到讲诚信、重品德的好处。全县多个道德诚信示范村实现无上访、无邪教、无赌博、无封建迷信、无违法乱纪、无矛盾纠纷、无虐待老人、无遗弃子女"八无"目标,并涌现出全国孝老爱亲道德模范提名奖获得者黎玉兰、重庆市敬业奉献道德模范林江、重庆市见义勇为英雄谢张、道德模范付凤莲等一批先进典型。

此外,云阳县按照"党委领导、政府推动、统一规划、分步实施、重点带动、社会参与"的原则,把诚信体系建设作为"党政一把手工程",先后出台了《社会诚信体系建设实施意见》等5个规范性文件,建立起诚信建设制度体系。云阳县还实行县级领导和综治委成员单位负责人定点联系,专项督查,强化考核,确保责任落实。

三 重庆市云阳县诚信体系构建取得的成效

云阳县扎实推进诚信体系建设,通过有效规范行政行为,提高了政务公信力,同时还带动了社会诚信水平的提高,维护了社会和谐稳定。2009年至2012年,云阳县连续4年被重庆市委、市政府考核为综治暨平安建设优秀单位；2013 年被中央综治委表彰为 2009 年至 2012 年度全国平安建设先进县，上榜 2014 全国"社会治理创新十大最佳案例"。

（一）诚信体系建设凝聚了人心

诚信这一传统美德集中反映了群众意愿和价值取向，云阳县探索以诚信建设推进社会治理是建立在全体社会成员高度认同、自觉遵守、共同维护的思想基础之上的。近几年来，云阳县以"和"文化建设为支撑，结合云阳县"中国礼仪之乡"建设，充分运用媒体、窗口行业、读物、街区等多种形式广泛传播诚信文化。编写以诚信文化为主题的《"和"文化系列丛书》、展播诚信文化公益广告、方言故事剧，在窗口服务行业推广行业诚信承诺，创办诚信网站。持续开展诚信文化进校园、进社区、进农村、进家庭、进机关、进企业"六进"行动和诚信主题演出、演讲、征文、讲座、论坛、书画赛、摄影赛"七大"活动，将诚信理念内化为社会成员心中的道德习俗和义务，外化为法治社会守法守信的自然习惯，切实提高社会"软"管理水平，打牢社会治理的基础，在全社会形成"人人知诚信、个个讲诚信"的良好氛围。

（二）诚信体系建设推进了社会治理

各级各部门不断加大诚信信息结果的运用力度，弘扬了社会良好风尚，老百姓的精神价值追求及社会情绪表达得到很好的满足，进一步密切了党群干群关系，促进了社会秩序和谐发展。县法院充分发挥司法裁判导向作用，认真梳理失信种类并实施"黑名单"公布制度；县司法局将诚信宣传教育纳入"六五"普法规划，做到普法宣传、普法书籍（资料）、普法考试中有诚信内容。全县评选表彰"守合同重信用"单位 328 家、"诚信纳税先进单位" 120 家；全县各乡镇、部门积极开展"德孝之星""好媳妇""好婆婆""模范公民""道德诚信户""诚信文明家庭"等文明诚信评比活动；全县评选出 30 名"云阳好人"并制作宣传册 3200 份，举办宣讲 36 场次，邀请"云阳好人"代表讲述道德故事 20 场次；县政府与重庆银行云阳支行签署"重庆银行与云阳县黄石镇银政合作战略框架协议"，从 2013 年开始为黄石镇"道德诚信户"每户授信 5 万—10 万元，云阳县成功创造了"农户诚信贷"工作典型经验，产生了较大反响。

（三）诚信体系建设带来社会环境巨大变化

云阳县不断强化社会诚信建设，增添了经济发展和社会和谐的内生动力，营造了良好的政务环境、法制环境、市场环境、人文环境、生活环境，经济社会发展已有很大提升，2011年云阳县被评为"中国最具幸福感城市"。2012年，云阳县被人民网、中国行政学院授予"全国创新社会管理示范基地"称号。2013年该县被评为2009—2012年度"全国平安建设先进县"。连续多年被重庆市委、市政府考核为综治暨平安建设优秀单位。先后成功获得"国家园林县城、国家卫生县城、全国文明县城、中国优秀旅游城区、中国最具幸福感城市"等多块金字招牌。中央政法委，重庆市委办公厅、市委政法委刊物多次刊发云阳县经验，"平安中国2013"大型媒体行动栏目组深入云阳县各乡镇、部门进行专题采访，该县诚信建设专题片在中央电视台12频道播出。《法制日报》《法制日报内参》《重庆日报》等开设专版报道，《重庆日报·农村版》针对云阳县"农户诚信贷"以整篇篇幅进行报道和展开大讨论。《人民日报》、新华社、《半月谈》、重庆电视台、人民网、新华网、华龙网等多家主流媒体多次进行报道，市内外30余个市、区、县相继到云阳县考察学习。

四　重庆市云阳县诚信体系构建的启示

重庆云阳县诚信体系构建后，取得了较为显著的成效，其原因主要有以下几方面。

第一，党政重视是关键。社会治理是社会主义建设事业的重要组成部分，创新社会治理，关键在于加强党委领导，发挥政府主导作用，鼓励和支持社会各方面参与。云阳县成立了以县委书记任组长的诚信体系建设领导小组，把诚信体系建设工作与经济社会发展同部署、同落实，定期研究解决诚信体系建设中特别是基层基础工作中的重大问题。在县、乡（部门、单位）、村成立了四级诚信建设工作机构，建立县级领导和综治委成员单位负责人定点联系、专项督查、工作述职评议、末位表态发言等制度，强化考核奖惩，确保责任落实。县委、县政府先后出台了

《社会诚信体系建设实施意见》《云阳县公民道德诚信体系建设实施方案》《社会诚信体系建设任务分解表》《云阳县诚信信息管理办法》《云阳县诚信信息适用范围暂行规定》等规范性文件建立社会诚信体系架构。全县充分发挥各级各部门党组织在基层政权组织、社会群团组织和居民自治组织中总揽全局、协调各方的领导核心作用，把党的政治、组织优势转化为管理、服务优势，使开展工作有平台，落实政策有载体，推进措施有路径，强化责任有抓手，切实发挥好我们党在社会治理中的核心领导作用。

第二，依法推进是核心。道德诚信建设的后盾在法律，道德的底线在法律。诚信建设除了运用经济、行政、道德、科技等手段之外，更要重视法治与德治的结合。在我国转型期，面对更多的诱惑和欲望冲动，面对新旧道德规范的冲撞，既要靠学习教育、靠舆论引导，更要靠制度强制，包括法律的惩处。当人们因自认为是小事或轻微违法行为付出高昂代价时，自然就会将道德规范由自律转为他律，并通过对不良行为进行反复矫正，使之逐渐自觉遵守而不再需要外部监督的自觉行为。也就是说，诚信既是"奖励"出来的，也是"惩罚"出来的。因此，云阳县在推进诚信体系建设中既强调做到自觉守法，又与普法教育相结合，确保了社会主义法治理念真正贯彻落实到社会的不同群体，贯穿于管理的各个环节。

第三，信息化管理是基础。在我国传统文化中，诚信只是作为一种美德广为传诵，信用度的使用只能停留在小范围内，随着社会的飞速发展，人们的生活圈子越来越大，在陌生环境，再好的信用都无法让人相信，所以人们未能认识到信用也是一种极其宝贵的资源。近年来，随着云阳县诚信体系建设的快速发展，各行各业都在进行不同程度的征信采集，由于大多分属于不同的管理部门，相互间缺乏必要的协调配合，这些部门间的信息和数据流动性公开性差，大量有价值的信息被闲置，2011年云阳县组建专门班子对信用资源管理进行研究，2012年该县探索研发了"诚信云阳综合信息网"信用管理基础信息库，整合全县资源，为全县诚信信息管理搭建统一的信用记录平台，建立了必要的数据共享和交换机制，避免了征信体系建设中出现的多头管理和重复投资现象，大大节约了社会成本，提高了数据管理效率，促进了社会征信体系的有序发展。

第四节　福建省南安市社会信用体系构建实践

南安市位于福建省东南沿海，晋江中游。全市面积2036平方千米，常住人口为148.9万人，户籍人口163.5万人（2017年）。人口以汉族为主，此外有畲、满、回等少数民族。南安市辖3个街道、21个镇、2个乡、1个经济开发区，共有32个社区、384个行政村。诚信不仅是传统美德，更关乎事业成败。正是基于这样的认识，南安将诚信建设作为"十三五"期间工作的重中之重，提出连续五年实施"诚信南安系列年"活动，通过五年行动，基本建成与经济社会发展水平相适应的社会信用体系框架与运行机制，造就更强的区域竞争优势，营造更大的品牌影响力。

一　诚信南安建设年的举措

南安市紧紧围绕打造"诚信南安"的目标，先行推进县域社会信用体系建设，加快推进社会信用建设制度化、长效化和规范化，完善全市社会信用体系。2016年被定为"诚信南安"系列活动建设年，积极推进政务服务、质量品牌、生产环境、项目投资、工程管理、商服市场、电子商务、金融环境、公共服务、执法司法等10个重点领域的诚信建设，落实诚信文化培育、奖惩机制优化、征信平台建设三大保障工程，先行推进县域社会信用体系建设，打造支撑"诚信南安"建设基础体系。

（一）打造信用信息数据库

征信平台是社会信用体系建设的核心，南安市将改造升级各有关部门现有信用信息数据库，整合企业用人单位质量信用、环境信用、劳动保障、安全生产等信用信息，建立企业信用信息数据库，逐步推进政府部门、社会组织、中介机构等信用信息征集和数据库建设。

分步推进公务员、农户、中介人员等诚信档案建设，加强人口信息同各部门信息资源的交换和共享,加大自然人在法院执行、银行信贷、交通守法等方面信用信息数据的联合征集、维护力度。截至2016年7月底,已在全市采集农户信息,为367856户农户建立了金融信息档案。在此基础上,依托"智慧南安"建设模块,结合与人行联合征信系统的互通和对接,打造南安市公共信息信用平台,形成市一级企业和个人联合征信平台,实现市级各部门间信用信息数据交换共享。

在信用信息的基础上,南安市将在重点领域和重点人群建立守信"红名单"和失信"黑名单",实施企业质量信用、纳税信用、用工信用和安全生产信用等级评定和发布制度,并依法公布失信"黑名单",对失信者在金融信贷、行政管理、评先创优、财政补贴等方面给予限制和约束;设置市级诚信奖,大力宣传和表彰生产企业、服务机构、事业单位、政府部门、司法机构等领域先进典型集体,引导和激励全社会崇尚诚信。

(二)构建经济领域诚信环境

作为经济强市,经济领域也成为2016年南安诚信建设的重点。

针对企业推进质量品牌诚信建设,加强企业产品标准制定,建好国家石材建陶、水暖洁具质检中心,鼓励引导参与国家、行业、地方或联盟标准制(修)订。制定完善创品牌激励政策,鼓励企业开展名牌产品、著名(驰名)商标、地理标志产品等争创活动,引导企业规范营销手段和广告宣传。

在电子商务诚信建设方面,将推动石材陶瓷、水暖厨卫等泛家居产业整体上线,入驻阿里巴巴"中国质造"、京东南安馆和苏宁易购等,建设南安产业电商诚信经营示范产业带。发挥电子商务协会作用,开展创建诚信网店、星级网站活动。实施互联网领域侵权假冒行为治理行动,加强网络销售商品抽检。

金融环境诚信建设上,将发展金融增信机构,推动典当公司、金融咨询机构、保险中介机构、第三方支付机构、信用增级机构等健康有序发展,扩大农村增信服务公司试点。加大对金融欺诈、非法集资、逃套骗汇和恶意逃废债的行政执法力度,成立打击恶意逃废债专项行动小组,支持金融机构依法保全和追索债权,加强对已判决金融案件的执行,严厉打击逃废债行为。

构建政银企诚信协作平台，深入开展干部挂钩服务规上企业活动，关注资金风险企业，抓好企业转贷和不良资产处置工作。发挥市企业资产重组与并购基金作用，开展"僵尸企业"破产清算，推动资本良性流动。

（三）监管机制完善提升

2016年7月29日，南安市首个征信知识及信用文化宣教站在省新镇西埔村揭牌，"主要是通过普及相关的金融法律法规知识，让群众在学习防范非法金融活动知识的同时，对信用文化有更深的认识"。南安市金融办相关工作人员介绍道，接下来，该市还将在美林、仑苍、霞美等乡镇（街道）设立征信宣教站。

广泛建设征信宣教站，是南安市防范诚信风险的有力举措之一。与此同时，该市还出台了《南安市防范和打击恶意逃废债务行为实施方案》《南安市联合惩戒失信被执行人实施方案》等多份方案，并加强多个部门之间的协同联动、信息共享，对逃废债、非法集资等行为落实联合惩戒措施。2019年以来，已执结各类金融债权案件454件，标的额8.52亿元，为银行追回欠款1.28亿元。

此外，南安市还注重完善监管机制，加强企业生产、市场经营、中介服务、电信网络等领域信用制度建设，从源头上防控失信行为。截至目前，已有5家企业参与国家标准制定，4家企业参与行业标准制定，检定市场计量器具554台、加油机1944台、医疗计量器具1108台，建立2个省级流通环节食品质量可追溯管理示范点。

二 "诚信南安"巩固年的主要举措

为进一步贯彻落实国家、福建省和泉州市关于推进社会信用体系建设的战略部署，南安市全面巩固"诚信南安"建设年成效，将2017年确定为"诚信南安"巩固年，目的是提高全民信用水平。主要有如下举措。

（一）加快诚信建设全覆盖

2017年，南安市主要围绕"优化商务诚信环境、突破失信热点问题"重点，开展失信问题专项整治活动，突破金融领域、生产领域、销售领域、服务领域等热点难点失信问题,抓好信用信息应用,巩固"诚信南安"建设,推进政务、司法、企业、社会中介和个人等社会信用主体行为规范化建设。

根据《2017年"诚信南安"巩固年活动实施方案》(以下简称《方案》)要求,2017年全面加强政务、社会、商务、司法等四大领域的诚信力度,实现诚信建设的全覆盖。通过四大信用制度的建立来确保上述四大领域诚信力度的加大。一是构建全行业信用评级机制;二是构建动态式信用公示机制;三是构建各部门联合奖惩机制;四是构建多元化宣传引导机制,加大诚信文化培育力度。

南安市还积极打造四大示范工程,加快诚信建设的"创特色"。一是实施公共信用信息平台建设工程。二是实施企业诚信承诺示范工程。三是打造实施金融信用环境创优工程。四是实施"六个好"和谐村(社区)创建工程。根据《方案》要求,2017年列出35项重点工作任务清单,每个任务都有相应的牵头单位负责落实。

"诚信工作永远在路上。"为了确保"诚信南安"各项重要工作的有序推进,南安市相应出台了"守信激励和失信联合惩戒制度的实施意见",为守信的企业和个人打开"绿色通道",落实A级纳税人优惠政策。同时也强化司法、行业、资格、行政、行为、市场的多方面惩戒力度,提高不诚信者的犯错成本。有堵也有疏,建立了信用修复制度,为及时纠正失信行为、消除不良影响的企业提供改错通道。

(二)诚信成为企业共识

南安市拥有众多支柱产业,石材、水暖、家居……深受海洋文化熏陶的南安商人一贯坚守诚信为本的理念。在2017年6月6日的大会上,不少参会企业家议论推动"诚信南安"的重要性。"这是关系到当地经济社会有序发展的基石。"南安企业界人士说。

"诚信是企业的立命之本。"九牧厨卫集团相关负责人说,从企业创业之初,无论从产品还是买卖交易合同的履行等方面他们都坚守诚信底线。此前他们与某供应商签订了合同,按合约进程他们需要退给对方5%的订金。出于某些原因,最后该供应商所在公司没有继续经营,为了履行合约,他们专门派人寻找到原有公司的股东将订金退还。

南安农商银行则通过为农户建档等方式，在一家一户的走访过程中帮助用户建立诚信为本的理念。截至 2017 年 6 月，累计为全市 37 万户农户、近 2 万户小微企业建立了金融信息档案。根据收集的金融信息可以更加有效地服务地方企业和农户，也让企业和农户享受到诚信为本带来的金融服务便利。

三 诚信南安提效年的举措

2018 年是"诚信南安提效年"，南安市正式出台《2018 年"诚信南安"提效年活动实施方案》（以下简称《方案》），提出以"加强社会诚信建设，提效信用服务水平"为重点，提效重点领域信用体系建设，形成覆盖全市的信用信息系统，打造守信光荣的社会环境。随着《方案》的出台，"诚信南安"建设得以全面提效。

（一）聚焦四大领域建设

"政务诚信不足会制约其他社会诚信体系的发展。"推进"诚信南安"建设，以推进政务诚信建设为先导，全面推进商务环境、公共服务、司法公信等重点领域诚信建设。正是基于这种考虑，《方案》提出，要构建广泛有效的政务诚信监督体系和健全的政务信用管理体系，着重突破重点领域政务诚信难题，推动政务诚信管理制度化建设。

具体来说，南安市将通过加强政务公开工作、政府诚信考核、公开承诺制度、政府债务管理、政府采购诚信等举措，推动政府行为依法依规，提升政务服务诚信建设水平；加强质量信用管理、投资项目诚信、金融信用环境等建设，建立信用评价指标和制度、设立标准平台和体系、完善企业信用文化建设，提升商务环境诚信建设水平；在医疗体制改革、网约服务等信用问题突出的公共服务行业建立健全行业机构和从业人员信用档案，提升信用服务监管水平，提升公共服务诚信建设水平；加强法院公信建设、检察公信建设、阳光执法建设和从业人员管理，增强司法工作和执法办案信息透明化、公开化，提升司法公信诚信建设水平。

（二）强化三大信用机制

健全的体制机制是推动制度措施落地开花的前提和保障，为此，《方案》将从强化重点领域实名登记制度、信用信息奖惩、信用信息修复等方面入手，建立层层递进、环环相扣的信用体制机制，全面提效制度措施，保障信用体系建设。

在信用信息奖惩方面，主要依托守信激励、失信联合惩戒机制，对相关社会主体进行信用评价，并根据信用评价成果，定期发布诚信"红黑榜"：对守信主体提供公共服务政策优待等信用激励，对失信主体实施部门间联合惩戒等信用惩戒。

值得一提的是，符合相关条件的信用主体还可通过信用信息修复机制，对信用信息进行异议处理、纠错和修复。其中，对被采集、保存、共享、公开的信用信息存有疑虑的信用主体，可通过申请行政复议对信用信息进行核实、更正；对符合条件提升信用评分和等级的信用主体，可通过按时履约、志愿服务、慈善捐助等方式修复信用信息和事后主动履约、申请延期、自主解释等方式减少失信损失。

（三）打造公共信用信息平台

深化信用信息应用，还必须建设强大的公共信用信息平台，这既是关系全市社会信用体系建设全局的基础性工程，也是社会信用体系建设的重要支撑和关键环节。

为推进南安市公共信用信息平台建设。《方案》提出，将围绕推动信用信息安全管理、公共信用信息共享、信用信息市场运作、信用信息隐私保护、信用信息目录制度等重要内容，建立信用主体电子诚信档案、全市统一征信平台、政府机关和公务员信用信息目录，强化信用记录和信用报告跨部门、跨区域应用联动机制，严厉查处泄露、篡改、毁损、出售、窃取个人信息等不法行为，加强信用信息联合征集和保护维护，逐步构建覆盖全市的信用信息数据库，形成真正完整的"南安信用信息港"，切实为深化全社会信用信息应用提供有力支撑。目前已搭建了"诚信南安"公共信用信息数据库、信用大数据分析平台，成功开通"信用南安"网站、"信用南安"微信公众号、"信用南安"App。

（四）深化守信文化宣传教育

除了对制度、体制和平台建设提出了具体可行的实施意见，《方案》还对如何深化守信文化宣传教育作了重要部署。

下阶段，南安市将进一步加大媒体宣传引导作用、守信舆论环境营造、诚信文化宣传教育和诚信示范典型培育力度。通过创作形式多样、内容丰富、传播载体广泛的诚信宣传作品，开设网络诚信专题等，充分发挥报纸、电视台等新闻媒体的宣传引导和舆论监督作用，将传统诚信文化与时代价值观相融合，深挖"诚信示范"经典案例，大力提升诚信宣传水平。

同时，南安市还将以诚信宣传日、诚信兴商宣传月、全国法制宣传日等重要时间节点和法定节假日为契机，结合加强师生德育教育、推动移风易俗、培育家风家教等重要活动，在教育教学中增加诚信教育内容，加强以"家+文化"建设为载体、以家风家教为媒介的和谐村（社区）创建，推动诚信文化向农村农户覆盖，不断拓宽诚信主题宣传和文化教育路径。

2019年3月，南安市武荣公园、河滨公园里多了几台与众不同的自动售货机，不少南安市民在买单时真切体会到"诚信也能当钱花"。为营造良好的守信氛围，经南安市发改局和城市管理局通力配合，南安市科睿迪信用管理有限公司顺利完成了南安市诚信便民自动售货机安装调试，首批共4台诚信便民自动售货机已于2019年3月20日试运行，其中3台放置在武荣公园，1台放置在河滨公园。诚信便民自动售货机的外观与普通自助售货机相似，分别设置了饮品区和休闲食品区，饮品区摆放有矿泉水、可乐、咖啡等饮料，休闲食品区则摆放了饼干、小面包等。"最大不同在于支付环节。"南安市科睿迪信用管理有限公司副总经理陈英豪介绍，这台设备目前支持微信支付、支付宝支付、信宜购支付三种方式。其中，信宜购支付是南安市"诚信商圈"建设的信用支付入口，市民只要关注"南安信用生活"微信公众号，或在设备上扫码下载"信用南安"App，完成实名认证，与南安诚信档案匹配后，即可按照不同的信用等级享受不同的折扣优惠。而"上了诚信'黑名单'的市民是无法享受优惠的，普通市民则会根据不同情况分为1星级至5星级居民"。市发改局工作人员介绍，最高级别是5星级居民，可享受九折优惠。此举的目的是将信用理念植入群众消费场景中，"会比单纯的宣传更有效"。

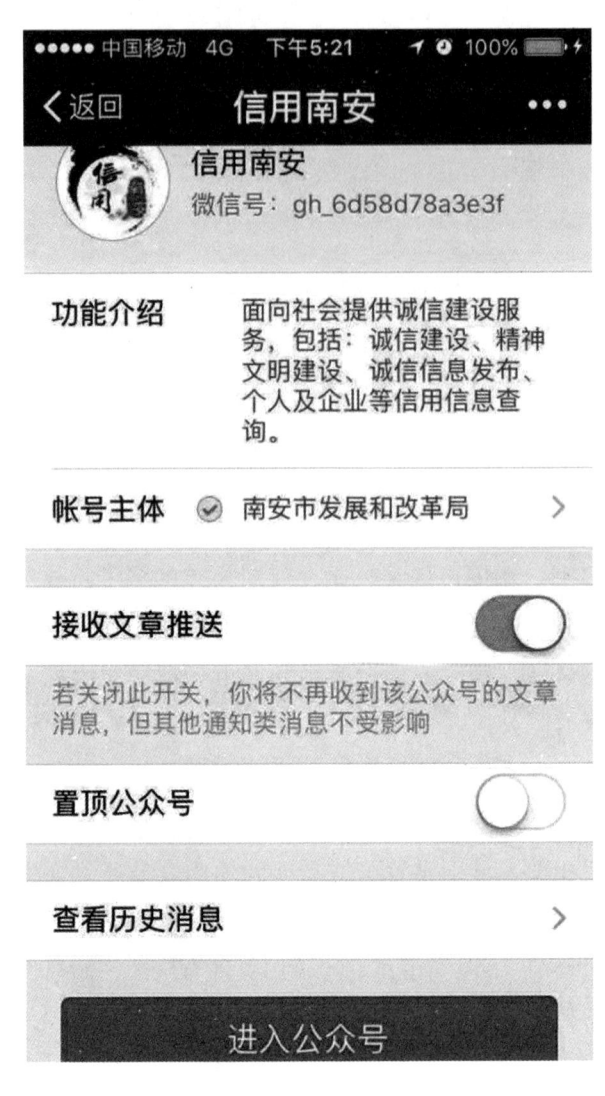

"信用南安"微信公众号

第五节　其他地方诚信档案探索概况

除了前述广东省龙门县、河北省广平县、重庆市云阳县、福建省南安市等地外，我国其他地方诸如山东省宁津县、黑龙江省杜尔伯特县一心乡、重庆市城口县、浙江省长兴县和平镇吴村、四川省苍溪县也分别结合本地的实际情况对公民诚信守法档案进行了探索，取得了较为显著的成效。

一 山东省宁津县公民诚信档案工作开展情况

宁津县，隶属于山东省德州市，位于山东省西北部冀鲁交界处，东邻乐陵市，南连陵城区，西与北以漳卫新河为界，与河北省的吴桥、东光、南皮三县隔河相望，总面积833平方千米。宁津县下辖2个街道、9个镇、1个乡，总人口49.2万人。2013年8月，宁津县专门成立由县委书记任主任的"诚信宁津"建设工作委员会，下设办公室和政务诚信建设指导组、企业诚信建设指导组、社会诚信建设指导组，乡镇和村里也都成立了相应的诚信建设工作机构。

该县研究制定了《"诚信公职人员"标准100条》《"诚信村民"标准100条》《"诚信市民"标准100条》《"诚信企业"标准30条》，基本涵盖了个人和企业在诚实守信、遵纪守法、道德建设等方面的各项行为准则，就是说，该县诚信档案覆盖的对象包括公职人员、普通工人和村民。在诚信档案的操作模式上，每个人都有99分的诚信默认分值，但没有星级。只有做了好事，有加分内容时才能逐步加分，五分一个档，每个档代表一个星级，每年加分不能超过5分，或连续两年保持同一星级，第三年就会自动升级。对诚信个人的分值评定方式为首先要求个人先对照标准自查，给自己打一个分，然后由评定委员会进行评议打分，最后要和诚信平台进行比对，才能最后确定得分和星级。

星级诚信户在一些领域享受优惠。如县诚信办和县里的银行都签订了协议，有星级的诚信户按照诚信级别贷款利率会有一定程度的优惠。根据政策规定，星级"诚信个人"可享受当期执行利率3个百分点的优惠，每增加一个星级，即可相应增加3个百分点的贷款利率优惠，当"诚信个人"遭受自然灾害时，优先享受抗灾救灾资金支持，并在贷款额度、贷款利率或还款期限上给予特殊优惠。除了贷款，县诚信办还与县里一部分房地产开发商签订了协议，星级诚信户购买房子时会有一定程度的优惠。"诚信个人"因重大疾病在县人民医院住院，总治疗费用在1万元以上的，除去新农合、城镇医疗保险、职工医疗保险等报销部分，剩余部分根据诚信等级享受医药费优惠。

与此同时，宁津县还开展了以个人和企业信息录入为重点的诚信综合信息平台建设，开发了诚信管理系统软件。历时半年之久，为全县47万人、近2万家企业建立诚信档案。由于宁津属于县级地区，地区小，当地没有能承担此项信息录入的第三方机构，因此该县明确是由政府主导。

如今，在该县诚信管理系统，有50多个部门和乡镇都有属于自己的端口，但这些部门和乡镇只有录入和查询功能，并不能改动或删除。要删掉一条记录，需要操作员、当事双方、诚信办主任、分管县级领导、县委书记同时签字确认，并上传视频和签字，经过公示方可修改。截至目前，宁津县诚信管理系统内已经记录有70多条违反"诚信100条"的记录。[①]

对诚信数据严格管理、科学使用，作为评选文明单位、文明市民、五好家庭等重要依据。尤其是，将公务人员、机关单位讲诚信作为评先树优、考核评比的一项重要内容。

二 黑龙江省杜尔伯特县一心乡民主村"诚信档案"建立探索

一心乡民主村位于一心乡西南部，占地面积12.4万亩。由4个自然屯组成，共有农户607户，人口2351人。近年来，民主村以"诚信档案"为抓手，推动社会主义核心价值观进村屯，不断提高群众文明素养。

（一）一心乡民主村"诚信档案"的主要做法

认识到位，更要有制度约束。民主村从基层实际出发，广泛征求意见，制定了切实可行、容易操作、群众易懂的《民主村村规民约》《民主村新农村建设群众诚信考评实施办法》、民主村党员干部诚信档案、民主村群众诚信档案及诚信反馈机制、村民奖励机制等规章制度。

这份"诚信档案"考评标准是什么？根据村民日常生产生活所需，该村确定了适合本村经济社会发展的"五看"标准。一看农户能否在村

[①] 郑芷南：《山东宁津建立公民诚信档案 闯红灯卖假种子扣分》，中国青年网，http://news.youth.cn/gn/201309/t20130929_3958202.htm。2019年11月7日最后访问。

集体公益事业建设上出资出劳；二看农户能否规范堆放粪肥和柴草，承担好分担区卫生，保持庭院内外干净整洁；三看农户能否据实申请各项惠农政策或项目；四看农户能否形成良好的诚实守信观念，邻里互信互助；五看农户能否树立安全生产意识，安全用火。全面考察村民在生产生活中的综合表现情况。

"对辖区内农户实施动态化管理，信息随有随记，月月打分，年终汇总，通过典型带动抓落实。"全村共树立典型诚信户32户、典型诚信街道2条、典型诚信屯1个，以典型为引领，带动了全村诚信工作水平的有效提升。

同时，民主村通过奖惩机制抓落实。在诚信档案的评比过程中，每家设基础分50分，按要求出义务工的每次加2分，否则每次减5分。公平对待每一户农民；对优秀诚信户，可持介绍信到乡里办理相关业务，享受乡、村的优惠政策，并发奖品予以奖励；年终每户分值累计低于40分的，将在集体机动地、草原、林地、水面等资源承包以及宅基地审批、低保、贫困户评定、林木采伐及其他地方性惠农政策补贴上失去相应权利。通过明确责任抓落实。采取户责任区制和义务出劳的办法，规范"三堆"治理，成立环境综合整治机构督促村民管理自家房前屋后卫生，组建3个专业清扫团队负责公共区块卫生，成立46个清洁庭院"十户一体"小组，组内互相监督各户庭院整治、绿化美化。通过由点到面抓落实。首先确定在顺利屯实施，并选择了部分素质较高的农户逐步推广，目前已发展到4个村屯所有农户。

(二) 取得的主要成效

"有了诚信档案打分制以来，左邻右舍都比着来，谁也不想落后，把自家院子收拾得都很干净。有时在村子里看见道上有垃圾，也会随手捡起丢到垃圾箱里。总之，村里照以前比是大变样了。"民主村村民吕侠说。

民主村自实施诚信档案管理以来，村民生产生活环境明显改善。造林1530亩，改草3000亩，栽植银中杨、柳树、花树等8个品种、2万余株，进行有效绿化，真正实现"村在林中，房在绿中，人在花中"。硬化巷道7条约3.6公里，硬化排水沟1000延长米，改造院墙1700延长米，沿路安装路灯 17 盏,新建村级文化活动广场、林间休闲园、农家书屋各 1 处,群众生活设施更加完备。

现在,以支部、村委牵头,群众参与的治理模式更加成熟,实现村屯管理民主、幸福祥和、生活富足,评选出"十星级"文明户 169 个、"五好家庭"482 个、三星和四星级"清洁庭院"368 个。现在,村民们业余文化生活丰富多彩,赌博的陋习已近绝迹,农民思想道德素质持续提升,"携手诚信村民,共建生态文明"的观念深入人心,形成全村人人争当新农民、户户争创诚信户和文明户的良好风气。[①]

三 重庆市城口县修齐镇诚信档案建设工作概况

为切实加强乡风文明建设,以"精神扶贫"促脱贫,2018 年年初,重庆市城口县修齐镇推出了《修齐诚信档案评分标准》,将不履行赡养义务、不爱护环境卫生、无理取闹、歪曲事实、传播谣言等不文明行为纳入诚信档案。相较于 2017 年推出的村规民约范围更广,约束条款更细,影响力更大。

该镇诚信档案的主要内容可以用私、刮、要、脏、胡、缠、欺、骗、弃、差 10 个字概括为"诚信十条"。其中很多行为尚不构成违规,但绝对算得上失信,无法用村规民约处理的,就用诚信档案约束。该镇相关负责人介绍,现在将《诚信档案》拿出来评比,是为了激励群众更加自觉地遵守条约。

诚信档案的威慑力源自何处?"诚信档案是村民代表大会表决通过的,将诚信积分与集体经济分红比例、脱贫光荣户、卫生光荣户等挂钩,让失信的人得不偿失。上半年的评比结果已经公示出来了,违规操办无事酒、非法捕鱼、乱扔乱丢的农户都已榜上有名。"[②]

推行诚信档案的目的并非记录不文明,而是通过正确的引导告诉广大群众有所为有所不为,树立文明新风,促进乡村振兴。

[①] 李美时:《"诚信档案"树新风 美丽乡村入画来》,《黑龙江日报》2018 年 9 月 12 日。
[②] 周宇、彭道玲:《城口修齐镇:诚信档案记录晒出文明新风尚》,http://news.sina.com.cn/c/2018-08-02/doc-ihhehtqf4814827.shtml。2019 年 12 月 10 日最后访问。

四 浙江省长兴县和平镇吴村诚信档案建设工作概况

不久前，浙江省长兴县和平镇吴村一名村民想要申请小额贷款，但因存在毁林开荒不听劝阻的行为被村委列为"不诚信户"，同时挂钩长兴农商银行整村授信名单，该行拒绝为其贷款授信，让这位村民悔不当初。

吴村自2018年开始为每一位村民建立诚信档案，档案内容分为社会行为、集体观念、家庭观念、个人品行4个部分，包括正向、反向和一票否决3类指标，实行百分制量化计分，每月统计，所得总分就是村民的"诚信道德指数"。

为使诚信档案更好地发挥作用，吴村村委与长兴农商银行合作同步建立相应奖惩措施，比如五星级诚信户可以优先享受长兴农商银行创业贷款授信等普惠政策，并建立吴村全体在册农户整村授信公议名单，在村民代表大会上公布，以户主为单位，同时公布长兴农商银行信用贷款每户授信金额，村民纷纷表示非常欢迎。

吴村地处山区，几乎各家各户都有茶山，在如火如荼的采茶季节，村民都需要从银行贷款支持茶农购农资、付人工工资，小额信用贷款提前授信正好为此服务。据统计，2019年吴村整村授信名单共计298户，金额达3437万元，平均单户达11万元。经过长兴农商银行协同村级联络员2019年1—4月的共同努力，吴村签约率从2018年年底的39.7%上升到60%，真正达到村银合作双赢。①

五 四川省苍溪县"道德诚信档案"探索概况

苍溪县，隶属四川省广元市，地处四川盆地北缘，大巴山南麓之低、中山丘陵地带，广元市南端。苍溪县辖24个镇、15个乡，另辖3个乡级单位。截至2018年年末，苍溪县户籍总人口75.84万人。

（一）苍溪县"道德诚信档案"管理机制的主要做法

苍溪县纪委2012年在白驿镇试点推行"道德诚信档案"管理机制，

---

① 潘丹：《建诚信档案促文明乡风——长兴农商银行和平支行》，http://www.hz66.com/2019/0422/298917.shtml，2019年11月7日最后访问。

将村民的集体意识、家庭观念、社会责任、个人品行4个方面，以及夫妻相处、教育子女、孝敬长辈、邻里关系、发展致富等10项具体内容作为评价指标，实行百分制量化计分。由村支委、村委会、村廉勤委成员和村民代表组成"道德诚信档案"管理小组，在镇纪委指导下，以户为单位造册建立村民"道德诚信档案"，按月扣分公示，年度统计汇总。将计分结果作为评选"廉洁文化大院"的重要依据，在惠农项目、困难补贴、低保评定等方面给予优先考虑。①

"今年，我们村评低保就是将符合条件的农户列出来，按照'道德诚信档案'得分高低取舍，干部省事，群众没意见。在安排生猪项目时，也是按'道德诚信档案'管理办法对被评为'廉洁文化大院'的3户农户给予了倾斜，所以现在大家都把得分看得很重。"李君说。

（二）苍溪县"道德诚信档案"管理机制

"有了这份档案，大家的面貌变了，打牌赌博的少了，扯经吵架的少了，孝敬老人的多了，带头致富的多了！"白驿镇花红村的杜文明说。2012年，白驿镇培育建立了岫云村土鸡、池口村生姜、凌云村核桃和花红村肉牛等4个廉洁诚信专业合作社，带动农民年人均增收800多元，基层信访量和党员干部违纪案件量同比下降45%、37.2%，建成县级"廉洁村庄"1个、"廉洁文化大院"8户。

依托"道德诚信档案"，该村注册"一品一家"农产品品牌，通过"互联网+"将生态猪、鸡、鸭等农产品统一销售，户均增收超3000元，首创全省盘活农村小农经济新模式。合作社的规模大，如果没有约束机制，绿色农业生产方式容易受到破坏。李君告诉记者，村党支部建立了以家庭基本情况、产业情况、有无违规生产操作等为主要内容的农户《诚信道德档案》，并号召全村党员带头约束自己，绝不为了追求一时的经济利益而丢掉村里的绿色无公害传统②，在合作社的引导下，村里28名党员与全村的农户也"结了亲"：党员不仅在生产方面发挥先锋带头作用，而且依托党员远程教育平台，组建了"远山结亲网"，将农户诚信道

---

① 侯军德：《苍溪"道德诚信档案"育新风》，《四川农村日报》2012年12月19日。
② 张文：《城里的"亲戚"数不清》，《人民日报》2015年4月7日。

德档案及生产情况上传网页，让城里的"亲戚"们能实时查看到绿色农产品的生产过程。"远山结亲给村里引来了致富路，诚信档案又帮村民树立了道德观。"岫云村村委会主任赵登伟告诉记者，如今，村里打架斗殴、邻里纠纷、赌博偷盗等不良现象和行为大量减少。在岫云村的带动下，苍溪县已有600多个村建立了《诚信道德档案》，信访量下降了81%。2014年，仅岫云村便有13名村民递交了入党申请书。

第六节 各地公民诚信守法档案建设内容比较研究

我国多个地方对公民诚信守法档案制度进行了探索，总体而言，这种探索取得了较好的成效，但各地在探索的过程中建立的制度既有共性的内容，同时还存在诸多的差异性。

一 公民诚信守法档案建设内容的共性分析

（一）各地均以"户"为诚信守法档案建档单元

从前述情况介绍可知，各地在公民诚信守法档案制度建设探索过程中，均不约而同确定以家庭户为定格，涵盖其家庭成员的诚信守法档案建档单元。如《五峰土家族自治县公民诚信守法档案建设工作实施细则》第二条中就明确规定公民诚信守法档案以户为单位建立，登记该户所有成员基本信息和相关信息。实际操作过程中实行普通电子文档和纸质档案双重建立，一户一档。按乡镇、村、组的建制对居住户实行统一编号，便于规范建档立档查询。广东省龙门县龙田镇一开始探索的诚信守法户档案实行的也是村民每家每户都有一本，每个村民小组和每个村委会也都有一本。这个记录和个人档案一样是终身制的，期限直到村民户口迁走，或者死亡为止。每户建档有明确的建档要求，即要坚持实事求是、教育帮助、服务群众、保障隐私的建档原则，要求登记农户的信息准确无误，建立信息档案的目的是便于镇政府和村干部掌握情况、发现问题进而使之能够有针对性地教育群众、引导群众和服务群众，同时加强信息档案管理，依法依规保障和尊重农户隐私。档案的基本内容主要分两大方面，首先是反映农户家庭基本情况的姓名、职业、家庭成员、收入来源、居住情况，目前享受的政策待遇和主要利益诉求等信息；其次是农户遵守《村民诚信守法行为规范》的具体情况。福建省广平县农户诚信档案建档原则是坚持弘扬正气，重在教育、促其改正的原则。农户诚信档案建设工作的对象为该县辖区的所有农户，不管有无信息全部登记，档案记录随有随记、逐步积累。农户诚信档案主要记载的内容除登记对象的姓名、性别、出生年月、民族、家庭成员、家庭住址等基本情况外，还包括遵守国家法律法规、遵守村规民约等；是否按期还贷还息，水费、电费是否按时缴纳等金融信贷消费情况；履行义务工及参加公益活动情况；家庭教育、子女就学、子女成才等信息。

其他各地也采用以户为单位建设诚信档案，如重庆市云阳县按照"一户一档"要求，在全县18周岁以上实有人口中建立"公民道德诚信档案"。山东省宁津县诚信档案覆盖的对象包括公职人员、普通工人和村民，均以户为单位建立诚信档案。四川省苍溪县以户为单位造册建立村民"道德诚信档案"。

（二）制定了公民诚信守法行为与失信违法行为判定的基本标准

《五峰土家族自治县公民诚信守法档案建设工作实施细则》在第五条和第六条分别就公民诚信守法档案所记录的诚信守法行为与失信违法行为从行为的性质和具体表现两方面进行了较为明确的界定。如该细则第五条规定：档案所记录的诚信守法行为是指对社会有突出贡献及有重大影响的好人好事、善事善举行为，包括爱国守法、诚实守信、勤俭自强、互助友善、尊老爱幼、和睦邻里、热心公益、崇尚科学、文明卫生等模范行为。

广东省龙门县龙田镇则在《村民诚信守法行为规范》和《龙田镇诚信守法户评分标准》中对相关行为进行了规定，重点评价范畴包括和谐稳定、计划生育、遵纪守法、生态保护、安全生产、殡葬改革、农村医保、民主管理8个方面，如《龙田镇诚信守法户评分标准》共列出了24项考核项目。其中17项扣分，7项有奖分。扣分项目包括计划生育、殡葬管理、刑事案件、土地占用、欠贷骗贷、骗取补助、家庭暴力、制假售假、赌博偷盗、缠访闹访、虐待老幼等。

由于重庆市云阳县的诚信体系包括五大方面，故公民诚信守法的界定主要体现在《公民道德诚信系统诚信信息采集录入细则》中第四条的规定，公民诚信守法的信息主要包括爱国守法、诚实守信、勤俭自强、互助友善、和睦邻里、热心公益、崇尚科学、文明卫生等几类。公民的失信违法行为分布在其他几类诚信信息采集录入细则之中，如《金融诚信系统诚信信息采集录入细则》第四条第一款中规定的拖延贷款、不履行司法判决、保险诈骗、因票据诈骗和洗钱行为被司法机关追究刑事责任的刑事处罚信息。

山东省宁津县对公民诚信守法行为和失信违法行为的界定分别体现在《"诚信公职人员"标准100条》《"诚信村民"标准100条》《"诚信市民"标准100条》之中。黑龙江省杜尔伯特县一心乡民主村对"诚信档案"的考评标准则略显粗糙一些，其主要以"五看"为标准，一看农户能否在村集体公益事业建设上出资出劳；二看农户能否规范堆放粪肥和柴草，承担好分担区卫生，保持庭院内外干净整洁；三看农户能否据实申请各项惠农政策或项目；四看农户能否形成良好的诚实守信观念，邻里互信互助；五看农户能否树立安全生产意识，安全用火。与黑龙江省杜尔伯特县一心乡民主村类似的还有重庆市城口县修齐镇推出的《修齐诚信档案评分标准》，该镇诚信档案的主要内容可以私、刮、要、脏、胡、缠、欺、骗、弃、差10个字概括为"诚信十条"。

（三）建立了相应的奖惩机制

五峰县将诚信守法行为界定为邻里融洽、信守合同、弘扬正气、遵纪守法等22类，将失信违法行为界定为争地霸界、非法上访、信奉邪教、大操大办、家庭暴力等20类行为，并在《五峰土家族自治县公民诚信守法档案建设工作实施细则》第十二条至第十四条分别规定了诚信守法褒奖机制和失信违法惩戒机制。有关奖惩制度在《公民诚信守法档案动态管理制度》中做了进一步细化，如第一条第三款和第五款规定，被评定为三星户的，由镇政府张榜公布并授予牌匾，牌匾在星级户住房正门上方悬挂。星级户优先享受法律、政策和村（居）规民约规定的各项待遇和优惠，星级户之间按星级享有优先权。失信违法行为的人员在公务员招录、企事业招聘、评先树优、劳务用工、征兵、社会福利保障等方面受到考量。在信息平台上，对诚信守法户予"红点"标记，对于失信违法户以"黑点"警示，由村委会以"红黑榜"形式定期公示。

广东省龙门县龙田镇则在《龙田镇诚信守法户评分标准》中明确规定进行评分的基本项共52项，合计86分，奖励加分8项，一票否决3项。得分为80—90分的为诚信守法户，得分为90分以上的为诚信守法先进户。即违反计划生育、殡葬管理、刑事案件这3项的，一票否决星级户评定资格；对土地占用、欠贷骗贷、骗取补助、家庭暴力、制假售假、赌博偷盗、缠访闹访、虐待老幼等各项，违反其中一项扣10分。如有见义勇为被镇级以上政府认定，积极参加公益事业，获得市、县、镇政府表彰等突出表现的，则可以根据档次各项奖励3—10分。

河北省广平县为倡导诚实守信，规范信用激励约束机制，规定农户诚信信息连续两年保持良好的农户可以直接晋升为十星级文明生态户和诚信户，并按照《广平县诚信万户行实施意见》颁发《诚信手册》，从医疗卫生、信贷等方面给予优惠。凡农户家庭任何成员出现失信行为并被登记入档的一律取消"十星级文明户""诚信户"称号及相应优惠政策。

重庆市云阳县制定了《诚信信息等级评定办法》，以建立完善"守信激励、失信惩戒"的奖惩机制，促进诚信信息适用工作制度化。将诚信信用等级评定纳入政审考察、资格审核、证照审核和政策性扶持、救助等4个大类28个具体项目的范围。如对诚信主体给予公示通报，开通事务绿色通道，减免税务，颁发奖证奖金，提高信贷额度等奖励；对失信主体实施公布"黑名单""不良记录"，各适用主体按照有关法律法规和本部门、本行业的要求，按照相关程序研究后，对诚信信息结果进行运用。

四川省苍溪县实行百分制量化计分，由村支委、村委会、村廉勤委成员和村民代表组成"道德诚信档案"管理小组，在镇纪委指导下，以户为单位造册建立村民"道德诚信档案"，按月扣分公示，年度统计汇总。将计分结果作为评选"廉洁文化大院"的重要依据，在惠农项目、困难补贴、低保评定等方面给予优先考虑。

福建省南安市在重点领域和重点人群建立守信"红名单"和失信"黑名单"，对失信者在金融信贷、行政管理、评先创优、财政补贴等方面给予限制和约束；设置市级诚信奖，大力宣传和表彰先进典型，引导和激励全社会崇尚诚信。

重庆市城口县修齐镇将诚信积分与集体经济分红比例、脱贫光荣户、卫生光荣户等挂钩，让失信的人得不偿失。

（四）构建了较为规范的诚信守法档案信息收录机制

《五峰土家族自治县公民诚信守法档案建设工作实施细则》第八条至第十条中总体上明确规定了公民诚信守法信息的收录主体及其分工。为了进一步规范公民诚信守法和失信违法行为信息的收集，做好公民诚信守法信息采集工作，及时、准确、全面地掌握公民诚信守法情况，根据相关法律法规和有关政策规定及《五峰土家族自治县公民诚信守法档案建设工作实施细则》，五峰县还制定了《公民诚信守法档案信息采集制度》，该制度包括公民诚信守法信息采集原则、诚信守法档案采集信息的类型、信息的来源、信息报送与反馈、资料收集、信息采集员选配条件、信息采集员工作职责、考核与奖惩等八项内容。这些制度的确立为五峰县对公民诚信守法和失信违法行为信息的采集提供了明确范围和采集程序。为确保信息的准确性，五峰县还制定了《公民诚信守法档案信息甄别录入制度》，该制度包括甄别录入主体、甄别录入工作的原则、甄别分类、信息甄别程序、申辩与撤销、信息录入、统计报表与信息上报、信息查看权限与保密要求八大方面的内容。由于公民的诚信守法信息和失信违法行为信息将产生正面或负面后果，如果信息录入标准不统一，可能会对相关人员形成不公平现象，五峰县制定的这一制度比较好地解决了公民诚信守法行为信息和失信违法行为信息的标准判断的统一性。如在甄别主体上，该制度规定司法机关、各行政执法部门、乡镇和村（居）信息员负责录入公民诚信守法档案系统，但由乡镇诚信守法信息中心统一进行审核和甄别。甄别小组的成员组成也较为合理，分别由乡（镇）、村（居）委会以及相关部门的负责人或相关工作人员、村民代表、法律顾问组成。在甄别程序上，要求首先应对信息进行核实，以确保信息准确，核实可采取实地调查、现场勘查、走访，也可以通过信函、电话等方式核实。甄别小组还可以收集和补充证据材料，并明确规定关键性证据需要有证据相互印证。还要求甄别过程要做好记录，甄别小组成员签名后形成甄别意见书，甄别意见书是记录失信违法行为和诚信守法行为的依据。该制度也充分地保障了当事人的知情权，要求甄别小组在作出甄别意见书的次日，应将结果反馈失信违法和诚信守法行为当事人，告知其申辩程序。通知可采取电话、短信、文书等形式，同时保留通知痕迹。诚信守法行为人员或失信违法行为人员在接到通知后十五日内，可向乡镇信息中心申辩，申辩可采取口头或书面等方式。乡镇信息中心在受理申辩后十五个工作日内，应当重新组织甄别小组复核。该制度还明确规定了公民诚信守法信息和失信违法行为信息的查看权限。为了确保公民诚信守法档案管理的规范性，保障当事人的隐私，五峰县制定了《公民诚信守法档案管理制度》，该制度规定了公民诚信守法档案管理的主体、档案形式、档案管理员的配备要求和职责、诚信守法档案的查阅、保存期限与转移。

广东省龙门县龙田镇也制定了农户诚信守法信息的收集、录入和管理、信息披露和使用、保存期限等制度。如在信息的收集程序上，农户诚信守法信息的收集采取村民主动上报、村干部到户记录、驻村干部跟踪落实和镇有关职能部门提供数据相结合的办法进行。信息收集实行动态管理，随有随记。村民、村干部到户记录的，应认真填写农户诚信守法信息登记表。各村小组对记入诚信守法档案的信息内容应告知农户并经驻村队长签字确认。村民、村干部和镇相关职能部门应对提供的诚信守法信息的真实性和合法性负责。在信息的录入和管理方面，龙田镇专门成立了农村社会管理办公室，配备有主任、副主任等共5名工作人员，并划出专项经费，开发了一套相对完善的档案管理软件，实现了农村社会管理办公室与各职能部门联网共同管理全镇6000多户农户的诚信守法档案，各职能部门针对自己职能实行对各农户的档案信息定期更新。由农村社会管理办公室确定相关职能部门负责农户诚信守法信息的录入和管理，并指定专人对农户诚信守法信息进行综合整理后，统一录入农户诚信守法信息系统。新录入的诚信守法信息以书面形式告知农户。农户对档案信息存有异议的，可向村委会提出书面修改申请。村委会根据调查核实情况，出具书面修正意见报镇农村社会管理办公室审查，审查后将是否修改的意见于5个工作日内告知当事人。

河北省广平县农户诚信档案信息在征集渠道及认定方面具体规定为：一是部门反馈，即由各乡直部门以行政决定或行政处罚为依据向乡镇反馈所征集的信息经乡镇认定后登记入库；二是村委会上报，即各村将农户诚信信息情况经村民小组决定、村委会通过后向乡镇上报，经乡镇认定后登记入库；三是个人申报或举报，即在证据翔实可靠的前提下，由个人向部门、村委会或直接向乡镇申报个人或举报他人的诚信情况，经乡镇认定后登记入库。在登记及管理方面，信息最初由乡镇组织填写、专人管理，后来逐步纳入计算机管理。诚信信息入档后，其修改和删除需经个人申请，村或乡直部门通过乡镇认定，其他单位和个人无权修改和删除。对相关信息的查阅方面也作出了较为明确的要求，即单位或个人查阅档案须经乡镇批准后方可查阅使用，同时档案管理人员要登记查阅者的单位、姓名。

重庆市云阳县为规范诚信信息的收录及其管理，在2012年研发建立了"诚信云阳综合信息网"信用平台，该平台整合社会保障、融资信贷、工商税务、司法行政、道德档案等信用信息，按照依法采集、分级审核、客观公正、严格保密的原则，切实抓好信息管理工作。在信息采集方面，出台《诚信云阳信息采集办法》，按照实用性、兼容性、开放性和标准化的原则，细化诚信信息采集规则，制定和规范诚信信息采集的技术标准，严格依法进行诚信信息的征集，提升各类信息数据的采集、加工、处理能力。在信息存储时，以组织机构代码、居民身份证号码等为基础，建立诚信信息电子档案和数据库，确保数据库的信息客观、公正。在信息保密制度方面，该县要求所有系统用户均签订保密承诺书，保守秘密、保护隐私，防止信息丢失和泄露。积极加强诚信云阳综合信息网网络环境的维护，建立综合信息网内部运行和外部访问的监控制度，保障网络环境及信息安全。在信息查询方面，云阳县对录入综合信息网的信息，由系统自动保存在录入单位用户名下，用户通过关联信息进行查询和统计。按照保密和授权的要求，由县诚信办授权录入员、管理员查询部门、乡镇（街道）、村（社区）、法人和个人的相关信息。县诚信办定期对查询情况进行检查，及时纠正不合法、不规范的查询，确保所有查询符合规定，保护信息安全。

其他各地也出台制度，不同程度地对公民诚信守法信息和失信违法信息进行了制度规范。如福建省南安县分步推进公务员、农户、中介人员等诚信档案建设，加强人口信息同各部门信息资源的交换和共享，加大自然人在法院执行、银行信贷、交通守法等方面信用信息数据的联合征集、维护力度。在此基础上，依托"智慧南安"建设模块，结合与中国人民银行联合征信系统的互通和对接，打造南安市公共信息信用平台，形成市一级企业和个人联合征信平台，实现市级各部门间信用信息数据交换共享。对被采集、保存、共享、公开的信用信息存在疑虑的信用主体，可通过申请行政复议对信用信息进行核实、更正。南安县还严厉查处泄露、篡改、毁损、出售、窃取个人信息等不法行为，加强信用信息联合征集和保护维护。在山东省宁津县，尽管50多个部门和乡镇在县诚信管理系统都有属于自己的端口，但这些部门和乡镇只有录入和查询功能，并不能改动或删除。要删掉一条记录，需要操作员、当事双方、诚信办主任、分管县级领导、县委书记同时签字确认，并上传视频和签字，经过公示方可修改。

二　公民诚信守法档案建设内容的差异化分析

（一）诚信档案的组织实施主体与约束对象有差异

尽管全国有很多地方在实施公民诚信守法档案制度，但各地的实施主体和约束对象有较大的差异。根据《五峰土家族自治县公民诚信守法档案建设工作实施方案》的规定，五峰县的公民诚信守法档案建设工作的基本格局为：政府主力推动、执法部门协同联动、基层群众自治组织全面参与、社会舆论广泛监督的共同实施。即该项工作的牵头主体为五峰县司法局，全县成立公民诚信守法档案建设工作领导小组及其办公室，建立县公民诚信守法档案信息中心。领导小组办公室、县信息中心办公地点设在县司法局，领导小组办公室负责全县公民诚信守法档案建设的指导、协调、监督、实施及日常管理服务工作；各乡镇要建立相应的工作领导小组和信息中心，领导小组由乡镇一把手"挂帅"，分管领导亲自抓；乡镇和各村（居）分别配备一名信息员，乡镇信息员负责档案的建立管理，信息平台应用和录入工作，村（居）信息员具体负责辖区的公民诚信守法档案信息采集和管理等工作；公安、司法、综治信访、食药、工商、税务、银监、城管、林业、电力等县直各执法部门要成立领导小组，明确一名信息员负责平台录入信息。

从《龙田镇农户诚信守法档案管理制度》（龙田委〔2011〕40号）《关于印发〈龙田镇开展"争创诚信守法先进户"活动的实施方案〉的通知》的发文单位看，该镇诚信守法档案管理制度由中共龙田镇委员会主导，牵头实施的具体主体为龙田镇政府。镇成立农户诚信守法档案管理办公室，负责全镇诚信守法档案制度的实施管理，并由专人负责信息的归集、录入、分析、更新、维护并按保密规定披露和使用相关信息，配合其他相关部门对村民诚信进行合理评价。该制度实施的范围限于龙田镇，约束对象主要是村民。

根据《云阳县诚信信息管理办法（试行）》（云阳委办发〔2012〕66号）的规定，该办法的制定依据主要是《社会诚信体系建设实施意见》（云阳委办发〔2012〕10号）和《社会诚信体系建设任务分解表》（云阳委办〔2012〕40号），故云阳县诚信体系有司法公信、政务诚信、商务诚信、金融诚信、公民道德诚信"五大体系"。云阳县诚信信息管理制度的总牵头主体为中共云阳县委办公室、云阳县人民政府办公室。每一类诚信体系的具体牵头实施主体分别为：司法公信系统由县委政法委牵头，政务诚信系统由县监察局牵头，商务诚信系统由县商务局牵头，金融诚信系统由县中国人民银行牵头，公民道德诚信系统由县综治办牵头。就是说，云阳县的诚信信息管理不仅限于公民，还包括企业及其他组织等主体，其约束对象为全县各领域的各类法律主体。

中共南安市委、市政府于2016年4月出台《南安市"诚信南安"系列年活动及2016年"诚信南安"建设年活动实施方案》，根据该方案，2016年至2020年，南安市将分别实施"诚信南安"建设年、巩固年、提效年、深化年、争先年活动，每年将围绕重点领域开展诚信建设，如2016年南安市着力推进政务服务、质量品牌、生产环境、项目投资、工程管理、商服市场、电子商务、金融环境、公共服务、执法司法等10个重点领域的诚信建设，落实诚信文化培育、奖惩机制优化、征信平台建设3大保障工程，先行推进县域社会信用体系建设，打造支撑"诚信南安"建设基础体系。2017年6月出台的《2017年"诚信南安"巩固年活动实施方案》则提出，围绕"优化商务诚信环境、突破失信热点问题"

重点，开展失信问题专项整治活动，突破金融领域、生产领域、销售领域、服务领域等热点难点失信问题，抓好信用信息应用，巩固"诚信南安"建设，推进政务、司法、企业、社会中介和个人等社会信用主体行为规范化建设。2018年5月出台的《2018年"诚信南安"提效年活动实施方案》则提出以推进政务诚信建设为先导，全面推进商务环境、公共服务、司法公信等重点领域诚信建设，要构建广泛有效的政务诚信监督体系和健全的政务信用管理体系，着重突破重点领域政务诚信难题，推动政务诚信管理制度化建设。由此可知，南安市的诚信建设实施主体为南安市委、市政府，实施的范围为南安市的全市各领域，约束对象为各类法律主体。

与云阳县、南安市类似的还有宁津县，宁津县在2013年8月专门成立由县委书记任主任的"诚信宁津"建设工作委员会，下设办公室和政务诚信建设指导组、企业诚信建设指导组、社会诚信建设指导组，乡镇和村也都成立了相应的诚信建设工作机构，以推动诚信公职人员、诚信村民、诚信市民的建设工作。而重庆市城口县修齐镇和黑龙江省杜尔伯特县一心乡也主要以县和乡镇党委和同级人民政府为实施主体，其实施对象主要为村民。四川省苍溪县的牵头实施主体则为县纪委，实施对象主要为村民。

（二）诚信守法信息收集过程中对当事人权利保障程度不同

各地在诚信信息的收集过程中，均注重对当事人权利的保障，但保障措施上存在比较明显的差异。总体而言，五峰县在制度上更为健全。在《五峰土家族自治县公民诚信守法档案建设工作实施方案》的工作原则中，明确规定了"依法依规，法德并举"的工作原则，即要求严格依照法律法规、政策规定以及村规民约，科学界定守法诚信和违法失信行为，科学设计守法诚信档案管理制度，遵守正当程序原则，保护当事人的合法权益。在《五峰土家族自治县公民诚信守法档案建设工作实施细则》第四条中，明确规定公民诚信守法档案所记录的行为系建档之日起及以后该户成员发生的诚信守法和失信违法行为，这一规定遵循了"法不溯及既往"的精神。在第五条和第六条中，明确界定了诚信守法行为和失信违法行为的具体内容，在第十条明确规定了公民本人可以查询公民诚信守法信息，以及具体的查询规则，并明确规定公民需要查询他人诚信守法档案信息的,应提交身份证和有关材料,由乡镇信息中心征求被查询人意见,经被查询人同意后并签订《保密承诺书》方可查询。前述制度还通过《公民诚信守法档案信息采集制度》《公民诚信守法档案信息甄别录入制度》《公民诚信守法档案管理制度》《公民诚信守法档案动态管理制度》《公民诚信守法档案利用制度》进一步予以细化。

龙门县龙田镇在《龙田镇农户诚信守法档案管理制度》(龙田委〔2011〕40号)第七条至第十一条中分别规定了如下内容,即由农户诚信守法档案管理办公室负责全镇诚信守法档案制度的实施管理,并由专人负责信息的归集、录入、分析、更新、维护并按保密规定披露和使用相关信息,配合其他相关部门对村民诚信守法行为进行合理评价。还要求村民及村干部应对上报的诚信守法信息资料的真实性和合法性负责。对记入诚信守法档案数据库的内容必须经村党支部书记或主任、驻村队长、驻村领导签字确认。农户有充分证据证明诚信守法档案数据库的信息存在错误的,可向村委会提出书面申请,经村委会根据调查核实情况,报镇农信办审定后,由农信办在3个工作日内书面回复当事人。农户诚信守法等级评定结果必须在村委会、各村民小组进行公示,公示时间为5天,公开投诉监督电话,村民对评定结果如有异议,可在公示期内向镇考评办书面提出。尽管该镇在《村民诚信守法行为规范》对于哪些诚信守法行为和失信违法行为属于评价范围作出了规定,但这些规定中诸多内容由镇委、镇政府直接规定的合法性与合理性还有待进一步研究,五峰县对于法律之外的规定则通过村规民约形式,由村民集体表决通过后实施的方式更加具有正当性。另外,他人查询公民诚信守法信息的程序规定也不如五峰县规定得明确具体。

云阳县在《云阳县诚信信息管理办法(试行)》(云阳委办发〔2012〕66号)的"用户管理"中,明确规定了四个等级用户之间的权限,如未经县诚信办批准,各级用户不得修改用户基本信息,以及规定用户信息不能删除的做法有助于保护公民的权利。同时,还规定了公民本人可以查询本人信息,并要求对采集的诚信信息应保留原始记录,不得丢失、损毁、涂改,一年一归档,保存时间不得低于十年。还规定如果诚信主体认为诚信信息有误、存在争议时,由该诚信主体作为申请人,持有效证件向录入单位提出书面核查申请。并在《司法公信系统诚信信息采集录入细则》《政务诚信系统诚信信息采集录入细则》《商务诚信系统诚信信息采集录入细则》《金融诚信系统诚信信息采集录入细则》《公民道德诚信系统诚信信息采集录入细则》五个文件中规定了涉及公民个人的诚信守法信息和失信违法行为信息，这有利于公民诚信守法档案建设工作的推进，但由于该县诚信信息管理涉及五大领域，其涉及公民诚信守法信息的针对性明显不足，尤其是对村民诚信守法和失信违法行为界定的针对性方面。

《南安市诚信"红黑榜"发布制度（试行）》在该项工作开展的基本原则上，也明确提出"依法依规，保护权益"的原则，要求必须坚持"谁提供、谁负责，谁发布、谁负责"，严格依照法律法规和政策规定，科学界定守信和失信行为，在确保市场主体正当合法权益的基础上，实施守信联合激励和失信联合惩戒。但详细的规定则显得不够细致。

广平县规定农户诚信档案记载的具体内容包括遵纪守法情况、金融信贷消费情况、履行义务工及参加公益活动情况、子女教育情况四个方面的内容，应该说包括了公民诚信信息的主要方面，但与五峰县的规定进行比较，对于公民诚信守法信息和失信违法信息涉及范围归纳的准确性方面还存在比较明显的欠缺。在档案查阅使用方面，该县规定单位或个人查阅档案需经乡镇批准后，方可查阅使用，同时档案管理人员要登记查阅者的单位、姓名。在具体的查询程序上和对当事人隐私保护方面还有较大的改进空间。

宁津县在此制度实施过程中，对公民权利的保护主要是就防止篡改公民诚信守法和失信违法行为信息进行了较为明确且严格的规定，其他方面的规定还不太周全。如规定县诚信管理系统涉及的50多个部门和乡镇都只有录入和查询功能，并不能改动或删除。要删掉一条记录，需要操作员、当事双方、诚信办主任、分管县级领导、县委书记同时签字确认，并上传视频和签字，经过公示方可修改。黑龙江省杜尔伯特县一心乡、重庆市城口县修齐镇、四川省苍溪县在这方面的制度还存在明显的欠缺，甚至是空白。

（三）奖惩方式及奖惩力度不同

《五峰土家族自治县公民诚信守法档案建设工作实施细则》在第十二

条和第十三条分别明确规定了建立诚信守法褒奖机制和失信违法惩戒机制。如该细则规定：公民诚信守法以户为单位进行星级评定，星级户分为三星户、两星户和一星户；县级人民政府制定《诚信守法星级评定标准》，实行量化、动态管理；被评定为三星户的，由政府张榜公布并授予牌匾，并探索建立奖励政策。对失信违法行为实行黑点标记和红黄灯警示制度，对受到刑事处罚的失信违法行为给予红灯警示，对违反行政处罚的给予黄灯警示。因抢险救灾、扶贫帮困、见义勇为、奉献社会等诚信守法行为受到表彰的，可根据具体情形抵消失信违法记录。该细则还规定，诚信守法档案信息可作为公务员录用、企事业单位聘用、征兵、评先树优、行政许可、信贷、入党、村级社会保障福利等的重要参考，由各相关单位自主决定考量。在该县的典型案例中，公民诚信守法信息也的确被广泛用于招工、征兵、信贷领域。在《公民诚信守法档案信息动态管理制度》中明确规定，对于保持5年荣誉的一星户、两星户可以分别直接升级为两星户、三星户。星级户如有失信违法被标记一黑点以上的，取消星级户资格。星级户优先享受法律、政策和村（居）规民约规定的各项待遇和优惠，星级户之间按星级享有优先权。对受到刑事刑罚的犯罪行为，标记为三黑点；受到行政处罚的违法行为，标记为二黑点；违反村（居）规民约的行为，标记为一黑点。同时，五峰县为促进失信违法行为人遵纪守法，还建立了失信违法记录销号管理制度，如规定受到刑事刑罚的犯罪行为自结束之日起被记录经过五年的，且没有新的失信违法记录的，直接消除黑点记录。还规定公民的诚信守法记录可以抵消已有的失信违法记录，具体办法是一条第一层级的诚信守法行为可抵消一个黑点，两条第二层级的诚信守法行为可抵消一个黑点，三条第三层级的诚信守法行为可抵消一个黑点。①

龙门县龙田镇在《龙田镇诚信守法户评分标准》中对考核项目赋予

---

① 根据五峰县《公民诚信守法档案信息甄别录入制度》的规定，三个层级的诚信守法行为分别是：第一层级：受到县级及以上国家机关发文表彰表扬的，在有较大影响力媒体上报道的；第二层级：受到乡镇一级国家机关发文表彰表扬的，或在同级媒体上报道的；第三层级：诚信守法行为在群众中广为传颂、赞扬，经村（居）委会领导班子集体讨论，确定表彰表扬的或村（居）民代表评议赞扬的。

了相应的分值，对失信违法行为也明确规定了相应的扣分标准，如其明确规定如果违反计划生育、殡葬管理、刑事案件三项内容的，将一票否决星级户评定资格；如果违反土地占用、欠贷骗贷、骗取补助、家庭暴力、制假售假、赌博偷盗、缠访闹访、虐待老幼等内容，其规定只要违反其中一项扣10分。如有见义勇为被镇级以上政府认可，积极参加公益事业，获得市、县、镇政府表彰等突出表现的，则可以根据档次各项奖励3—10分。对"诚信守法户"和"诚信守法先进户"，由镇委、镇政府对获评为"诚信守法户"的农户授予牌匾，在惠农助农、科技指导、入党入伍、致富项目、就业创业等方面给予优先照顾；对于获评"诚信守法先进户"的农户，在享受"诚信守法户"同等待遇的基础上，在城乡居民医保或农村养老保险方面给予一定的奖励。

广平县在农户诚信档案建设工作推进过程中，也明确规定了奖惩机制。为倡导诚实守信，规范信用激励约束机制，该县规定农户诚信信息连续两年保持良好的农户可以直接晋升为十星级文明生态户和诚信户，并按照《广平县诚信万户行实施意见》颁发《诚信手册》，从医疗卫生、信贷等方面给予优惠。凡农户家庭任何成员出现失信行为并被登记入档的一律取消"十星级文明户""诚信户"称号及相应优惠政策。

云阳县制定《诚信信息等级评定办法》，建立完善"守信激励、失信惩戒"的奖惩机制，促进诚信信息适用工作制度化。将诚信信用等级评定纳入政审考察、资格审核、证照审核和政策性扶持、救助等4个大类28个具体项目的范围。如对诚信主体给予公示通报，开通事务绿色通道，减免税务，颁发奖证奖金，提高信贷额度等奖励；对失信主体实施公布"黑名单""不良记录"，各适用主体按照有关法律法规和本部门、本行业的要求，按照相关程序研究后，对诚信信息结果进行运用。云阳县还制定了《村（居）民自我管理诚信道德评定记录办法》和《"8+X"星级评定标准》，村（社区）根据诚信道德档案日常记录情况，让不道德者在生活中付出应有的代价，加大结果运用力度，组织群众民主评出"十佳诚信公民""十佳信用文明户""十佳和谐邻里户""十佳家庭和睦户""十佳孝子"等道德模范称号，扩大道德档案影响力。云阳县各村（社区）根据群众日常表现情况，按"八星"标准，组织群众民主评选，同时将道德诚信与金融支持结合起来，重庆银行与云阳县签订了道德诚信户无抵押担保"农户诚信贷"。

宁津县在诚信档案的操作模式上，每个人都有 99 分的诚信默认分值，但没有星级。只有做了好事、有加分内容时才能逐步加分，5 分一个档，每个档代表一个星级，每年加分不能超过 5 分，或连续两年保持同一星级，第三年就会自动升级。星级诚信户在一些领域享受优惠。如县诚信办和县里的银行都签订了协议，有星级的诚信户按照诚信级别贷款利率会有一定程度的优惠。根据政策规定，星级"诚信个人"可享受当期执行利率 3 个百分点的优惠，每增加一个星级，即可相应增加 3 个百分点的贷款利率优惠，当"诚信个人"遭受自然灾害时，优先享受抗灾救灾资金支持，并在贷款额度、贷款利率或还款期限上给予特殊优惠。除了贷款，县诚信办还与县里一部分房地产开发商签订了协议，星级诚信户购买房子时会有一定程度的优惠。"诚信个人"因重大疾病在县人民医院住院，总治疗费用在 1 万元以上的，除去新农合、城镇医疗保险、职工医疗保险等报销部分，剩余部分根据诚信等级享受医药费优惠。

重庆市城口县修齐镇推出的《修齐镇诚信档案评分标准》，将不履行赡养义务、不爱护环境卫生、无理取闹、歪曲事实、传播谣言等不文明行为纳入诚信档案。该镇"将诚信积分与集体经济分红比例、脱贫光荣户、卫生光荣户等挂钩"，让失信的人得不偿失。苍溪县纪委以户为单位造册建立村民"道德诚信档案"，按月扣分公示，年度统计汇总。将计分结果作为评选"廉洁文化大院"的重要依据，在惠农项目、困难补贴、低保评定等方面给予优先考虑。该县在村里评低保时将符合条件的农户列出来，按照"道德诚信档案"得分高低取舍，干部省事，群众没意见。在安排生猪项目时，也是按"道德诚信档案"管理办法对被评为"廉洁文化大院"的农户给予了倾斜，使村民对得分都很重视。

（四）列入公民诚信档案信息的内容有差异

为了避免后续争议的产生，五峰县在《五峰土家族自治县公民诚信守法档案建设工作实施细则》中对公民诚信守法和失信违法行为的类型进行了明确规定，根据该实施细则第五条的规定，档案所记录的诚信守法行为是指对社会有突出贡献及有重大影响的好人好事、善事善举。包括爱国守法、诚实守信、勤俭自强、互助友善、尊老爱幼、和睦邻里、热心公益、崇尚科学、文明卫生等模范行为。

根据该实施细则第六条的规定,档案所记录的失信违法行为是指对社会他人有重大危害的违法乱纪、违反社会公序良俗的行为,包括履约失信、违法经营、拖欠工资、交通肇事、大操大办、非法上访、缠访闹访、信奉邪教、涉黄赌毒、滥砍滥伐、欺行霸市、争地霸界、恃强凌弱、不履行赡养抚养义务、家庭暴力、妨害施工、敲诈勒索、医闹、损害公益设施、非法阻路断水、妨碍执行公务、破坏环境等失信违法行为。并在《公民诚信守法档案信息采集制度》中明确了诚信守法行为和失信违法行为信息的来源。诚信守法行为的来源主要有四大方面,分别为:一是受到乡镇及以上有关机关发文表彰的;二是在各类有较大影响力媒体上报道,且经核实的;三是村(居)委会领导班子集体讨论确定表扬的;四是诚信守法行为在群众中广为传颂,通过村民代表评议公认的。失信违法行为的来源有三大类,分别为:一是犯罪行为:违反《中华人民共和国刑法》受到刑事处罚的;二是违法行为:违反法律法规,受到行政处罚的,或者经司法机关确认的失信违法行为;三是违反村规民约行为:违反村规民约,经村(居)民委员会、村(居)民代表大会讨论认定的,即认定为失信行为。

为了使公民诚信守法档案信息后续利用顺利进行,激发公民遵纪守法的积极性,五峰县在《公民诚信守法档案信息甄别录入制度》中还将诚信守法行为和失信违法行为分别分成三个层级。

龙门县龙田镇制定了《龙田镇农户诚信守法档案管理制度》中规定纳入农户诚信守法信息记录的内容主要有:受到各级党组织、政府部门及其他社会团体等部门的表彰、奖励情况;在精神文明和道德建设中表现突出的先进事迹;参加社会公益活动情况;遵纪守法、计划生育、信访、安全生产、殡葬管理、农村医保、讲诚信守信誉等方面的落实情况。按照2011年10月18日出台的《龙田镇开展"争创诚信守法先进户"活动的实施方案》的要求而制定的《村民诚信守法行为规范》中,将遵从党和政府领导、遵纪守法、积极履行村民义务、遵守社会公德和家庭美德、遵守市场规则与勤劳致富、遵守信用规定、遵守合同协议七大方面内容列为村民诚信守法行为规范规制的范围。《村民诚信守法行为规范》对七类行为进行了明确细化。如遵守法律法规方面，该规范要求村民应该自觉学习和遵守法律法规；自觉执行计划生育政策法规；严格遵守殡葬管理规定；按村庄规划要求，依法办理建房审批手续；遵守交通法规、不酒后驾车；不非法买卖集体土地；不盗砍滥伐林木、毁林开垦、乱占林地、不违反规定放火烧山；采取合法渠道逐级反映合法诉求，不组织、不参加非正常群体性上访、越级访、重复访；不非法猎捕、收购、经营野生保护动物；不乱占、抢占、超占宅基地和耕地；不参与邪教和黄、赌、毒活动；不抢夺、不偷盗；不打架斗殴、聚众闹事；不偷税漏税，不骗取农业补贴。又如在遵守市场规则方面，要求村民不欺行霸市、哄抬物价；不短斤少两；不将农产品以次充好，掺假出售；不强买强卖、骗买骗卖；不出售按照国家规定应当检验检疫而未检验检疫的产品；不出售农药超标的果蔬；不出售假冒伪劣或者过期失效、变质的农副产品；不出售法律法规禁止销售的其他农副产品。该镇的规定充分体现了该镇社会治理的重点内容，如该镇村民不遵守殡葬管理规定和不及时依法办理建房审批手续的情况较为突出，就将此点内容明确予以规定，反映了该镇的镇情，具有较强的针对性。

云阳县对公民诚信守法和失信违法行为的界定分别在《云阳县诚信信息管理办法（试行）》《司法公信系统诚信信息采集录入细则》《政务诚信系统诚信信息采集录入细则》《商务诚信系统诚信信息采集录入细则》《金融诚信系统诚信信息采集录入细则》《公民道德诚信系统诚信信息采集录入细则》中，对于公民诚信守法信息主要包括司法公信系统诚信信息（具体为见义勇为信息、其他需要录入的司法诚信信息）、政务诚信系统诚信信息（具体包括表彰奖励信息、其他需要录入的政务诚信信息）、商务诚信系统诚信信息（具体包括表彰奖励信息、其他需要录入的商务诚信信息）、公民道德诚信系统诚信信息（具体包括爱国守法、诚实守信、勤俭自强、互助友善、和睦邻里、热心公益、崇尚科学、文明卫生）。

对于公民失信违法信息主要包括司法公信系统诚信信息（具体包括行政处理信息、民事裁定信息、民事行政检察信息、刑事处罚信息、其他需要录入的违法犯罪行为)、政务诚信系统诚信信息(具体包括违法违纪违规违章信息、违反管理规定信息、其他需要录入的政务诚信信息)、商务诚信系统诚信信息(具体包括行政处理方面信息、商业欺诈与贿赂信息、纳税方面信息、其他需要录入的商务诚信信息)、金融诚信系统诚信信息(具体包括拖延贷款信息、不履行司法判决信息、刑事处罚信息、其他金融负面信息)。从云阳县五大诚信体系整体上看，云阳诚信体系构建是比较全面的，但从公民诚信守法和失信违法行为的具体界定看，几大体系存在明显的交叉重叠，如对于行政处罚性质的信息，分别在司法公信系统、政务诚信系统、商务诚信系统中出现，这样不但会出现信息收集的重复，还容易出现认定标准不一致，为后续惩戒机制的落实带来障碍，还可能因为认定标准不统一影响到促进公民遵纪守法的积极性。

广平县诚信守法档案记录的内容包括四类情形，分别为：一是遵纪守法情况。包括遵守国家法律法规、遵守村规民约等。二是金融信贷消费情况。包括按期还贷还息，水费、电费按时缴纳等。三是履行义务工及参加公益活动情况。包括公民基本义务、捐献捐赠等。四是子女教育情况。包括家庭教育、子女就学、子女成才等。从具体内容上看，其分类较为简单，这样便于村民理解，但由于不太具体，操作起来容易产生争议。

南安市由于提出连续五年实施"诚信南安系列年"活动，其每年的工作重点存在差异，如2016年重点是政务服务、质量品牌、生产环境、项目投资、工程管理、商服市场、电子商务、金融环境、公共服务、执法司法等十个重点领域的诚信建设。2017年则聚焦四大领域，即以推进政务诚信建设为先导，全面推进商务环境、公共服务、司法公信等重点领域诚信建设。无论是2016年的10大重点领域，还是2017年的四大领域，在不同年份中的重点领域中哪些是诚信守法行为，哪些是失信违法行为缺乏较为明确的界定，这不但在很大程度上影响了制度的可操作性，还影响到诚信建设的连续性。

宁津县制定了《"诚信公职人员"标准100条》《"诚信村民"标准100条》《"诚信市民"标准100条》，这一做法根据公民不同的身份作出不同的要求，看起来更具有针对性，但三种身份各有100条标准，从现实情况来看，一个公民既是市民又是公职人员的可能性还是比较大的，这样使针对该公民的诚信要求变得很多，极大地影响了可操作性。与此同时，两种身份面临不同的记录主体，不同记录主体之间的信息共享如何达成并充分发挥诚信档案的制约作用又成了一个需要解决的问题。

第五章

公民诚信守法档案制度建设的理论之问

我国多个地方对公民诚信守法档案制度进行了探索，总体而言，这种探索取得了较好的成效，但从前面的介绍可知，关于公民诚信体系的建设中还有诸多问题值得进一步探索，本章试图以前文各地就公民诚信守法档案探索情况为基础，就各地在公民诚信守法档案探索的动力、公民诚信守法档案建设经验推广、公民诚信守法档案建设的未来等几方面进行分析。

第一节 探索公民诚信守法档案制度的动力

各地不约而同地探索公民诚信守法档案的情况表明，这绝非各地政府一时的冲动，其动力机制到底是什么需要我们认真进行梳理。通过认真分析，我们认为这不仅是中央有明确的政策要求，更是我国城乡社会发展带来的乡村社会过疏化、城乡接合部的碎片化和城市社会过密化的"三化"状态迫使各地不断提升社会治理水平的必然要求。

一 党中央对诚信建设有明确的政策要求

党的十七届六中全会强调，"把诚信建设摆在突出位置，大力加强政务诚信、商务诚信、社会诚信和司法公信建设"。党的十八大明确提出了"深入开展道德领域突出问题专项教育和治理，加强政务诚信、商务诚信、社会诚信和司法公信建设"的战略任务。2014年1月15日,国务院常务会议通过了《社会信用体系建设规划纲要(2014—2020年)》将加快推进政务诚信、商务诚信、社会诚信、司法公信建设。在国家发改委和中国人民银行的牵头下,由国家信用体系建设联席会议各成员单位编制完成的《社会信用体系建设规划纲要(2014—2020)》中,将国家层面的社会信用体系建设的相关工作分解为2014年6月前、2015年、2017年三个阶段,每一项工作都明确了牵头与配合的中央部委,权责清晰。这表明党中央、国务院当时已将社会诚信体系建设纳入重要工作日程。党的十八届四中全会作出了《中共中央关于全面推进依法治国若干重大问题的决定》。决定指出,"加强社会诚信建设,健全公民和组织守法信用记录,完善守法诚信褒奖机制和违法失信行为惩戒机制。使学法守法成为全体公民共同追求的自觉行动"。国务院于2016年5月30日出台了《关于建立完善守信联合激励和失信联合惩戒制度 加快推进社会诚信建设的指导意见》,就加快诚信社会建设作了具体部署。因而,开展诚信守法档案建设工作,是贯彻落实党和国家重大决策,讲政治、有信念,保证政令畅通的具体行动。

二 各地"三化"现象带来的社会治理需求

改革开放以来,各地经济社会发生了巨大的变化,按照田毅鹏教授等的观点,各地经济社会在获得快速发展的同时,也随之出现了乡村的过疏化、城乡接合部的"碎片化"、城市的过密化的"三化"现象,三种社会样态分别在各地的农村、城乡接合部和县城得以出现。本部分首先以五峰县为例进行简要分析。

(一)乡村社会的"过疏化"

具体而言,五峰县农村"过疏化"主要有以下特点。①

1. 由人口剧减而导致的村落空心化。伴随城乡二元体制的松动,在城市拉力和农村推力的共同作用下,城乡系统之间的要素流动加快,农

---

① 本部分的观点主要参考田毅鹏教授的有关观点,详见田毅鹏、徐春丽《新时期中国城乡"社会样态"的变迁与治理转型》,《中国特色社会主义研究》2015年第2期。

村要素向城市大规模转移。首先是产业。随着产业结构的升级，乡村工业衰落，新兴产业逐步向五峰县城聚集。其次是人口。大量青壮年外出务工，农业劳动力向五峰县城及宜昌市乃至沿海城市迁移。再次是住房和土地。一些村落一半以上的住房和土地闲置，村庄变得萧条和缺乏人气。最后是公共物品和组织。公共设施瘫痪，公共事务少有人问津，村庄组织涣散。

2. 由主体缺场而导致的关系疏离化。大量青壮年劳动力长期外出务工，在原来乡土社会的长期"缺场"，出现了非常明显的"村还在，民已不在"的状态。[①] 大量外出务工的主体逐渐成为村庄里"最熟悉的陌生人"，而且使原有的乡土伦理和乡土逻辑被打破，过疏村庄里社会关系间断。首先是代际关系的断裂。以往亲子之间的交流被时空距离阻断，以往几代同堂和子孙满堂的家庭生活方式几乎成为不可能。其次是家庭关系紧张。家庭成员长期异地生活，使矛盾加剧，离婚率不断上升。最后是邻里关系疏远。繁荣热闹互帮互助的乡邻交往和礼尚往来日渐被"人烟稀少、民罕往来"所替代。可见，村庄的过疏化，冲击的不仅是外在村落形态的变化，而且是整个以血缘、亲缘、地缘为纽带的乡土社会关系网络的改变，是整个村落社会支持体系和各种社会仪式的瓦解，是整个村落传统所承载的价值观念和文化认同的间断。

3. 阶层和群体的单一化。市场和城市的力量催生了农村社会阶层的多元化，同时也将农村社会中的实力阶层逐渐吸引到城市，使阶层单一化成为过疏化乡村的又一表征。从人员构成上看，老人、妇女、儿童成为主体，老龄化趋势明显且空巢老人问题突出；从职业构成上看，农业生产依然是主业且收入较低；从文化构成上看，留守人员学历层次低，甚至是文盲和半文盲；从地位和声望看，老年人被边缘化，乡土社会的"长老统治"已成为过去。由此，过疏化乡村，已经十分明显地影响到乡村社会发展的活力。

4. 乡村组织弱化与崩坏。卷入城市化浪潮的"村庄能人"和青壮年，

---

① 骆东平、汪燕：《从村规民约的嬗变看乡村社会治理的困境及路径选择——基于鄂西地区三个村庄的实证调研》，《湖北民族学院学报》（哲学社会科学版）2016年第2期。

要么在城市安居，要么在"半城市化"的途中，不愿意再回到农村，于是村落社会组织结构的弱化崩坏亦成为必然。村两委组织成员老化断层，村干部与村民间的联系弱化，村庄集体意识减退，协作能力下降。村民对选举漠不关心，对自治也毫无兴趣，过疏村庄公共性明显衰退。村民在面临利益之争时少了彼此谦让，更多的是"寸土必争"，进而增大了发生冲突的可能性，增大了矛盾化解难度。就是说，村庄内部纠纷也越来越难以通过内生的公共力量来解决。当代中国城市化、市场化背景下乡村壮年劳动力大量流失的直接后果，是乡村组织的衰败和村庄公共性的萎缩。过疏化村落诸多难题的存在，决定了过疏化乡村的终结不是一朝一夕，它将是中国社会长期存在的一种社会样态。

（二）城乡接合部的"碎片化"

相对城市而言，城乡接合部是城市扩张的后备力量；对农村而言，它是通往城市之路，是农民工城市化的落脚点，社会边缘人群的栖居地。城乡经济结构、城乡基础设施和城乡生活方式的并存互动，使城乡接合部成为传统性与现代性、城市与农村交织得最为明显、最为复杂的地带。这里人口结构复杂，利益冲突明显，独特而复杂的社会样态使其成为社会治理领域最为棘手的地域空间，五峰县也不例外，其主要特点表现在如下方面。

1. 空间结构的错乱衰败。城乡接合部的独特性首先来自外部景观，该区域的房屋呈条状、块状、点状杂乱无序的堆砌分布。这样的状态更容易满足外来人口降低生活成本的需求，也可以满足本地居民通过收取房租实现效益最大化的需求。空间结构的错乱衰败，折射出城乡接合部现存的社会关系状态，折射出当地政府、市场和村民之间的力量博弈。空间的无序占有和再生产是典型的城乡接合部内社会各主体行动策略选择的结果。对于本地村民来说，空间已不仅是居住和生活的场所，而是充满了利益的"摇钱树"，可以换取最大的经济回报；对于外来人口而言，他们对城乡接合部的空间感知也不是亲切的栖息家园，而仅仅是一个无须建设和理会的容身之所；对于政府来讲，城乡接合部只是计划开发但尚未进行的空间，因此疏于管理，整合较为滞后。

2. 关系结构的疏离与区隔。城乡接合部人口结构复杂，外来人口大量涌入，数量往往是原住村民的几倍甚至几十倍，人口结构倒挂。各种不同职业类型、不同生活方式、不同价值观念、不同需求以及不同心理文化素质的人群杂居共存，传统型均质社区被打破，熟人社会瓦解，异乡的陌生人流动不息。作为利益和文化心理共同体的社区日渐弱化，原子化的个体之间的社会联结愈发脆弱，本地村民与村民之间的互动关系，多是为了经济利益而进行的抗争与合作；本地村民与外来人口之间互不干涉，彼此之间克制而冷漠；外来人口之间隐退自我，各自保全。整个城乡接合部的社会关系结构呈现出隔离化的特征。城乡接合部的人群来自不同地域，生活具有较强的流动性和不确定性，这种结构属性和心理认知决定了彼此之间亲密而深入的社会交往很难延续。缺少了长期居住的心理预期，缺少了公共空间交往的平台，又缺少了原有血缘、亲缘和业缘关系的纽带，城乡接合部的社会交往和社会关系的再生产，从心理到载体都失去了发生的可能和基础。城乡接合部这种社会关系结构的疏离、社区共享感的缺乏，使城乡接合部成为社会问题的重灾区，社会失范的典型地域。

3. 弱势群体辐辏。阶层分化本身也是空间分化的过程。"人们的社会地位及其所拥有资源将最终决定他们以怎样的方式生活和工作在城市的哪些地点。"① 那些收入较多、资源较好、地位较高的群体自然向本区域中心城市——宜昌乃至沿海流动；而那些收入较低、技术水平不高的阶层自然向生活成本较低的地区流动，城乡接合部成为他们的首选之地。弱势群体的辐辏和精英的缺场，使城乡接合部呈现出有增长无实质发展的内卷化特征，甚至陷入底层固化、贫困文化循环的泥潭，难以自拔。弱势群体本最需要社会的救助和支持，但他们却生活在社会管理严重滞后和缺失的地域。

4. 组织结构的二元化。城乡接合部亦城亦乡的内在属性决定了其组织结构的二元性。基于现实社会治理的需求，城乡接合部常常采取

---

① ［美］安东尼·奥罗姆、陈向明著：《城市的世界——对地点的比较分析和历史分析》，曾茂娟、任远译，上海人民出版社2005年版，第72页。

村委会与居委会二元并存方式，这一做法在一定程度上缓解了城乡过渡中出现的问题，但也带来了上下体制不对接、资金不足、人员有限、管理缺位、村委会无力承担扩展的城市功能等新的挑战。在村和居之间的历时性二元转制问题还未理顺的同时，流动人口的加入，使城乡接合部又出现了本地人口和外来人口共存的另一个新的二元化问题。大多数村委会和居委会认为自己管理和服务的对象仅限于本地人口，故外来人口被当作游离于当地社会之外的特殊群体来对待，在社会身份、福利待遇上与本地居民相去甚远。可见，空间结构的错乱、社会关系的隔离、弱势群体的辐辏、组织结构的二元化使城乡接合部成为不同于城市和农村的独特的社会样态。尽管城乡接合部随时可能被城市扩张所吞噬，迅速消逝，但是新的城市扩张又会随时产生新的城乡接合部。所以对于新时期的中国而言，伴随城市化进程，城乡接合部将是长久存在的社会样态。

（三）都市社会的"过密化"

五峰县县城与我国其他城市发展一样，几乎都经历了一个"都市过密化"的演进过程。都市过密化不仅以其超强的辐射力带动经济社会快速发展，也带来一系列社会关系结构的变化，给城市社会管理者提出了严峻挑战。其主要特点为如下方面。

1. 空间结构的高密度。城市正像一块大磁铁，吸引着越来越多的人群和组织到此聚集。城市的过密往往带来的不仅是契机，还有浮华背后的风险。在大都市外部扩张和内部重组过程之中，人口结构的复杂化和社区类型的多样化带来的不仅是能源、空间、环境等物质方面的难以为继，还带来公众精神价值的困境。

2. 关系疏离的陌生人社会。在过密社会中，人们在物理空间已开始接近，但形体的接近并不能意味着社会意义上的接近。用涂尔干的概念来解释，就是物质密度即人口密度在拓展，而精神密度即个人融入公共生活的程度在下降。"大城市不是只比城镇大一些，比郊区更拥挤一些，从定义上看，它们之间最根本的区别是城市中充满了陌生人。在城市里任何人遇到的陌生人都比熟人要多……成功的城市区域的一个基本特征就是人们走在充满陌生人的街道上感到自己很安全……"①

3. 组织化与原子化并存。在单位社会走向终结的过程中，城市社会的组织结构开始分化，昔日由单位承载的社会服务、社会规范、诉求表达和文化共享等功能逐步向社区、社会团体和市场组织转移，总体上仍呈现出组织化特征，运行平稳。但城市的这种组织化并不完整，而是与原子化并存。主要表现在：首先，外观上组织化，实质疏离化。城市居民看似共处一个组织，共住一个社区，却常常形同陌路。其次，形式上组织化，实质上集体认同弱化。个体虽然生存于组织之中，但对组织缺乏"认同感"和"归属感"，缺少文化价值的共享，对公共生活参与不足，个人经常游离于公共世界之外。再次，行政领域组织化强，社会领域的自组织能力生长缓慢。随着城市居民生活方式和服务需求日趋多元，社区和政府的行政能力有限，急需社会"自下而上"组织起来自我服务自我管理。但我国社会团体先天不足，后天生长缓慢，使城市生活的组织化表现为一定领域的有限性。无组织的个体比弱组织化的个体生活更充满了不确定性，使社会运行充满风险，社会管理成本大大增加。组织化的意义在于给个体以社会身份和社会功能。过度的去组织化，将使社会凝聚力急速下降，社会失范迅速增加，社会整合变为不可能，社会管理亦将无从谈起。社会关系的原子化已然成为现代城市发展和管理的隐忧，如何组织化是城市社会管理必须应对的难题。

（四）"三化"现象促使各地探索公民诚信守法档案的具体表现

自 2015 年 8 月五峰县司法局针对新时期社会管理难度大、各类矛盾纠纷逐年上升、群众信访势头不减、学法用法意识不强，2017 年湖北省人民政府又发布了《湖北省人民政府关于建立完善守信联合激励和失信联合惩戒制度　加快推进社会诚信建设的实施意见》（鄂政发〔2017〕8 号）等文件，同时也为认真贯彻落实五峰县第十四次党代会、县九届一次人代会精神，五峰县司法局通过对渔洋关镇三板桥村探索创新村民自治取得可喜成效进行深入调研后，创新建立了"公民诚信守法档案"，旨

---

① ［荷］根特城市研究小组：《城市状态：当代大都市的空间、社区和本质》，中国水利水电出版社 2005 年版，第 138 页。

在依法依规运用激励和约束手段，构建公民、社会、政府共同参与的跨部门、跨领域的守法诚信联合激励和违法失信联合惩戒机制，全面增强公民诚信守法意识，为实施"五县"战略和实现"十三五"任务目标营造良好的法治环境。

广东省龙门县龙田镇近年来社会经济发展良好，宜居宜游，是该县的生态旅游强镇和工业强镇。但伴随着经济的发展，各类利益纠纷增多，违法违规现象抬头，例如政府禁止土葬，一些村民偏要土葬；违规建房、盗伐林木、打架斗殴、邻里和家庭纠纷等事件时有发生。特别是在土地征收、财产分配、政府各项补助等经济利益领域，一些村民漫天要价，很难调和。即各种利益关系变得复杂化，让原本淳朴的村庄风俗遭遇严峻挑战。这种道德失范、约束失准、信用失诚现象使当地干部维护稳定、促进和谐的工作压力空前加大，直感叹基层工作难做。龙田镇领导班子反思认为，问题的根子在不良风气和信任缺失方面，必须从根本上培养"诚信守法"的社会风气，重建村民与镇、村干部之间的信任基石，才是改变这种被动局面的根本出路。2009年，龙田镇在农村社会管理上大胆创新，首创"农户诚信守法档案管理制度"，并于2011年将其提炼升华为"争创诚信守法先进户活动"。通过制定《村民诚信守法行为规范》、以户为单位实施评选活动、增加社会激励等措施，规范、引导村民诚信守法。

河北省广平县于2009年开始建立"农户诚信档案"并提出以此为载体打造"诚信广平"，不是偶然的，而是在认真分析广平县当前社会主义道德建设中的主要矛盾、借鉴国内外信用体系建设经验的基础上，结合县情实际，经过理论思考做出的具体实践。随着人民群众提高生活质量、提高自身文化素质和思想道德素质的愿望日益强烈，十分渴望在一个诚信程度更高的社会环境中生产和生活。然而一些地方、企业、个人由于受到眼前利益的驱使，诚信缺失现象十分严重。诚信的缺失严重干扰了社会主义市场经济的正常运行，也给广大人民群众的生活带来了损失和不便。国家正在建立企业经济档案制度和个人信用体系，政府也支持各地正在进行的建立个人和企业信用体系的尝试，并把这项工作作为市场经济建设的基础性工作积极推动。《公民道德建设纲要》的颁布，更为各地建立区域性的信用体系铺平了道路。在这种大环境、大气候下，广平县"农户诚信档案"应运而生。建立"农户诚信档案"的目的是使诚信由原来单纯的道德教化这种软约束变为道德教化和社会激励约束机制相结合的量化调节，通过记载、公开这种形式，广大农民群众的日常行为成为信贷、参军入伍、外出务工以及婚姻家庭等方面的重要参考信息，最大限度地发挥社会压力作用。借助农户诚信档案这一社会信用评价体系，教育、倡导广大农民在诚实守信的基础上，规范信用激励约束机制，对诚信行为予以社会褒奖，对失信行为予以社会惩罚，真正做到自律与他律、内在约束与外在约束有机结合，增加失信者的失信成本，解决失信行为无力约束、无法惩罚的问题。"农户诚信档案"的建立是农村精神文明建设在工作手段和工作方式方法上的突破和创新，对推动诚信广平、诚信社会建设迈出了重要的一步，为构建和谐农村、和谐社会奠定了坚实的基石。

　　重庆市云阳县构建诚信体系的直接原因在于三峡移民问题给云阳县带来的社会矛盾化解难问题。举世瞩目的长江三峡百万大移民，被称为世界难题，云阳县动迁人口超过17万，相当于湖北省三峡移民的总和，一直以来各种社会矛盾交织，在"后三峡时代"群众诉求更是不断增加，对全县是一个严峻的考验。云阳县委、县政府充分认识到诚信是社会的基石，诚信缺失将直接影响当地社会稳定和文明进步。当下社会大环境的变革已经深刻地影响着云阳县社会矛盾的化解，尤其是移民问题涉及的诸多矛盾化解问题，少部分人为获取利益，各领域诚信危机现象愈演愈烈，几乎每个社会成员也都直接或间接感受到道德诚信缺失带来的伤害，社会诚信缺失问题已成为推进云阳县社会主义核心价值体系建设的重点和难点之一。为了顺利推进云阳县社会矛盾化解，构建和谐诚信云阳，实现经济社会同步快速发展，云阳县确立了以"司法公正促政务公信带社会诚信"的工作思路，从2012年开始探索开展以"司法公信、政务诚信、商务诚信、金融诚信、公民道德诚信"为主要内容的社会诚信体系建设。

第二节 公民诚信守法和失信违法行为
人名单制度的组织实施主体

诚信守法档案是各地基于乡村社会管理目的所设立的、记录行为人诚信守法行为和失信违法信息及相应信息的信息记载，载体形式通常表现为纸质档案或数据库。在乡村社会治理中推进诚信守法档案对于推进乡村社会治理体系和治理能力现代化具有重要意义。通过对诚信守法行为予以记录并给予适当的直接奖励，对违反法律规范或村规民约的人设置不良信息记录，并以一定方式向社会公布使其行为或权利受到限制的方式来完善现行治理。根据对公民诚信守法档案制度的考察可知，公民诚信守法档案的运用包括信息收集、作出列入决定、录入系统或公布、供人查询或直接实施奖惩等一系列环节，其奖惩措施部分由村（社区）直接实施，如对诚信守法行为进行信贷优惠、剥夺失信违法行为村级福利享受资格等，奖惩措施的另一部分实际上是由不特定的其他主体实施，如招工企业不录取失信违法行为人等。

作为一种新型治理方式，公民诚信守法档案具有融合事前预防和事后惩罚的特性，能有效弥补传统治理方式之不足，因而被很多地方探索运用。总体而言，诚信守法档案制度对于乡村社会中的诚信守法行为起到鼓励作用，对失信违法行为也起到了较好的约束作用。但因为规范缺失，该制度在实践中日渐暴露泛化与滥用的风险。为保障当事人和利益相关人的合法权益，促进乡村社会治理体系的完善和治理能力的不断提升，应该对这项制度予以完善和规制。一般而言，在公民诚信守法档案制度的运用中，由谁负责组织开展公民诚信守法档案建设工作、诚信信息采集、创建诚信守法档案的标准、创建诚信守法档案的责任和公布诚信守法档案等几大问题需要解决，[①] 其中最核心的是由谁负责组织开展公

[①] 关于公民诚信守法档案制度中关于诚信守法和失信违法行为人名单制度的构想主要受禹竹蕊教授关于行政黑名单制度有关思想的启发，详见禹竹蕊《行政黑名单制度如何助推社会诚信建设》，《法制日报》2019年12月11日。

民诚信守法档案建设工作，本部分将重点分析这一核心问题。

一 谁负责组织开展公民诚信守法档案建设工作

当前农村经济获得蓬勃发展，尤其是在乡村振兴战略实施以来，但形成鲜明对比的是农村治理状况不容乐观，已经陷入虚置化、离散化和空壳化的困境。如前文分析公民诚信守法档案建设的动力时分析的结果那样，农村治理面临的首要难题是农村内在凝聚力不足、农民对农村的归属感减弱和村庄共同体衰落等问题，这些问题使村庄变成了一个松散的治理单元，农民回归原子化状态，彼此的关联度减弱。面对广大农村地区社会变迁速度极快、村庄内聚力缺失的现状，完全依靠村庄内生力量实现乡村社会有效治理显然是不现实的，必须考虑适当借助外力，以外力激发村庄内生力量，以国家权力弥补乡土权力的孱弱。徐勇先生曾用"政权下乡"来概括现代国家对乡土社会的整合过程，认为这是"现代国家建构的重要任务"。中华人民共和国成立以后，基于特定时期的政治和经济目的，国家权力曾多次向农村延伸，不仅建立了严密的组织网络和权力体系，还以新的治理原则和手段取代了传统规约。尽管各个时期的嵌入效果不尽相同，却都展示了一个个鲜活的国家权力嵌入乡村治理的运作图景。

杨郁、刘彤认为，我国国家权力嵌入乡村有两个不同的阶段，新中国成立至改革开放之前为第一阶段，该阶段以强制式嵌入为主；始于家庭联产承包责任制以后的为第二阶段，该阶段以民主式嵌入为主。① 两个阶段的国家权力嵌入乡村均取得了显著的成效，但也有值得总结与反思的地方。如第二阶段中，随着我国经济社会的快速发展，农民开始注重个人利益，多元利益诉求便与国家控制农村的目的发生碰撞，再以严密的组织系统自上而下地控制农村只会带来"政权内卷化"、低效运行等后果。农村内生力量的彰显使国家权力不得不退让，既还权于农村，又还权于农民，大力推进村民自治，最终形成了"乡镇政府指导"下的村民

---

① 杨郁、刘彤：《国家权力的再嵌入：乡村振兴背景下村庄共同体再建的一种尝试》，《社会科学研究》2019年第5期。

自治。之所以形成这种模式，一方面是国家政权建设的需要，国家不能放弃对农村的控制，需要一个渠道保持与农村社会的联系，将国家政策、法律制度施行于农村，推进涵盖农村在内的整体国家发展，同时适时运用国家权力规范自治权的运作，以防治腐败保障农民权利不受侵犯。另一方面是资源供给的需要。国家具有资源上的优势，在大多数村庄集体经济贫瘠且难以维持村庄日常管理的现状下，国家供给便成为主要的资源来源，国家已由过去的资源汲取转换成对农村的资源供给。很多村庄大到修路、修水渠，小到村干部的补贴发放全部依靠乡镇的转移支付，可见国家权力嵌入有其合理性和必要性。尤其是随着农村社会的原子化与异质化程度不断加深，乡村社会治理将面临更多的问题和阻力，这些都需要国家权力进行综合、全面的系统安排，并运用权力的整合功能推动乡村社会治理目标的实现。

由于诚信守法档案制度会对失信违法行为人的权益造成克减，即公民诚信守法档案的建立将直接影响到被采集对象的切身利益，为了保障该制度建立和运行的公正，由人民政府来负责实施就更为恰当。因为人民政府及其主管部门相对于公民、法人或其他组织而言，具有中立性，这样才能保证诚信守法档案制度实施中的公平。如果组织实施主体是一个营利性组织，譬如企业，那么它就有可能利用这一制度为其自身的竞争提供机会或条件。从实施主体的纵向层级看，应该是由乡镇一级以上的人民政府或者县级及以上人民政府及其主管部门来负责实施。因为公民诚信守法档案的内容设置具有一定的地域性特点，如果对于行政层级要求过高，其诚信守法行为和失信违法行为的设定就很难适应不同地域的实际需求，同时，对诚信守法行为的奖励和失信违法行为的惩戒措施设定也可能难以达成一致意见。

二 公民诚信守法档案建设的其他工作

在公民诚信守法档案建设工作中，除了明确负责组织实施该项工作的主体之外，还包括对诚信守法信息进行采集、创建诚信守法档案的标准、创建诚信守法档案的责任、公布诚信守法档案等几项重要的工作。

1. 对诚信守法信息进行采集。这个阶段，主要是有权机关依法对各种诚信守法信息进行收集。公民诚信守法档案推行的政府机关应该对失信违法信息的采集予以规范，确保有权机关做到依法采集，确保采集公平公正，坚决杜绝选择性采集。

2. 创建诚信守法档案的标准。并非所有诚信守法行为和失信违法行为信息都应该纳入诚信守法档案，依据比例原则，只有失信违法行为的社会危害性达到一定程度才能被纳入诚信守法档案。从各地现有探索情况来看，创建诚信守法档案的标准显然不够明确，导致实践中各地在具体把握上情况不一。我们认为，由于公民诚信守法档案中关于诚信守法行为和失信违法行为具有一定的地域性特点，建议以县级行政区域为基本单元明确界定纳入诚信守法档案的判断标准，既有利于预防诚信守法档案制度泛化和滥用，也有利于增强该制度的实效性。

3. 创建诚信守法档案的责任。诚信守法档案一旦建立，不但会成为对失信违法行为人实施惩戒的依据，还会向社会公开，势必对失信违法行为人带来一系列不利的后果。因此，如果有权机关违背既定程序创建的诚信守法档案出现失误，给失信违法行为人甚至利益相关人造成不当损害，根据信赖保护原则，有权机关应当承担相应的责任。由于该制度处于探索实施阶段，从人力、物力等各方面的保障角度考虑，结合五峰县、广平县、龙门县龙田镇等地的实践，各地均未对此作出明确的规定，这是公民诚信守法档案制度后续应该加以完善的地方。另外，还要赋予诚信守法行为人或失信违法行为人相应的救济途径，保障其合法权益。这在五峰县有相关制度的规定，如甄别小组对诚信信息甄别后，对相关当事人有通知义务，当事人也有申辩和申请撤销的权利。

4. 公布诚信守法档案。诚信守法档案一经创建就会向社会公布。公布的原因主要有两个：一是有权机关通过公布活动让失信违法行为人知晓自己已经"榜上有名"，便于其采取相应的补救措施，尽快履行法定义务，从而尽早被撤下"黑名单"。二是广而告之，在警示社会公众的同时让社会公众知晓诚信守法行为或违法行为人的失信违法信息，既保障公众的知情权和监督权，也便于公众做出正确的行为选择，抵御各种潜在风险（包括生命健康风险和交易风险），从而保障公众的人身权和财产权。

值得注意的是,面向全社会公布公民诚信守法档案,其实质是利用信息规制,与其他管理手段形成合力,共同促进公民个人自律,妥善地维护正常交易秩序、维护公平正义,有效治理诚信失范。尽管公布失信违法行为在一定程度上会对失信违法行为人的声誉造成影响,也会影响其潜在交易机会等,但公布是面向社会公众作出的,并非直接对失信违法行为人进行处置,不会直接产生、改变或消灭某种法律关系,也不会直接增加或减少失信违法行为人的权利和义务,因而不应该被视为惩罚措施,这仅仅是一种事实行为。

即便如此,也需要对诚信守法档案公布的内容作出限定,尤其要明确界定个人诚信守法信息和失信违法行为信息,诸如失信违法行为、违法情节、违法原因、违法动机、违法后果等与失信违法事实相关的信息原则上都应该予以公布,但个人信息尤其是个人敏感性信息一般不应该予以公布。此外,公布失信违法行为的程序也需要严格规制。比如,依据准确原则,正式公布之前应该有必经的审查程序、预先告知程序,并赋予失信违法行为人和利益相关人提出异议的程序性权利;公布之后应有更正程序,一旦发现失信违法信息有误,有权机关必须及时予以修正;还应建立补充公告程序,即对于公众比较关心的、社会影响较大的失信违法信息,在公布之后,有权机关还应对失信违法事实的演进情况、对失信违法行为人的处置措施和失信违法行为人的改正纠错情况等予以公布。五峰县对此作了较为完善的规定,制定了专门的《公民诚信守法档案信息甄别录入制度》,以充分保护当事人的合法权益。

需要说明的是,诚信守法档案制度本身并不是一种惩戒措施。有权机关将违法行为人及其违法信息纳入诚信守法档案,只是为了建立相应的档案信息,是要对被列入名单的失信违法行为人加强管理。对失信违法行为进行惩戒是应该的,只不过惩戒措施并不必然与诚信守法档案制度挂钩。至于允许将诚信守法档案信息供其他机关和个人查询,目的是与之共同实施联合惩戒措施,往往因为行为人的失信违法行为涉及多个部门或他人利益,应该由多个部门根据自己的现实需要依法作出决定。

第三节　公民诚信守法档案以"户"为建档单元的正当性分析

习近平同志强调："一个国家选择什么样的治理体系，是由这个国家的历史传承、文化传统、经济社会发展水平决定的，是由这个国家的人民决定的。"① 在长期的历史进程中，中国国家治理结构是以"家"为基点的国家横向治理结构和以"户"为基点的国家纵向治理结构的有机结合。② 这种治理结构是在我国历史传承、文化传统、经济社会发展的基础上长期发展、渐进改进、内生性演化的结果。

一　传统中国以"家户"为基点的国家治理结构分析

家庭是社会的基本细胞，是最基础的社会组织形态。家庭是基于特定的婚姻、血缘或收养等最为基本的人类社会关系而建立起来的初级社会组织形态。在我国传统社会中，家庭不仅一直被看成道德秩序的基础，还被看成社会秩序的基本单位。这种观念形成了传统中国以"家户"为基点构建国家横向与纵向治理结构的基础。

（一）中国以"家"为基点的国家横向治理结构

中国国家纵横治理结构的根基来自与国家纵横治理相伴始终的家户制度。人类社会第一个历史活动是生产满足自己衣食住行的物质资料，而家庭是满足基本生活需要的最初形式，也构成人类最初的社会关系，其他社会关系都是从"家"这一关系延伸出来的。在国家治理方面表现为"齐家治国平天下"的前后继替，将"家"作为国家治理的基础。基于传统"集家成国"的演化逻辑，中国以"家"为基点形成三层的治理结构，最基本的是"家治"，即以家庭为单位形成的治理；其次是"族

---

① 习近平：《完善和发展中国特色社会主义制度　推进国家治理体系和治理能力现代化》，《人民日报》2014年2月18日。

② 本书关于家户制对我国传统和现代社会治理的深刻影响参见任路《"家"与"户"：中国国家纵横治理结构的社会基础——基于"深度中国调查"材料的认识》，《政治学研究》2018年第8期。

治",即扩大的家,是指宗族范围内的治理;最后是"村治",即村落空间内依靠家庭自身力量形成的治理。

1. 家治。家庭是核心的自治单元,因为家庭是农民生产生活的基本单元,由此产生一系列的家务活动,即"家事"。家事由家庭自主处理,并不需要也不愿意受到外来力量的干预,如何处理家事则构成家治的重要内容。家长居于治家的核心地位,家庭可以说是一个小型"政府",家长为统治者和支配者。① 当然,家长治家除了硬性的个人权威外,还依靠软性的以礼法为基础的家规家训。家庭是一个由于时间序列不同而形成的纵向组织单位,由此形成家庭内部的老人权威和长幼有序的秩序。这种权威和秩序是内生的,并内化于家庭成员的精神之中,具有强大的自治力量。② 在家庭当中,人一出生便受到伦理道德的规训,并逐步内化为自己的观念与行为。在文化的意义上,以儒家文化为载体的观念秩序深入家庭意识的各个层次,并成为家庭意识的核心内容。当社会意识成为家庭意识,社会秩序便被当作家庭秩序来看待,家庭秩序从而构成所有秩序的出发点。

2. 族治。家庭起初是唯一的社会关系,后来,当需要增加产生新的社会关系,而人口的增多又产生新的需要的时候,家庭便成为从属的关系了。③ 沿着血缘关系的伸展,家庭最先从属于家族或宗族,即扩大的家。不过,家族不常干涉家庭内部的事务,其重点放在家务事以外。当单个的贫困家庭很难向政府机构求助(特殊情况除外)时,他们就不可能回避或抵制宗族势力的影响。④ 所以,宗族的自我治理是建立在"家"的基础上,是家治的延伸与拓展。

3. 村治。自由、独立的小农家庭构成中国村落社会的内核,是村落

---

① 潘允康:《家庭社会学》,中国审计出版社、中国社会出版社2002年版,第55页。
② 徐勇:《中国家户制传统与农村发展道路——以俄国、印度的村社传统为参照》,《中国社会科学》2013年第8期。
③ 《马克思恩格斯选集》,第1卷,人民出版社2012年版,第159页。
④ [美]威廉·J. 古德:《家庭》,魏章玲译,社会科学文献出版社1986年版,第167页。

社会存在的根基。① 出于社会动乱、人口迁移与增长等原因，小农从最初的家庭、宗族等血缘关系过渡到邻里、村落等地缘关系。村落作为跨越血缘关系的地缘单位逐渐被人接受和认同。单个家庭或宗族在面对诸如共同安全、水利合作、生产互助等超出家庭与宗族能力范围的公共问题的时候，必须在血缘单位之外建立新的地缘上的横向联系，来解决共同问题，满足共同的需求，进而形成跨越血缘的村落自治。共同安全是村落最基本的需求，除了共同安全，家庭在生产生活等诸多方面还存在众多的共同需求，尤其是水利、道路、集市等。在村落当中，有合村修塘堰、修道路、修村溪小桥、设渡以及设茶亭和凉亭等现象。当各家面临共同的困境的时候，村内的家庭之间互助合作，以此来救贫救急，如村中的各种结会、帮会等。

（二）中国以"户"为基点的国家纵向治理结构

在中国，基于"家"之上的"户"是国家纵向治理的基础。"家"是社会单位，"户"则是国家组织民众的政治单位，具有政治社会意义。② "户"源于秦汉以来国家对于小农社会的"编户齐民"政策，国家以共同居住为标准将家庭和个人划分为责任单元。与此同时，国家辅之以"以民治民"的保甲制，逐渐形成以"户"为基点的国家纵向治理结构。"户"遂成为国家治理的基本单元，是国家组织、社会治安、赋税征收、壮丁分配和临时差役的单位。依托于"户"的单位，国家将其行政影响延伸到县级以下，表明国家权力对民众的控制已渗透到个体家庭这一层次。③ 正是在这个意义上，称之为自上而下的纵向治理结构。

（三）家户一体：中国国家纵横治理结构的内在韧性

家户制传统之所以成为中国国家纵横治理结构的根基，不仅在于"家"与"户"两个单位的作用，更在于"户"是巧妙地建立在"家"之上。户主就是家长，通过编户而实现对于家的治理，实现了国家治理

---

① 徐勇：《中国家户制传统与农村发展道路——以俄国、印度的村社传统为参照》，《中国社会科学》2013年第8期。
② 徐勇：《中国家户制传统与农村发展道路——以俄国、印度的村社传统为参照》，《中国社会科学》2013年第8期。
③ 陆益龙：《户籍制度——控制与社会差别》，商务印书馆2003年版，第74页。

的基本单元和社会组织的基本单元的重叠,即"家户一体","家"和"户"两者结构上的同一性,是国家纵横治理结构有机衔接、保持韧性并能够长久延续的关键原因。"家"得以"立户",从而获得国家身份,国家也赋予家庭在一定地域内定居的权利,并对于其生产生活和生命财产给予必要的保障,比如从外地迁居落户定籍的家庭与原住的家庭一样在国家身份上是平等的"花户",与原住家庭享有同等的权利,包括人口繁衍、购买土地、从事农业生产、获得政府救济等。而"户"则在法律意义上清晰界定了"家"在国家治理中的权利。权利与责任是对应的,家庭以"户"的名义成为国家治理的单位,并承担相应的政治责任。因此,纳税、产权的支配、法律和秩序的维护,一直是家庭的责任而不是任何个人的责任。① 因而家庭的政治责任具有整体性和连带性,尤其是家人涉及治安、税费、争讼等问题的时候,都是以全家为负责任的单位。因此,"户"建立在"家"的基础上,国家的政治责任便内置于家庭之中,并且得到宗族和村落的配合与协助。家户一体维系着基层社会稳定,即所谓的"家正则国清"。基于"家"的自我治理,"非公事不入官门",大部分的社会纠纷是通过"无讼"的方式解决的,即依靠自生的惯例、道德评价和社会舆论等,在家庭或宗族内部消弭纠纷;借助于"投父兄""找话事人"等来断公平、论道理,形成礼治的秩序。按照"法出于礼"的原则,以官府为代表的行政权力并不主动干预,依然是"民不举官不究"。然而,对于不见于礼俗,也不容于国法的行为,家庭或宗族则会送官严惩,因此,族人既受到潜在习俗惯例的约束,又受到国法的制约,二者构成传统社会秩序的两个支柱。

二 "家户制"传统借鉴:公民诚信守法档案以"户"为建档单元的正当性基础

通过对传统中国国家治理结构的概括与梳理,可以为当前国家治理提供一些历史借鉴与现实思考。因为传统文化的持续性表现为强大的历史惯性深刻地影响着当下的国家治理,在推进中国国家治理现代化过程

---

① [英]莱芒·道逊:《中华帝国的文明》,金星男译,上海古籍出版社1994年版,第163页。

中不能回避"家户制"传统,而且传统不单单表现为"历史的惰性",还可以成为现代国家治理的资源,做到"与古为新"。

中华人民共和国成立以来,政权下乡、政党下乡等使国家权力向基层社会全面渗透,穿透村落、宗族和家庭,一直延伸到个人,每个人都能够感受到国家权力的存在,由此建立起从国家到个人的自上而下纵向到底的治理关系。事实上,后续的历史经验证明,单一的国家纵向治理尝试并不是很成功。中华人民共和国成立后到人民公社时期,国家对于基层社会的彻底改造,以及国家权力的全面渗透缺少足够的社会基础,以至于不得不依靠外部性的力量和政治运动来维持自上而下的行政渠道,最后不得不向家户治理传统妥协。① 随着家庭联产承包责任制的推行,原有的公社体制解体,国家权力上移到作为基层政权的乡镇一级,对于那些行政权力涉及不到或者不需涉及的地带,则通过基层群众自治来进行补位,在乡镇以下实行村民自治,逐渐形成"乡政村治"的治理结构,国家治理又重新回到纵横治理的轨道上来。

进入 21 世纪,中国的国家治理更离不开纵横治理结构,尤其是国家在推进城乡一体化和基本公共服务均等化的过程中,大量的惠农支农政策需要在基层落实,大量的公共服务需求产生于基层社会,只有在群众广泛参与下才能推动国家政策的落地和回应农民的公共需求。此时的国家纵横治理集中表现为如何实现政府治理与群众自治的有效衔接与良性互动。因此,我们不得不回到国家纵横结构的原型及其社会基础,重新审视家户制传统,特别是"家"与"户"在国家治理现代化中的作用。不可否认的是,如今的家户制度随着农村经济社会基础的变化正在发生深刻的变迁,家庭规模进一步缩小,家庭关系进一步平权,家庭功能进一步弱化。随着农业税的取消和城乡户籍制度改革的推进,"户"所承载的行政功能日益减少,构成家户制的两大单元发生功能性的变动,但是"家"作为基本的社会组织单位,"户"作为基本的行政管理单位并未改变,继续影响着当前的国家治理,也构成了未来国家治理的重要资源。

---

① 徐勇:《中国家户制传统与农村发展道路——以俄国、印度的村社传统为参照》,《中国社会科学》2013 年第 8 期。

五峰县、龙门县龙田镇、广平县等诸多地方以公民诚信守法档案为契机探索的基层社会治理实践表明,"家户制"传统在现代社会的乡村治理中能够较好地发挥其积极作用。建立在"家户制"传统基础上的公民诚信守法档案之所以能够发挥作用,其主要在于从以下几方面重视家户制传统的运用。①

首先,重拾了家户观念。与物质形态的家户制相比,处于社会文化形态的家户意识与行为规则已经渗透到整个社会意识当中。在短时间内,这些规则意识仍然构成中国农民行动的重要逻辑。家庭本位、家户观念、家庭利益等弥散在农民的思想和观念当中,或者说农民还习惯于家户作为单位来参与更为广泛的政治生活。因此,在政府治理和群众自治的过程中,对于农民的家户观念必须有充分的认识。如村民自治其实是基于家户的自治,村民自治原本的制度设计是一人一票,而实际上农民习惯于以户主为代表,形成户代表制。户代表也是政府治理的重要凭借,户内连带责任使户主能够有效监督户内成员行为,便于政府有效治理基层社会,减少政府治理成本。公民诚信守法档案制度设计中的"一人失信,全家受损"的惩戒措施就是很好地利用了家户观念的正向效应。对家户观念的重拾不仅在五峰县等探索公民诚信守法档案的地方取得了较好的效果,在同处鄂西地区的恩施州在社会治理中充分利用家户制传统,重拾了家户观念取得了较好的效果,其具体做法是利用当地人注重"面子观念"的特点,注重每户"法律明白人"的公开评选,将每户真正的"当家人"作为"法律明白人",不仅明显提升了法律普法效果,更有效地防止了人民调解中反悔现象的出现。

其次,重建了家户规则。基于亲缘关系之上的家庭是人类初级社会群体,在中国具有特殊重要的意义。家庭是人们的生活基础,国之本在家,国家治理的基础也在家,家规家教是国家治理的基础性秩序。因此,在政府治理和群众自治中要充分发挥家规家教的作用,收集整理和宣传家规家训,努力推动家风乡风建设,充分发挥家教、家传在教化人心、

---

① 任路:《"家"与"户":中国国家纵横治理结构的社会基础——基于"深度中国调查"材料的认识》,《政治学研究》2018年第8期。

以文化人方面的独特价值,将政府治理的目标和规则融入家规家教之中,将法治融入德治之中。在公民诚信守法行为和失信违法行为类型规范中,各地均将诸如"孝老爱亲、不履行赡养抚养义务、家庭暴力"之类的规则列入奖励或惩戒范围之类,重建了家户规则。

再次,重组了家户个体。在现代化过程中,农民经历"个体化"之后,成为一个无所依靠的原子化个人,由此带来了农村社会公共性的持续衰退甚至解体,基层群众自治空转,政府治理不得不面临高度原子化的农民,在处理农村公共事务过程中往往一筹莫展。因此,农民通过家户的传统组织资源可以实现公共性的再生产,实现个体化农民的组织化,比如建立家户之上的家族组织、邻里组织、村落组织等,以便与政府治理进行对接。在五峰县等地探索的公民诚信守法档案制度中,设计了以户为单位的星级户评定制度,并对评定为一定星级的家户进行奖励,就是充分利用村落组织的自治力量有效地实现了家户个体的重组。

最后,重拾了家户责任。家户是个人社会保障和安全的根基。随着服务型政府的建设,政府治理的重要目标是提供公共服务,满足农民的生产生活需要,但并不是所有的生产生活需要都需要由政府承担,政府只有有限的责任。在未来的公共服务供给中需要强调家庭的责任,比如面对农村老龄化问题,农村养老应当重视家庭赡养责任。在失信违法行为类型规范中,各地均将诸如"不履行赡养抚养义务"的规则列入奖励或惩戒范围之类,重拾了家户责任。

第四节　罪责自负理念与"一人失信,全家受损"制度的兼容性

在公民诚信守法档案制度构建中,容易让人产生疑义的一项制度是"一人失信,全家受损"制度。因为现代法治社会奉行罪责自负或者个人法律责任自负的理念,故在公民诚信守法档案制度中实行"一人失信,全家受损"是否会形成新时代的"连坐"制度,从而侵犯当事人的合法权利。本部分试图对罪责自负原则或者个人法律责任自负的理念与"一人失信,全家受损"制度的兼容性问题进行初步讨论。

一 罪责自负理念的简要发展历程

在原始社会，由于生产力和生产方式十分落后，生存环境极其恶劣，人们为了生存下来，都以氏族为单位过着群居的生活。氏族成员有接受整个氏族保护的权利，当然也有为他人提供保护和赔偿的义务。一个氏族的成员若是被另一个氏族的成员杀害或者伤害，整个氏族的成员都有为其报仇的义务；反之，加害方的整个氏族成员都对自己成员实施的杀害或者伤害行为负有赔偿的义务，这是团体责任的最原始的表现形态。团体责任在进入奴隶社会和封建社会之后有了不同的表现形式，即从缘坐、族刑等发展为"连坐"。随着"刑止于一身"思想在中国的传播，"连坐"制度失去了存活的土壤，存续了两千多年的"连坐"制度最终在清末修律时予以废除，即"缘坐各条，除知情者仍治罪外，余悉宽免"。①

近代以来，在国民党统治时期，出现了株连责任的又一表现形式——联保连坐制度，使许多无辜的群众深受其害。中华人民共和国成立初期，中央人民政府法制委员会制定了《中华人民共和国刑法指导原则（初稿）》，其中对共同犯罪做出了规定。从规定我们可以看出，在共同犯罪的刑事责任承担方式中，立法者已开始考虑到了罪行依照自己实施的犯罪行为承担刑事责任，而不是一味地负全部责任；1979年我国《刑法》虽然没有对"罪责自负"进行明确的阐述，但刑法本身的规定和学术界的主流观点已经认同了"罪责自负"这一基本原则，如学者认为"任何人不因他人的行为而受处罚"是对罪责自负的经典描述。即只有实施了犯罪行为的犯罪分子才能承担刑事责任，也就是说任何人只对自己而不对他人的犯罪行为承担刑事责任。②

"罪责自负"的确立根基主要有三：③ 一是清除封建刑法的余毒为"罪责自负"的确立提供了原因支撑，即为了防止悲剧再次重演，清除封

---

① 张晋藩：《中国法律的传统与近代转型》，法律出版社2005年版，第393页。
② 张明楷：《刑法格言的展开》，法律出版社1999年版，第81页。
③ 李秀娟：《罪责自负研究》，西南政法大学，硕士学位论文，2013年。

建刑法所带来的残毒和影响，使无辜的家属、朋友不再受到株连，"罪责自负"应该予以确立。二是尊重人权的需要为其确立提供了法治理念支撑，即"一个人，仅仅因为他是个人，而不是因为他的实际社会身份、能力状况等，就享有权利"。人权问题始终是一个世界性的问题，尊重、保护人权也是各国法律在积极追寻的目的。我国亦是如此。我国是社会主义法治国家，人权保护已经入宪，当下已经实施全面依法治国战略，并且社会主义刑法也是为了正确打击敌人、保护人民而设置。及时准确地查明案件事实，正确依据法律来惩罚犯罪分子，保障无辜之人不受刑事责罚是我国刑事法律的根本任务。三是法律责任专属性为其确立提供了归责根据。总体而言，法律责任尤其是刑事责任是由行为人因为实施违法犯罪行为而产生的，由国家司法机关依据法律规定对违法犯罪分子给予的否定性评价与谴责。法律责任具有专属的特性，法作为社会的最后一道保障线，其具有的强制力决定了有违法犯罪就应该自己担责，不可波及与违法犯罪行为无关的个人。由此可知，如果某人的行为构成犯罪后，其法律责任应该完全由犯罪行为人本人承担，不能波及其他人。

二 罪责自负理念与"一人失信，全家受损"制度兼容性分析

诚然，法治是现代社会治理中最重要的手段，但不是唯一的手段。无论是"罪责自负"原则，还是"个人责任"自负原则，其共同强调的是在法律领域内产生的法律责任应该由违法犯罪行为人自行承担，不应该波及其他人。就是说，"罪责自负"原则或"个人责任"自负原则其适用的领域为法律领域，尤其是禁止性法律规定的领域。罪责自负原则是否与"一人失信，全家受损"制度发生了根本性冲突呢？我们并不这样认为，这可以从"一人失信，全家受损"制度适用的领域、惩戒主体和惩戒措施三大方面进行分析。

（1）"一人失信，全家受损"制度适用非法律领域。首先，"一人失信，全家受损"制度不适用于禁止性法律规定的领域，即不涉及公民基本权利保护范畴，如享受国家法律保障的社会福利。如《五峰土家族自治县公民诚信守法档案建设工作实施细则》第十四条明确规定了诚信守法档案信息的适用范围为公务员录用、企事业单位聘用、征兵、评先树

优、信贷、入党、村级社会保障福利等领域。

（2）列入惩戒范围的内容由村规民约规定。由于人们对"一人失信，全家受损"制度的担忧主要来自其惩戒后果，故主要围绕与惩戒有关的内容进行分析。从各地的实践看，哪些内容将作为惩戒对象并非由政府或其有关部门进行强制规定，而是通过村规民约方式，在充分尊重村级组织和全体村民意愿的基础上，按照村民（居民）自治法的有关规定对有关奖惩内容进行规定。如《五峰土家族自治县公民诚信守法档案建设工作实施细则》中关于诚信守法行为和失信违法行为的内容就是综合各村的村规民约内容而形成。如果村民对有关行为有异议，则可以根据《公民诚信守法档案信息甄别录入制度》中规定的信息甄别程序进行甄别。该甄别制度从甄别主体的构成和甄别程序两方面保证了信息的准确性，即甄别主体甄别小组由乡（镇）、村（居）委会以及相关部门的负责人或相关工作人员、村民代表、法律顾问组成；甄别结果也必须及时通知当事人，并赋予当事人申辩的机会。从而充分保障当事人的合法权益不被侵犯。

（3）对失信违法行为的惩戒由相关的利益主体自主决定。从惩戒主体与方式上看，"一人失信，全家受损"制度均将是否惩戒以及采取何种措施惩戒的权利交给与公民诚信守法信息相关的利益主体自主决定，并非在诚信守法档案制度中作出强制性规定。如《五峰土家族自治县公民诚信守法档案建设工作实施细则》尽管在第十三条明确规定了要建立失信违法惩戒机制，但其措施为对失信违法行为仅仅实行黑点标记和红黄灯警示制度，对于是否真正采取惩戒措施完全"由各相关单位自主决定考量"，这包括各相关单位有权自主决定是否惩戒，以及采取何种方式惩戒。

第五节　公民诚信守法档案制度与乡村社会治理中"三治融合"的契合

乡村是我国经济社会发展的重要基础。如期实现第一个百年奋斗目标并向第二个百年奋斗目标迈进，最艰巨、最繁重的任务在农村，最广泛、最深厚的基础在农村，最大的潜力和后劲也在农村。随着新型工业化、城镇化加快推进以及农村改革不断深入，我国广大乡村正经历着前所未有的变化。农业生产方式、社会结构的变化在促进农业发展、农村进步、农民富裕的同时，也给乡村治理带来一些新问题。各地纷纷结合各自的实际情况，开展了丰富多彩的乡村社会治理方式的探索。五峰县、广平县、龙门县、云阳县等探索实施的公民诚信守法档案制度就是其中的一部分。但由于各地在该制度的内容和涉及的主体、程序、惩戒措施存在很多不同，依靠的资源也存有不同，取得的效果也存在差异。

党的十九大报告提出，健全自治、法治、德治相结合的乡村治理体系。这是在乡村治理方面提出的新要求。建设"三治结合"的乡村治理体系，既是在全面推进依法治国进程中加强基层民主法治建设的题中应有之义，也是乡村经济社会发展的必然要求，更是推进国家治理体系和治理能力现代化的重要方面。健全乡村治理体系既要传承发展我国农耕文明中的优秀传统，形成文明乡风、良好家风、淳朴民风，又要建立健全党委领导、政府负责、社会协同、公众参与、法治保障的现代乡村社会治理体制，走中国特色社会主义乡村振兴道路，让农业成为有奔头的产业，让农民成为有吸引力的职业，让农村成为安居乐业的美丽家园。① 尽管前述各地在推行公民诚信守法档案制度时，国家并未提出自治、法治和德治的明确要求，但就各地推行公民诚信守法档案制度取得的效果而言，将自治、法治和德治这"三治融合"得越好，其效果就越明显。从前述分析可知，五峰县通过《五峰土家族自治县公民诚信守法档案建设工作实施方案》《五峰土家族自治县公民诚信守法档案建设工作实施细则》《公民诚信守法档案信息采集制度》《公民诚信守法档案信息甄别录入制度》《公民诚信守法档案管理制度》《公民诚信守法档案信息动态管理制度》《公民诚信守法档案利用制度》较好地体现了五峰县在乡村社会治理中的"三治融合"思路。

一是公民诚信守法档案制度体现了村民个体由治理"对象"走向治

---

① 陈进华：《健全自治法治德治相结合的乡村治理体系》，《光明日报》2018年10月23日。

理"主体"的过程。公民诚信守法档案制度的缘起来自五峰县渔洋关镇三板桥村的"三簿一册"管理模式探索，即该村对各类先进、模范人物记入诚信守法档案，并上红榜宣扬示范；对犯罪、违法、违规的记入失信违法信息入黑榜警示惩戒。2015年8月，五峰县在采花乡、渔洋关镇两个乡镇进行了试点，在取得相关经验后再在全县进行推广。有关诚信守法和失信违法行为的内容均通过村规民约进行规定，有关信息的采集、甄别有村网格员、村委会和村民代表直接参与，部分奖惩措施直接利用村级资源进行。这些自治制度的设计旨在通过关于"我是谁""我与家庭、他人、自然关系"的把控及村民自我修养的培养进行"自我管理、自我服务、自我教育、自我监督"，实现村民个体由治理"对象"走向治理"主体"的全面自由发展的自我治理过程。前述诸多典型案例表明，这些措施取得了良好的效果，充分体现了自治在乡村社会治理中的积极作用。

二是公民诚信守法档案制度的"规则治理"特征十分明显。法治是指通过制度安排和规则程序，凭借一套具有普遍性、可预见性等理性化标准的正式规则来规范人们的行为区间。五峰县在推行公民诚信守法档案制度的过程中，除利用我国现行法律法规外，更为重要的是将公民诚信守法档案涉及的各方面，在邀请专家团队进行合法性与合理性论证后，均出台正式的制度进行规范，其规范中既涉及公民诚信守法和失信违法行为信息的类型、采集主体、采集程序、信息甄别、信息管理与信息利用等制度，又明确制定了一系列措施来充分保护当事人的知情权和隐私权等，这一做法本身就充分体现了五峰县在乡村社会治理中的法治思维与法治方式。

三是公民诚信守法档案制度重在价值引领。在德治方面，五峰县实施的公民诚信守法档案制度重在利用优秀的传统文化引导公民诚信守法。无论是在公民诚信守法和失信违法行为的类型界定上，还是在公民诚信守法信息的动态管理方面，均体现了公民诚信守法档案制度重在依靠社会舆论、风俗习惯、内心信念等正面引导人们的价值取向和发展方向。

附 件

附件1 渔洋关镇公民诚信守法档案建设实施方案

关于印发《渔洋关镇公民诚信守法档案建设实施方案》和《渔洋关镇公民诚信守法档案建设实施细则》的通知

五渔发〔2016〕34号

镇直各单位、各村（居）委会：

《渔洋关镇公民诚信守法档案建设实施方案》和《渔洋关镇公民诚信守法档案建设实施细则》已经镇党委、政府同意，现印发给你们，请认真贯彻执行。

附：1. 渔洋关镇公民诚信守法档案建设实施方案
　　2. 渔洋关镇公民诚信守法档案建设实施细则（试用）

中共渔洋关镇委员会
2016年7月27日

渔洋关镇公民诚信守法档案建设实施方案

根据党的十八大提出的"加强政务诚信、商务诚信、社会诚信和司法公信建设"，党的十八届三中全会提出的"建立健全社会征信体系，褒扬诚信，惩戒失信"，国务院《社会信用体系建设规划纲要（2014—2020

年)》提出的"健全覆盖社会成员的信用记录"的总体要求,本镇决定建立公民个人诚信守法档案,现制定如下实施方案。

一 指导思想

以邓小平理论、"三个代表"重要思想、科学发展观为指导,按照党的十八大、十八届三中全会和国务院社会信用体系建设规划纲要精神,以形成覆盖全镇公民的信息记录为基础,以推进全镇公民诚信守法建设为主要内容,以建立守信激励和失信惩戒机制为重点,以提高诚信意识和信用水平、改善经济社会运行环境为目的,以人为本,在全镇广泛形成守信光荣、失信可耻的浓厚氛围,使遵纪守法、诚实守信成为全民的自觉行为规范。

二 目标原则

(一)总体目标:通过建立覆盖全员的公民诚信守法档案,完善社会信用体系,推动社会管理创新,充分发挥守信激励和失信惩戒机制作用,全社会诚信守法意识普遍增强,经济社会秩序根本好转。

(二)工作原则:

1. 系统建档,客观准确。设计普遍、客观并具可操作性指标体系,制定全镇统一、规范、固定的数据格式,全面系统的收录诚信守法信息,纳入公民诚信守法档案的信息内容严格核实,确保真实准确。

2. 整合资源,部门共建。在公安、司法机关守法记录的基础之上,对政府部门、社会组织提供的公民信用信息实现资源整合。同时,鼓励公民主动提供个人诚信信息,经相关部门鉴定后,纳入诚信档案统一管理。

3. 统筹规划,分步实施。针对诚信守法档案建设的长期性、系统性和复杂性,立足当前,着眼长远,统筹全局,采取系统规划、稳步实施。本镇三板桥村借鉴采花乡经验,不断总结完善,全面推进全镇范围内的建档工作。

4. 强化应用,保护隐私。制定公民诚信守法档案的具体实施方案、应用办法等一系列配套的规章制度,以保障档案的顺利建立和有效应用。档案信息须严格按照有关规定向社会公开,对涉及个人不便公开的信息应予以保护。

三 工作措施

制定《渔洋关镇公民诚信守法档案建设实施细则》，对诚信守法档案具体创建方法进行详细的规范和指导，具体工作严格依据实施细则进行。

（一）建档对象：凡户口在本镇及在我镇居住1年以上的公民都应纳入诚信守法档案建设范围。

（二）档案内容：诚信守法档案主要内容包括三部分：一是公民基本信息；二是失信违法行为；三是公民诚信守法行为。

（三）创建方法：针对诚信守法档案信息的收集、录入、管理、披露和运用，均制定统一的方法步骤。

四 实施步骤

公民诚信守法档案建设工作分四个阶段进行：

（一）动员准备阶段（2016年6—7月）。制定完善活动方案及实施细则，组织召开工作动员会议，启动诚信守法档案建设工作，各相关单位对诚信建设工作进行部署。

（二）全面实施阶段（2016年8—11月）。总结相关经验，完善实施方案，在全镇所有村民全面推行诚信守法档案建设，全面完成档案信息采集录入工作。

（三）总结验收阶段（2016年12月）。成立工作专班对全乡公民诚信守法档案建设工作进行考核验收，并对相关工作进行总结，建立长效管理机制。12月以前全部诚信守法档案试运行，向社会公开接受监督并向有关部门和个人提供查询服务。

五 相关要求

（一）统一思想，高度重视。各单位、各部门要充分认识建立公民诚信守法档案的重要性和紧迫性，要尽早谋划，合理安排，统筹兼顾，所有人员要通力协作，全力配合，积极稳妥、快速高效地完成此项工作，确保工作落到实处。

（二）加强领导，建立机构。全镇成立诚信守法档案建设工作领导小组，对建档工作进行总体安排部署，领导小组下设办公室，具体落实建档工作。各村（居）要建立相应的工作小组，成立工作专班，具体负责辖区的诚信守法档案建立工作。安排专人负责档案的管理和维护。按照职责分工制定推进诚信建设的具体实施方案，实行严格的工作责任制，明确每项工作的要求和时间进度，确保各项任务得到落实。

（三）完善机制，突出实效。建立主办责任制，牵头单位要履行好牵头职责，建立和完善有关职能部门和单位协调配合工作机制，形成齐抓共管合力。建立联络员制度，每个村（居）指定一名专职人员为联络员，负责辖区诚信守法档案建设任务的督办和与之相关的上传下达事项。在诚信守法档案建设试点工作中，要紧紧抓住群众反映的热点难点问题和困扰辖区诚信建设的突出问题，以制度建设为重点，立足当前，抓整治、抓规范，着眼长远，建立长效机制，力争诚信守法档案建设合理使用、取得实效。

附件2　渔洋关镇公民诚信守法档案建设实施细则（试用）

第一条　根据《渔洋关镇公民诚信守法档案建设实施方案》制定本实施细则。

第二条　公民诚信守法档案以户为单位建立，登记该户所有成员基本信息。

第三条　凡在渔洋关镇辖区内居住活动的公民，其诚信守法行为、失信违法行为适用本细则。

第四条　诚信守法行为包括团结友善、勤俭自强、助人为乐、保护环境、热心公益、奉献社会、见义勇为、孝老爱亲、明礼诚信、遵纪守法等行为。

第五条　失信违法行为包括担保失信、借贷失信、履约失信、欺行霸市、假冒伪劣、大操大办、非法上访、违法经营、敲诈勒索、信奉邪教、封建迷信、传黄贩毒、滥砍滥伐、破坏生态、破坏基建、妨碍公益等行为。

第六条　公民诚信守法档案载入信息坚持严格尊重事实，依法依规、规范甄别确认，并实行"谁采集谁负责""谁甄别谁负责""谁确认谁负责"。失信违法行为甄别确认以执法部门的执法文书为据和村民代表大会的决议为凭。严禁凭个人好恶、主观臆断、个人说了算等现象。并对失信违法行为推行整改销号制，经过整改改正可以销号或者三年内不再重犯的可以销号。

第七条　成立公民诚信守法公共信用信息中心，办公室设在镇综治委或文明办，中心对全镇公民诚信守法公共信用采集录入负责指导管理，各村居委会保存纸质档案，镇中心汇集留存电子信息。

第八条　公民诚信守法档案以各村（居）委会为单位进行采集录入并报镇中心备案，镇直各单位及时将本单位所掌握的诚信守法行为、失信违法行为向中心报送。鼓励居民提供诚信守法行为和失信违法行为的线索，经过甄别确认后据实录入。

第九条　公民诚信档案信息将作为公务员录用、企事业单位聘用、征兵、评先树优、行政许可、社会保障福利等附件使用，由各相关单位自主决定是否适用。

第十条　本细则自2016年8月1日起施行。

附件3　五峰镇诚信守法档案建设工作实施方案

五峰镇人民政府
关于印发《五峰镇诚信守法档案建设工作实施方案》的通知

各村（居）委会，镇直相关单位：

《五峰镇诚信守法档案建设工作实施方案》经镇党委、政府研究通过，现印发给你们，请认真遵照实施。

附件：失信违法行为提供单位表格

五峰镇人民政府
2017年2月7日

五峰镇诚信守法档案建设工作实施方案

根据党的十八大提出的"深入开展道德领域突出问题专项教育和治理，加强政务诚信、商务诚信、社会诚信和司法公信建设"。党的十八届三中全会提出的"建立健全社会征信体系，褒扬诚信，惩戒失信"，十八届四中全会提出的"加强社会诚信建设，健全公民和组织守法信用记录，完善守法诚信褒奖机制和违法失信行为惩戒机制，使遵纪守法成为全体人民共同追求和自觉行动"及《国务院关于建立完善守信联合激励和失信联合惩戒制度 加快推进社会诚信建设的指导意见》（国发〔2016〕33号）精神，我镇决定创新开展诚信守法档案建设工作，为促进经济社会法治，实现"五县"战略，营造良好的道德和法治环境，特制定如下实施方案。

一 指导思想

全面贯彻党的十八大、十八届三中、四中、五中及六中全会精神，深入贯彻习近平总书记系列讲话精神，按照党中央、国务院决策部署，坚持依法治国和以德治国相结合，紧紧围绕"四个全面"战略布局，大力实施"七五"普法规划，落实《国务院关于建立完善守信联合激励和失信联合惩戒制度 加快推进社会诚信建设的指导意见》，增强公民的诚信守法意识，全面提升公民的法律素质和诚信水准，加快推进社会诚信体系建设，加强诚信守法信息建立和有条件共享，依法依规运用激励和约束手段，构建公民、社会、政府共同参与的跨地区、跨部门、跨领域的守法诚信联合激励和违法失信联合惩戒机制，营造良好的社会诚信法治环境。

二 目标原则

（一）总体目标：通过建立覆盖全社会的诚信守法档案，完善社会守法信用体系，做到信息管理和有条件共享，为社会管理依法治理提供有力依据，使守法诚信激励和违法失信惩戒机制全面发挥作用，全社会诚信守法意识普遍增强，经济社会秩序显著好转。

（二）工作原则：

1. 系统建档，客观准确。设计普遍、客观并具可操作性指标体系，制定统一、规范的信息录入数据格式，全面系统的收录诚信守法信息和失信违法信息。纳入诚信守法档案建设信息征集的各相关部门应严格核实，确保准确。

2. 部门联动，社会协同。通过信息系统建设，实现信息共享，建立跨地区、跨部门、跨行业的联合激励和惩戒机制，形成政府高度重视、执法部门协同联动、行业组织自律管理、信用服务机构积极参与、社会舆论广泛监督的共同实施格局。

3. 统筹规划，分步实施。针对诚信守法档案建设的长期性、系统性和复杂性，立足当前，着眼长远，统筹全局，采取系统规划、分步实施、全县推广的方式组织实施。坚持问题导向，着力解决当前危害公共利益和公共安全、人民群众反映强烈、对经济社会发展造成重大负面影响的重点领域失信违法问题。按照先村（居）民，再市场主体、社会组织、公职人员，后政府部门，逐步建立起覆盖全镇全社会的诚信守法档案建设体系。

4. 依法依规，保护权益。严格依照法律法规和政策规定，科学界定守法诚信和违法失信行为，开展诚信守法联合激励和失信违法联合惩戒。建立信用修复机制，保护当事人的合法权益。

三　工作措施和实施步骤

制定《五峰镇守法诚信档案建设工作实施细则》，对诚信守法档案建设的具体方法进行详细的规范和指导，具体工作严格依据实施细则进行。

（一）建档对象：凡户口在本地及在本地居住1年以上的公民，在我镇从事经营的个体工商户、企业组织、行业组织、公职人员、各部门各单位，都应纳入诚信守法档案建设范围。

（二）档案内容：诚信守法档案主要内容包括三部分：一是基本信息；二是失信违法行为；三是诚信守法行为。

（三）创建方法：针对诚信守法档案信息的收集、录入、管理、披露和运用,均制定统一的方法步骤。

(四)实施步骤:五峰镇诚信守法档案建设工作分三个阶段进行。

1. 动员部署阶段(2016年12月—2017年2月)。制定完善建设方案及实施细则,成立领导小组和工作专班,启动诚信守法档案建设工作,对诚信守法档案建设工作进行部署。

2. 全面推行阶段(2017年3月—2018年11月)。2017年4月底前,建立乡镇信息中心,规范制度,全面完成村(居)民、公职人员、市场主体、行业组织、社会组织的信息采集录入工作;2017年5月—2018年5月,建成诚信守法档案建设信息系统,配套完善相关制度,各村(居)随时进行诚信守法行为和失信违法行为的信息采集、核对工作,每一季度进行汇总,交至镇诚信档案管理中心进行信息的录入、更新;2018年6—11月,乡镇信息中心与全县信息系统对接,形成覆盖全县的共享信息平台。

3. 总结验收阶段(2018年12月)。对全镇诚信守法档案建设工作进行考核验收,建立长效管理机制,全镇诚信守法档案信息系统运行,向社会公开接受监督并向有关部门和个人提供查询服务。

四 实际应用

(一)适用范围:公民诚信档案信息将作为公务员录用、企事业单位聘用、网格员招聘、征兵政审、评先树优、信用借贷、行政许可、社会保障福利等附件使用。

(二)奖惩机制:通过建立信息共享机制、"红黑榜"发布机制和联奖联惩机制,激励守信守法者,惩戒失信违法者。对诚信守法人物、道德模范进行宣传表彰,对严重失信违法的个人、法人进行依法惩处,并公布在"红黑榜"上,作为单位聘用、征兵政审等附件的重要依据,形成全镇上下风清气正的社会环境。让每一个公民自觉调节行为,主动向诚实守信靠拢,向遵纪守法看齐。

五 相关要求

(一)统一思想,高度重视。要充分认识建立诚信守法档案的重要性和紧迫性，要尽早谋划，合理安排，统筹兼顾，各部门、各村（居）要通力协作，全力配合，积极稳妥、快速高效地完成此项工作，确保各项工作落到实处。

（二）加强领导，建立机构。成立诚信守法档案建设工作领导小组，一把手挂帅，分管领导亲自抓，成立工作专班，具体负责辖区的诚信守法档案建立工作，对建设工作进行总体安排部署，领导小组下设办公室，办公室设在司法所，办公室负责全镇诚信守法档案建设的指导、协调、监督、实施及日常管理服务工作。安排专人负责档案的管理和维护、信息平台建设和录入工作。按照职责分工制定推进诚信守法建设的具体实施方案，实行严格的工作责任制，明确每项工作的要求和时间进度，确保各项任务得到落实。

（三）完善机制，突出实效。建立和完善有关职能部门和单位协调配合工作机制，形成齐抓共管合力。建立联络员制度，指定一名专职人员为信息联络员，负责辖区诚信守法档案建设任务的督办和上传下达事项。要建立联席会议制度，定期召开，掌握动态，及时研究和解决推进过程中出现的突出问题。要立足当前抓规范，着眼长远建机制，确保诚信守法档案建设工作取得实效，运用高效。

附件4　五峰县长乐坪镇苏家河村村规民约

长乐坪镇苏家河村村规民约

为了推进我村民主政治建设，保障村民自治权利，树立良好的民风、村风，创造安居乐业的社会环境，实现村民自我管理、自我教育、自我服务，促进本村经济和社会各项事业的和谐发展，根据《中华人民共和国宪法》《中华人民共和国村民委员会组织法》及相关法律规定，经全体村民代表大会三分之二以上代表讨论通过并报长乐坪镇党委、政府备案，特制定如下村规民约，希全体村民共同遵守。

一 遵纪守法

第一条 坚决拥护中国共产党的领导，认真执行党的路线、方针、政策，正确处理国家、集体、个人三者之间的利益关系。

第二条 每个村民要自觉学法、知法、守法，自觉维护法律尊严，积极同一切违法犯罪行为做斗争。

第三条 每个村民应做到不信邪教、不传邪教，不听、不看邪教组织散发的各种资料，发现邪教组织人员及时上报。

第四条 村民之间应团结友爱，和睦相处，不打架斗殴，不酗酒滋事，严禁侮辱、诽谤他人，严禁造谣惑众、拨弄是非。

第五条 自觉维护社会秩序和公共安全，不扰乱公共秩序，不阻碍公务人员执行公务。

第六条 严禁偷盗，敲诈，哄抢国家、集体、个人财物，严禁赌博、放高利贷，严禁替罪犯藏匿赃物。

第七条 严禁非法生产、运输、储存和买卖爆炸物品；经销烟花、爆竹等易燃易爆物品须经公安机关等有关部门批准。不得私藏枪支弹药和各类毒品，发现可疑枪支弹药或毒品的，要及时给公安机关报告。

第八条 爱护公共财产，不得损坏水利、道路交通、供电、通信、航空、气象、生产等公共设施。

第九条 严禁非法限制他人人身自由或非法侵犯他人住宅，不准隐匿、毁弃、私拆他人邮件。

第十条 严禁私自砍伐国家、集体或他人的林木，严禁损害他人庄稼、瓜果及其他农作物，加强牲畜看管，严禁乱放猪、牛、羊。

第十一条 不造谣、不传谣、不借故违法上访，村民有诉求的应先向村委会反映，按程序求得解决。

二 防火防盗

第十二条 加强野外用火管理，严防山火发生。

第十三条 家庭用火做到人离火灭，严禁将易燃易爆物品堆放户内，定期检查、排除各种火灾隐患。

第十四条　对村内、户内电线要定期检查，损坏的要请电工及时修理、更新，严禁乱拉乱接电线。

第十五条　加强村民尤其是少年儿童安全用火用电知识宣传教育，提高全体村民消防安全知识水平和意识。

第十六条　加强区域性的防盗组织建设，鼓励农户之间开展屋场联盟、山头联盟、公路沿线联盟等防盗活动，鼓励有条件的农户在自家门前安放摄像头，不断提升本地的治安防控水平。

三　移风易俗

第十七条　提倡社会主义精神文明，反对封建迷信及其他不文明行为，积极学习科学文化知识，树立良好的民风、村风。

第十八条　红白喜事要本着喜事新办、丧事从俭的原则，反对铺张浪费、反对大操大办。除婚丧嫁娶（嫁娶未请客的生小孩后可请一次客）及80岁、90岁、100岁整岁祝寿外，其他的无事酒一律禁止操办。除丧事外，村民准备操办喜事的，必须提前十天向村委会提出书面申请，经村委会批准并签订安全责任书后方可实施。

第十九条　树立健康的娱乐观，要多看健康有益的书籍和电视节目，积极参加各类文体活动，不听、不看、不传播淫秽书刊和音像。

第二十条　建立正常的人际关系，不搞宗派活动，反对家族主义。

第二十一条　积极开展文明乡村建设，搞好公共卫生，加强村容村貌整治，严禁在公路上晾晒农作物及生活用品，严禁随地乱倒乱堆垃圾，柴草、粪土应定点堆放。

第二十二条　建房应服从村庄建设规划，经村委会和上级有关部门批准，统一安排，不得擅自动工，不得违反规划或损害四邻利益。

四　邻里和睦

第二十三条　村民之间要互尊、互爱、互助，和睦相处，建立良好的人际关系。

第二十四条　农户之间在生产、生活、社会交往过程中，应遵循安全、平等、自愿、互利互惠的原则，形成良好的邻里关系。

第二十五条 邻里纠纷，应本着团结友爱、依法依规的原则平等协商解决，协商不成的可申请村调解委员会进行调解，也可依法向人民法院起诉，树立依法维权意识，不得以打骂的方式激化矛盾。

五 孝老爱亲

第二十六条 遵循婚姻自由、男女平等、一夫一妻、尊老爱幼的原则，建立团结和睦幸福的美好家庭关系。

第二十七条 婚姻大事由本人作主，反对包办干涉，反对索要高额彩礼。

第二十八条 自觉遵守计划生育法律、法规、政策，实行计划生育，提倡晚婚晚育，提倡每对育龄夫妇优生优育两个小孩，严禁无计划生育或超生。

第二十九条 夫妻地位平等，共同承担家务劳动，共同管理家庭财产，反对家庭暴力。

第三十条 父母应尽抚养、教育未成年子女的义务，禁止歧视、虐待、遗弃女婴，破除生男才能传宗接代的陋习。子女应尽赡养老人的义务，不得歧视、虐待老人。

六 见义勇为

第三十一条 对外来我村旅游客人要热情接待，禁止欺客宰客。

第三十二条 对外来行踪可疑人员要及时盘问，必要时及时报告村委会或公安派出所。

第三十三条 对破坏公私财物的要及时制止，难以制止的要及时报告村委会或派出所。对肇事者拒绝赔偿的，要勇于出庭作证将肇事者绳之以法。

第三十四条 对摔倒老人要及时救助，不得麻木不仁。

第三十五条 在突发事件或自然灾害发生时，要最大限度地勇救他人生命和公私财物。

七　奖励与处罚

第三十六条　村委会为本村全体村民建立个人诚信守法档案，该档案将作为升学、服兵役、招工、提干、评先表模的初审依据。记入个人诚信守法档案红、黑榜的内容须经全体村民代表大会三分之二以上代表讨论通过。

第三十七条　对诚实守信、遵纪守法、带头履行本村规民约有突出表现和贡献的，村委会将予以表彰和奖励，同时记入个人诚信守法档案红榜。

第三十八条　对违反本村规民约情节轻微的，由村委会批评教育，责令改正并写检讨；对违反本村规民约倡导性条款造成严重后果的、对违反本村规民约禁止性条款的或受到主管机关处罚的，均直接记入个人诚信守法档案黑榜。计入诚信守法档案黑榜的均取消享受或者暂缓享受村组各种优惠待遇。

第三十九条　计入诚信守法档案黑榜的情形消失一年后可恢复正常村民待遇；计入诚信守法档案黑榜后有重大立功表现的，经全体村民代表大会三分之二以上代表讨论通过后可及时恢复正常村民待遇。

附件5　福建省南安市诚信"红黑榜"发布制度（试行）

福建省南安市人民政府
关于印发南安市诚信"红黑榜"发布制度（试行）的通知

各乡镇（街道）人民政府（办事处），雪峰开发区、经济开发区管委会，市直有关单位：

《南安市诚信"红黑榜"发布制度（试行）》已经第31次常务会研究通过，现印发给你们，请认真贯彻执行。

南安市诚信"红黑榜"发布制度(试行)

为深入开展"诚信南安"系列年活动,推进社会信用体系建设制度化,建立完善守信激励和失信惩戒机制,引导构建守信光荣、失信可耻的社会氛围,根据《国家发展改革委 人民银行关于加强和规范守信联合激励和失信联合惩戒对象名单管理工作的指导意见》(发改财金规〔2017〕1798号)、《福建省建立完善守信联合激励和失信联合惩戒制度加快推进社会诚信建设的实施方案》(闽政〔2017〕3号)以及《南安市人民政府关于建立完善守信联合激励和失信联合惩戒制度的实施意见》(南政文〔2017〕281号),特制定南安市诚信"红黑榜"发布制度如下:

一 总体要求

深入贯彻落实国家、省和泉州市关于社会信用体系建设工作部署,以"诚信南安"系列年活动为载体,以诚信"红黑榜"发布为重要抓手,加强信用信息公开和共享,依法依规运用信用激励和约束手段,构建政府、社会共同参与的跨地区、跨部门、跨领域的守信联合激励和失信联合惩戒机制,促进市场主体依法诚信经营,维护市场正常秩序,全面提高全社会诚信意识,打造"诚信南安"。

二 基本原则

——褒扬诚信、惩戒失信。充分运用信用激励和约束手段,公示褒扬守信典型案例、模范代表,曝光惩戒失信主体,加大对诚信主体激励和对违法失信主体惩戒力度,形成激励诚信、惩戒失信的社会氛围。

——部门联动,社会协同。依托部门联动合力,加大信用信息公开共享和规范应用,提升公示效率;强化市、镇、村多级联动,构建形成政府部门协同联动、行业组织自律管理、信用服务机构积极参与和社会舆论广泛监督的共同治理格局。

——依法依规,保护权益。坚持"谁提供、谁负责,谁发布、谁负责",严格依照法律法规和政策规定,科学界定守信和失信行为,在确保市场主体正当合法权益的基础上，实施守信联合激励和失信联合惩戒。

——聚焦重点，破解问题。坚持问题导向，聚焦当前危害公共利益和公共安全、人民群众反映强烈、对经济社会发展造成较大负面影响的重点领域失信问题，发挥诚信"红黑榜"导向作用，促进重点领域失信问题化解。

三　发布范围

围绕关系人民群众切身利益、经济健康发展、社会和谐稳定的重点行业、重点领域，对企事业单位、社会组织、个人等各类社会主体进行信用评价，根据信用评价成果，定期发布南安市诚信"红黑榜"。各行业主管部门是收集、报送、发布诚信"红黑榜"信息的责任主体，应当根据法律、法规规定以及国家、省、市政策要求，结合自身职能和实际情况，确定诚信"红黑榜"名称、内容和上榜标准，并对其真实性、准确性和合法性负责。各行业主管部门在提供"红黑榜"尤其是"黑榜"集中发布信息时，应从"以案释法"角度，随附一个典型事件的报道材料及相关图片，以便媒体集中刊发，提升宣传效果。

首批南安市诚信"红黑榜"发布内容及责任单位。

（一）以年度为周期发布

1. 市委组织部和市人力资源和社会保障局负责发布市公务员诚信"红黑榜"；

2. 市委文明办负责发布文明村镇、文明单位、文明校园、文明风景旅游区、文明家庭、身边好人、道德模范红名单；

3. 市发改局负责发布市重点项目建设单位年度目标责任完成情况考核和参建单位业绩信誉考评诚信"红黑榜"；

4. 市民政局负责发布社会组织失信黑名单；

5. 市人力资源和社会保障局负责发布企业劳动保障守法诚信等级评价"红黑榜"；

6. 市司法局负责发布律师事务所诚信"红黑榜"；

7. 市水利局负责发布水利工程信用评价"红黑榜"；

8. 市环保局负责发布环境保护领域失信生产经营单位黑名单；

9. 市旅游局负责发布旅行社质量信誉评价"红黑榜";

10. 团市委负责发布优秀青年志愿者红名单;

11. 市国税局、地税局负责发布纳税信用 A 级纳税人红名单。

（二）以半年为周期发布

1. 市财政局负责发布财政性资金管理使用领域失信黑名单;

2. 市住房和城乡建设局负责发布房地产中介"红黑榜"、物业管理评价"红黑榜"、建筑施工企业信用评价"红黑榜"、住建行业中介机构信用评价"红黑榜"。

（三）以季度为周期发布

1. 市人力资源和社会保障局负责发布企业恶意欠薪黑名单;

2. 市交通运输局负责发布严重违法失信超限运输车辆黑名单、交通运输企业信誉评价"红黑榜";

3. 市农业局负责发布农资领域严重失信黑名单;

4. 市统计局负责发布统计领域严重失信企业黑名单;

5. 市安监局负责发布安全生产领域失信联合惩戒黑名单;

6. 市市监局负责发布食品药品生产经营严重失信黑名单、严重违法失信企业名单、严重质量违法失信黑名单;

7. 市国税局、地税局负责发布重大税收违法案件当事人黑名单;

8. 市"两违办"（市行政执法局）负责发布"两违"失信行为黑名单。

（四）以月为周期发布

市法院负责发布失信被执行人名单。

四　发布渠道及路径

（一）发布方式。南安市诚信"红黑榜"采取统一发布与部门自行发布相结合的方式。

1. 统一发布。一般安排每季度一次，如遇特殊情况，可适当提高发布频度。具体榜单由市诚信办（信用办）汇总各部门报送信息后统一在"信用南安"网站（http：//www.cxna.gov.cn）及微信公众号发布，市委宣传部、市文明办负责协调在南安电视台、《海丝商报》等媒体统一发布诚信"红黑榜"。

2. 自行发布。各行业主管部门是本领域诚信"红黑榜"发布的牵头单位，根据实际情况，在本部门所建网站依法及时发布本行业内的诚信"红黑榜"（部门无自建网站的可通过本部门微信公众号、微博官方账号等信息发布窗口进行发布）。

（二）发布程序。各行业主管部门要依法定期收集、整理各类社会主体的守信及失信信息，形成各行业诚信"红黑榜"，经单位主要领导签字或盖单位公章后，于相应发布周期次月的 23 日，向市诚信办（信用办）汇总拟发布"红黑榜"榜单。市诚信办（信用办）汇总后同步抄送市委宣传部、市文明办在南安电视台、《海丝商报》等媒体发布。

（三）异议处理。有关社会主体对发布信息存在异议的，向发布行业主管部门提出信息异议申请。发布行业主管部门应当在收到申请后 20 个工作日内完成内容核查、信息处理，并将处理意见报送市诚信办（信用办）。对信息确有错误、遗漏的，需要修改或撤销的，市诚信办（信用办）在发布平台上给予修改更正并及时告知市委宣传部、市文明办；经核查仍不能确认的，对异议情况和处理意见予以记录备案。

（四）发布期限。诚信"红黑榜"对外公开期限一般不超过三年，法律、法规以及国家、省相关政策另有规定和要求的除外。被列入诚信红榜的社会主体，如在对外公开期内出现违法违规或违诺失信等行为，经查证属实的，由发布责任单位提出并删除其诚信红榜上的信息。被列入诚信黑榜的社会主体，如在发布期内积极纠错，挽回社会影响并取得较大成效，可以申请提前结束发布其黑榜信息，经发布责任单位审查，报备市诚信办（信用办）后，可以提前删除其诚信黑榜上的信息。

五 保障措施

（一）明确管理实施细则。各单位要将诚信"红黑榜"发布制度作为推进"诚信南安"系列年活动的重要抓手，按照国家统一认定标准，依据本方案的相关要求，制定本单位诚信"红黑榜"发布实施方案、发布范围和管理细则，积极配合做好统一发布工作。在首批诚信"红黑榜"的基础上，市社会信用体系建设领导小组成员单位应依据本方案规定，积极开展诚信"红黑榜"发布工作。

（二）强化工作责任落实。市诚信办（信用办）是全市诚信"红黑榜"发布牵头单位，各相关单位要在牵头单位的统一协调指导下，加强沟通联系，做好相关事项和每一阶段的工作部署和安排，在发布内容上相互协调，在实施步骤上相互衔接，形成整体合力。诚信"红黑榜"实行动态管理，各行业主管部门要加大执法检查、信息收集、信用评估工作力度，定期更新"红黑榜"发布内容；大力发掘和宣传一批诚信人物、诚信企业和诚信群体，发挥先进典型示范作用；曝光一批典型案例，形成强大的社会影响力和威慑力，为实现全社会联合奖惩营造有利的社会舆论环境。

（三）落实联合奖惩措施。各级各有关部门要认真贯彻落实国家、省和泉州市关于守信联合激励和失信联合惩戒的工作部署要求，按照《南安市人民政府关于建立完善守信联合激励和失信联合惩戒制度的实施意见》（南政文〔2017〕281号）要求，及时拟定本部门联合奖惩措施清单，对经公开发布的所有市诚信"红黑榜"企业和人员，综合运用行政性、市场性和社会性等奖惩措施实施联合守信激励和失信惩戒。

（四）加大督促检查力度。市诚信办（信用办）定期对各相关单位诚信"红黑榜"发布工作开展情况进行督查，对工作不力的单位进行通报批评，对好经验、好做法予以推广宣传。同时，要将"红黑榜"发布工作纳入部门绩效考评事项，使之成为制度性规范和常规化工作。

六 附则

本发布制度自发布之日起试行，有效期两年。

七 本发布制度由市发改局（诚信办）负责解释

市直有关单位：市委组织部、宣传部、政法委、编委办、文明办，市发改局、经信局、商务局、教育局、科技局、公安局、民政局、司法局、财政局、人社局、国土资源局、住建局、市政公用事业管理局、交通运输局、林业局、水利局、海洋与渔业局、文体新局、卫计局、审计局、统计局、环保局、安监局、市监局、旅游局、广电局、行政服务中心、金融工作局、效能办,法院、检察院,国税局、地税局,人民银行南安支行、银监办。

抄送:市委办、人大办、政协办。

南安市人民政府办公室2018年6月1日印发

附件6　广东省龙门县龙田镇农户诚信守法档案管理制度

龙田镇农户诚信守法档案管理制度
(2011年8月1日修正)
龙田委〔2011〕40号

第一条　为切实加强龙田镇社会建设,构建和谐社会主义新农村,提高村民的社会公信力,推进龙田镇"诚信守法、和谐共建"活动的开展,促进社会稳定,推动经济发展,镇委、镇政府决定在全镇实施农户诚信守法档案管理制度。

第二条　农户诚信守法档案管理制度,是考核当年农户的诚信守法情况,客观、公平、公正、公开评定诚信守法等级的信息管理系统,倡导农民群众诚信守法,推动建设"生产发展、生活宽裕、村风文明、村容整洁、管理民主"的社会主义新农村,促进农村社会和谐发展。

第三条　农户诚信守法档案管理制度由家庭基本情况、目前享受政策待遇、目前主要诉求、历史记录、诚信等级、评分标准等构成。

第四条　农户诚信守法档案主要内容包括:

(一)家庭基本情况包括:姓名、性别、民族、出生年月、从事职业、政治面貌、联系电话、家庭类型、房屋结构、家庭收入主要来源等;

(二)目前享受政策待遇包括:低保、五保、种粮补贴、危房改造、智力扶贫、社会保险、计生奖励等;

(三)目前主要诉求包括:农户需要各级党委、政府协调解决的生产生活及其他急需解决的问题;

（四）历史记录包括：受到各级党组织、政府部门及其他社会团体等部门的表彰、奖励情况；在精神文明和道德建设中表现突出的先进事迹；参加社会公益活动情况；遵纪守法、计划生育、信访、安全生产、殡葬管理、农村医保、讲诚信守信誉等方面的落实情况。

第五条　农户诚信守法户的诚信守法等级为三个等级，分别为两星户、一星户、普通户；

（一）星级诚信守法户一年评定一次；根据评分细则进行量化管理，按照评分评定农户诚信守法等级，由镇政府对两星户、一星户授予牌匾，并在农户住房正门前左上方悬挂。

（二）通过对农户的评分，得分达到95分以上的农户挂两星户牌匾；得分达到90—94分的农户挂一星户牌匾；得分在90分以下的农户为普通户，不授予牌匾。

第六条　农户诚信守法记录期限至村民户口迁出本辖区或死亡时止。

第七条　镇政府成立农户诚信守法档案管理办公室（简称农信办），负责全镇诚信守法档案制度的实施管理，并由专人负责信息的归集、录入、分析、更新、维护并按保密规定披露和使用相关信息，配合其他相关部门对村民诚信守法档案进行合理评价。

第八条　农户诚信守法档案信息的收集采取村民主动上报、村干部到户记录、驻村干部跟踪落实的办法进行。每月一次对农户诚信守法信息进行收集、更新，村民及村干部应对上报的诚信守法信息资料的真实性和合法性负责，镇驻村领导、驻村队长以及各职能部门负责审核农户诚信守法信息。

第九条　农户诚信守法档案每月进行收集整理，采取"一户立一档""一村小组归一档""一村委建一档"的方式，记入诚信守法档案数据库的内容必须经村党支部书记或主任、驻村队长、驻村领导签字确认。

第十条　农户有充分证据证明诚信守法档案数据库的信息存在错误的，可向村委会提出书面申请，经村委会根据调查核实情况，报镇农信办审定后，由农信办在三个工作日内书面回复当事人。

第十一条　农户诚信守法等级最终由镇党委、镇政府根据《农户诚信守法评分标准》评定。评定结果必须在村委会、各村民小组进行公示，公示时间为五天，公开投诉监督电话，村民对评定结果如有异议，可在公示期内向镇考评办书面提出。镇考评办须进行复核，并在五个工作日内向投诉的村民作出书面答复。

第十二条 星级村民小组的评分标准以居住在该村民小组的星级农户数为基准。在同一村民小组的95%以上（含95%）的农户获得授予两星户牌匾，该村民小组则被评为两星级村民小组；在同一村民小组的90%—94%的农户获得授予一星户以上牌匾，该村民小组被评为一星级村民小组。

第十三条 农户诚信守法等级作为享受国家惠农政策优先与否或享受政府奖励的依据。被评为诚信守法普通户的不得享受奖励或暂缓享受。

第十四条 党委、政府对农户诚信守法信息应合理、客观、公开、公正、公平使用。

第十五条 本管理制度最终解释权归中共龙田镇委员会、龙田镇人民政府。

第十六条 本管理制度从2011年8月1日起施行。

中共龙田镇委员会
二〇一一年八月一日

附件7 龙田镇开展"争创诚信守法先进户"活动的实施方案

关于印发《龙田镇开展"争创诚信守法先进户"活动的实施方案》的通知

各村委会、镇属各部门：

现将《龙田镇开展"争创诚信守法先进户"活动的实施方案》印发给你们，请结合实际认真贯彻落实。

中共龙田镇委员会
二〇一一年十月十八日

龙田镇开展"争创诚信守法先进户"活动的实施方案

为构建党委领导、政府负责、社会协同、公众参与的社会管理格局，维护社会和谐稳定，促进社会主义新农村建设和经济社会科学发展，现就我镇全镇范围内开展"争创诚信守法先进户"活动制定本实施方案。

一 指导思想

以科学发展观为指导，充分发挥村民主体作用，以促进诚信守法为导向，以保障和改善民生为重点，以完善社会服务为基础，全面加强农村基层社会建设和党组织建设，创新农村社会管理和服务，增强社会活力，促进和谐稳定，推动全镇经济社会又好又快发展。

二 总体要求、基本原则和工作目标

（一）总体要求。党委、政府主导，各职能部门协调配合，各村党支部发挥领导核心作用，积极发动群众参与争创诚信守法先进户。通过开展"争创诚信守法先进户"活动，着力加强农村党的基层组织建设，增强党组织服务、保障功能，提高群众满意度。

（二）基本原则。以农村档案信息为平台，党委、政府干部开展周二群众服务日活动和"六个一"活动为抓手，进一步掌握社情民意，加强政策法规的宣传，增强服务和管理的针对性，切实为群众解决实际困难和诉求，形成政府与群众良性互动的基层社会建设新局面，打造和谐发展新龙田。

（三）工作目标。通过开展"争创诚信守法先进户"活动，激励村民加强自我教育、自我管理和依法自治，进一步增强诚信守法意识，充分发挥榜样带动作用，努力实现村风民风好转。

三 组织领导

为确保本活动取得实效，我镇成立"争创诚信守法先进户"活动工作领导小组。组长由镇党委书记廖志华同志担任；副组长由镇党委副书记、镇长谭燕周同志，党委副书记刘铁全同志，常务副镇长廖伟平同志，党委委员、派出所所长彭戈林同志，党委委员饶成同志担任；成员由综治办、党政办、计生办、社会事务办、农业办、劳保所、国土所、信访办、扶贫办、规划所、司法所负责人担任。领导小组下设"农村社会管理办公室"，由综治办专职副主任、司法所所长谭国光同志兼任办公室主任，钟双和同志担任办公室副主任。

四 活动内容项目

（一）制定《村民诚信守法行为规范》

由镇政府牵头并充分征求各村意见，起草《村民诚信守法行为规范》（下称《规范》），将遵从党和政府领导；遵纪守法；积极履行村民义务；遵守社会公德和家庭美德；遵守市场规则，勤劳致富；遵守信用规定；遵守合同协议七大方面内容列入《规范》之中，同时，对《规范》的各项内容进行细化，形成《龙田镇诚信守法先进户评分标准》（下称《评分标准》）。《规范》和《评分标准》经各村村民会议或村民代表会议讨论通过后在各村实施，引导和规范村民诚信守法行为，引领文明和谐新风尚。

（二）进一步完善农户诚信守法档案制度

1. 建档要求。坚持实事求是、教育帮助、服务群众、保障隐私的建档原则，要求登记农户的信息应做到准确无误，并明确建立信息档案的目的是帮助镇党委、镇政府和村干部掌握情况、发现问题，使之能够有针对性地教育群众，引导和帮助群众，服务群众，同时要加强信息档案管理，依法依规保障和尊重农户隐私。

2. 农户档案信息的基本内容

（1）户主及家庭成员情况：姓名、性别、民族、出生年月、从事职业、政治面貌、联系方式等；

（2）家庭经济情况：包括家庭生活状况、水平（特困、贫困、一般、富裕），家庭主要收入来源、家庭年收入、土地房屋情况（数量、抵押担保情况）、债务债权等。

(3) 目前享受政策待遇：包括依法享有的低保、五保、种粮补贴、危房改造、智力扶贫、社会保险、计生奖励等政策待遇；

(4) 目前主要诉求：包括农户需要镇党委、镇政府协调解决的生产生活及其他急需解决的问题等；

(5) 农户遵守《评分标准》情况。

3. 农户档案信息的登记和管理

(1) 信息收集。农户诚信守法信息的收集采取村民主动上报、村干部到户记录、驻村干部跟踪落实和镇有关职能部门提供相结合的办法进行。信息收集实行动态管理，随有随记。村民、村干部到户记录的，应认真填写农户诚信守法信息登记表。各村小组对记入诚信守法档案的信息内容应告知农户并经驻村队长签字确认。村民、村干部和镇相关职能部门应对提供的诚信守法信息的真实性和合法性负责。

(2) 信息的录入和管理。由农村社会管理办公室确定相关职能部门负责农户诚信守法信息的录入和管理，并指定专人对农户诚信守法信息进行综合整理后统一录入农户诚信守法信息系统。新录入的诚信守法信息应以书面形式告知农户。

农户对档案信息存有异议的，可向村委会提出书面修改申请。村委会应根据调查核实情况，出具书面修正意见报镇农村社会管理办公室审查，审查后将是否修改的意见告知当事人。

(3) 信息披露和使用。农户诚信守法档案信息按法律法规的相关规定披露和使用，镇、村负责信息登记和录入的人不准违反规定泄露农户隐私。农户经申请批准后可查阅相关的档案信息。

(4) 农户诚信守法信息录入期限至村民户口迁出本辖区或死亡时止。每一年度的农户诚信守法信息档案自建档起，保管5年。5年后由镇政府负责统一销毁。

(三) 诚信守法户、先进户的评选

根据村民遵守《规范》的情况，发动群众开展诚信守法户、先进户评选活动。诚信守法户、先进户评选活动每年举行一次。

(1) 基本条件。家庭成员认真遵守《规范》，在公安、工商、税务、计生等部门无不良记录；家庭和睦，勤劳致富，个人品行和社会信誉良好,邻里关系融洽,无"黄赌毒"等不良嗜好;诚实守信,家庭资信状况良好,无债务、合同纠纷,无恶意逃废债务等不良记录。

如有违反殡葬管理规定,发生土葬行为;发生刑事案件、群体性事件;违反计划生育政策,发生非婚生育、超生情况的农户取消评选诚信守法户的资格。

(2)评选步骤

①村委会初评。各村委会成立由村"两委"成员、村小组长、驻村干部、村民代表组成的评议小组,根据农户遵守《规范》情况,依据《评分标准》,得分达到80—89分的农户为"诚信守法户",得分达到90分以上的农户为"诚信守法先进户"并报农村社会管理办公室。

②农村社会管理办公室复评。农村社会管理办公室组织相关部门人员成立复评小组,依据"诚信守法户"和"诚信守法先进户"评选条件对上报的农户进行审查,确定诚信守法先进户。

③公示及评定。农村社会管理办公室对获评"诚信守法户"和"诚信守法先进户"的农户分别在镇政府、农户所在村委会和村小组进行公示,公示时间5天。公示期间,群众对先进户有不同意见可以向农管办反映。农管办对群众意见要认真调查核实,并于10个工作日内书面回复当事人。公示期满,经农管办最终评定"诚信守法户"和"诚信守法先进户"名单并向全镇公布。

(3)表彰奖励。由镇委、镇政府对获评为"诚信守法户"的农户授予牌匾,在惠农助农、科技指导、入党入伍、致富项目、就业创业等方面给予优先照顾;对于获评"诚信守法先进户"的农户,在享受"诚信守法户"优先照顾的基础上,可享受农信社3万至5万元的低息贷款,并在城乡居民医保或农村养老保险方面给予一定的奖励。

(四)诚信守法先进村委会、先进村小组的评定

为在全镇农村形成争先创优的浓厚氛围,农村社会管理办公室每年对各村、各村小组开展"争创诚信守法先进户"活动成效进行评先。诚信守法户达到95%以上的村小组为先进村小组;所在村诚信守法户达到90%以上,或全部村小组为先进村小组的村委会为先进村委会。镇委、镇政府对先进村委会、先进村小组给予奖励。

五　实施步骤和时间安排

本活动分四个阶段进行。

（一）调研和准备阶段（2011年6月至2011年9月）

在原诚信档案管理制度的基础上，按照市委、市政府和县委、县政府的批示精神，开展深入细致的调查摸底，全面掌握各村人口、户数等基本情况和干部群众对开展本活动的思想动态，收集整理录入农户基本档案信息；成立工作领导机构，研究制定切实可行的活动实施方案，明确目标任务；积极开展宣传活动，制作和发放宣传教育资料，使广大农户踊跃参与、支持争创活动。

（二）动员和试点创建阶段（2011年10月至2011年11月）

结合本镇实际，精心组织，周密部署，于2011年10月中旬召开"争创诚信守法先进户"工作动员大会，广泛动员全镇党员以高度政治责任感、历史使命感和饱满的热情投入争创活动工作中。确定以旧梁村为示范点，先行先试。以点带面，及时总结和推广经验，带动全镇各村工作的深入开展。

（三）全面推进阶段（2011年11月至2012年7月）

各村党支部、各村委会和各相关职能部门要按照示范点建设为推行"争创诚信守法先进户"活动的突破口，参照示范点的工作方法，在全镇范围内全面铺开"争创"工作；工作领导小组定期到各村进行调查研究，针对在开展过程中出现的问题和困难，制定对策，妥善处理，认真总结经验，不断修订完善制度和做法，提升"争创诚信守法先进户"活动的合法性、可操作性和实效性。

（四）总结表彰阶段（2012年7月）

全面总结"争创诚信守法先进户"活动，吸取好的做法和成功经验，并提炼上升为指导，使"争创诚信守法先进户"活动实现长效管理。对全镇"争创"活动的推行情况进行考评，在2012年7月31日前，镇工作领导小组组织有关人员根据相关制度和评分标准，对全镇6000多户农户进行评选并进行表彰。

六　工作措施

（一）精心制定实施方案。在深入领会市、县委和政府的批示精神的基础上，结合本镇实际，制定切实可行的实施方案，成立领导机构，明确组织领导、总体要求、基本原则、工作目标、推进措施和完成时限，确保活动稳步推进，取得实效。

（二）组织搞好动员部署。召开镇、村两级动员会，对开展活动进行周密安排部署，搞好思想发动。镇各有关职能部门，各村支部、村委会要进一步统一思想，提高认识，高度重视，积极投入"争创诚信守法先进户"活动中来。

（三）广泛宣传，营造氛围。充分发挥舆论宣传引导作用，积极开展全参与、全方位、全覆盖、多形式的宣传活动，广泛宣传开展"争创诚信守法先进户"活动的目的意义、制度内容特别是评选标准和具体要求，提高广大群众参与的积极性与自觉性，为该项工作的推行营造良好的社会舆论氛围。

（四）以点带面，扎实铺开。做好试点村的创建工作，以点带面，及时总结和推广经验，做到周密部署，稳步推进"争创诚信守法先进户"在全镇各村的深入开展。

七　工作要求

（一）切实加强组织领导。镇各有关部门，各村支部、村委会要进一步统一思想，提高认识，高度重视，切实加强对开展"争创诚信守法先进户"活动的组织领导。要把建立农户诚信守法档案工作和开展评选诚信守法先进户活动作为加强基层社会建设的一项重要内容抓好抓实，认真制定切实可行、符合农村实际的《规范》，落实工作责任，保证活动各项工作顺利进行。镇农村社会管理办公室负责督促、指导全镇农户诚信守法档案建设和争创诚信守法先进户评选工作的开展。各村支部、村委会和村小组要认真配合镇的工作部署，抓好《规范》和《评分标准》在村民会议或村民代表会议通过等各项工作的落实。

（二）抓好宣传发动。开展"争创诚信守法先进户"活动，群众是主体，没有群众的积极参与，开展活动就会成为一句空话。要广泛开展进村进户活动，充分利用会议、座谈会、宣传栏、标语和互联网等形式，大力宣传《规范》、建立农户诚信守法档案和争创诚信守法先进户活动的目的意义、任务目标和评选条件及奖励措施，务必做到家喻户晓；大力宣传诚信守法典型，充分调动社会各界和广大人民群众的积极性和创造性，营造浓厚的舆论氛围，形成全社会广泛参与活动的良好局面。

（三）注重总结提升。要高度重视建档工作和评先活动中出现的问题和困难，认真研究、妥善解决，要及时发现、总结开展活动中涌现出的好做法、好经验、好典型，进一步提升"争创诚信守法先进户"活动实效性，努力探索出一条基层社会建设的新路子。

村民诚信守法行为规范

一、遵从党和政府的领导。热爱党、热爱祖国、热爱社会主义；自觉执行党和国家的方针政策；支持配合镇政府和村委会开展工作。

二、遵守法律法规。自觉学习和遵守法律法规；自觉执行计划生育政策法规；严格遵守殡葬管理规定；按村庄规划要求，依法办理建房审批手续；遵守交通法规、不酒后驾车；不非法买卖集体土地；不盗砍滥伐林木、毁林开垦、乱占林地，不违反规定放火烧山；采取合法渠道逐级反映合法诉求，不组织、不参加非正常群体性上访、越级访、重复访；不非法猎捕、收购、贩卖野生保护动物；不乱占、抢占、超占宅基地和耕地；不参与邪教和黄、赌、毒活动；不抢夺、不偷盗；不打架斗殴、聚众闹事；不偷税漏税，不骗取农业补贴。

三、积极履行村民义务。关心集体，热爱集体；积极参加村委会或村小组组织的各种会议和活动；积极参与村道、学校、水利等公益事业建设维护；积极参与抗灾救灾、扶贫济困等活动；爱护公共财产，自觉维护公用设施；积极参与村容环境整治活动；参与社会救助，帮贫济困；在是非面前伸张正义、见义勇为、拾金不昧。

四、遵守家庭美德。家庭成员和睦相处、真诚相待；不发生家庭暴力和虐待行为；赡养老人，尊老爱幼，男女平等；保证子女接受义务教育；邻里关系和睦，团结互助；勤俭持家，节俭操办婚丧嫁娶。

五、遵守市场规则。不欺行霸市、哄抬物价；不短斤少两；不将农产品以次充好、掺假出售；不强买强卖；骗买骗卖；不出售按照国家规定应当检验检疫而未检验检疫的产品；不出售农药超标的果蔬；不出售假冒伪劣或者过期失效、变质的农副产品；不出售法律法规禁止销售的其他农副产品。

六、遵守信用规定。按期还贷、按时付息，不无故拖欠金融机构贷款本金或利息行为；不将贷款资金用于高利转借、赌博、从事非法营利活动等；不弄虚作假、骗取上级补助资金及其他款物；不采取欺骗手段骗取贷款；按时缴纳水费、电费、有线电视费等费用。

七、遵守合同协议。认真履行与企业达成的劳动用工合同；认真履行签订的种养殖合同；不利用合同进行欺骗等违法活动；不煽动群众单方面撕毁与企业签订的合同；以正当途径解决合同纠纷；严格遵守口头协议，不言而无信。

龙田镇诚信守法先进户评分标准

类别	序号	评分项目及赋分标准	分值	评分部门	实得分
一、遵从党和政府的领导	1	拥护党的领导，热爱祖国，热爱社会主义，不做有损国格、有伤民族气节的事	1	驻村干部、村干部	
	2	自觉执行党和国家的方针政策	1	驻村干部、村干部	
	3	支持配合镇政府和村委会开展工作	3	驻村干部、村干部	
二、遵守法律法规	4	自觉学习法律法规	1	驻村干部、村干部	
	5	遵纪守法，遵守各项村规民约和各项规章制度	1	驻村干部、村干部	
	6	不打架斗殴（1分），不酗酒闹事（1分）	2	派出所	
	7	无黄、赌、毒行为或其他治安案件	3	派出所	
	8	两劳人员、社区矫正人员积极服从、配合职能部门管理（无所列人员的得2分，有所列人员按实际情况评分）	2	司法所	

续表

类别	序号	评分项目及赋分标准	分值	评分部门	实得分
二、遵守法律法规	9	珍惜土地，保护资源和生存环境，不乱占、抢占、超占宅基地和耕地	1	国土所	
	10	合法生产经营，依法纳税、缴费	1	税、费部门	
	11	采取合法渠道逐级反映合理诉求，不组织、不参加非正常群体性上访、越级访、重复访	3	信访办	
	12	坚决执行反邪教，不搞非法宗教活动	2	综治办	
	13	不拉帮结伙（1分），聚众闹事（1分）	2	"中心"、派出所	
	14	模范执行计划生育政策，按规定落实查环查孕及"四术"措施	3	计生办	
	15	严格执行婚姻法，晚婚晚育，优生优育，提高人口素质	1	计生办	
	16	依法缴清社会抚养费（从需缴费之日起五年内从没有缴交的不得分，有缴交但没有缴清的得1分）	2	计生办	
	17	按镇、村规划要求，依法办理建房审批手续	1	国土所、规划所	
	18	不非法买卖集体土地	1	国土所	
	19	不盗砍滥伐林木（1分）、毁林开垦、乱占林地（1分），不违规放火烧山（1分）	3	护林站	
	20	无违反交通法规（1分），醉酒驾驶（1分），或造成交通事故受到交通公安部门处理（1分）	3	派出所	
	21	不非法猎捕、收购、贩卖野生保护动物	1	护林站	
	22	自觉维护妇女儿童的合法权益，不发生家庭暴力和虐待行为	2	中心、妇联、派出所	

续表

类别	序号	评分项目及赋分标准	分值	评分部门	实得分
三、积极履行村民义务	23	关心、热爱集体，爱护公共财产，自觉维护公用设施	1	驻村干部、村干部	
	24	积极参加村委会或村小组组织的各种会议和活动	2	驻村干部、村干部	
	25	积极参与村道、学校、农田水利设施等公益事业建设维护	2	驻村干部、村干部	
	26	支持集体决策，没有拒、欠交集体款项行为	1	驻村干部、村干部	
	27	主动参加公益劳动和活动，按时按量完成任务	1	驻村干部、村干部	
四、遵守家庭美德，生活文明	28	家庭成员团结和睦，互敬互爱，真诚相待，男女平等，婆媳关系融洽	1	中心、派出所、妇联	
	29	尊老爱幼，自觉履行赡养义务	2	中心、派出所、妇联	
	30	邻里关系融洽，互助互让（1分），无纠纷案件发生（2分）	3	中心、派出所	
	31	发扬艰苦朴素优良传统，科学安排生活，勤俭持家，合理消费	1	驻村干部、村干部	
	32	室内外卫生干净，无垃圾死角（1分），无乱写、乱画、乱建、乱占、乱停、乱放、乱泼、乱倒现象（1分）	2	驻村干部、村干部	
	33	自觉学政治、学文化、学科技，积极参加集体组织的各种培训和学习	1	驻村干部、村干部	
	34	适龄儿童全部接受义务教育（1分），成人无文盲（1分）	2	科教文卫办	

续表

类别	序号	评分项目及赋分标准	分值	评分部门	实得分
五、遵守市场规则，勤劳致富	35	不欺行霸市、哄抬物价	1	工商所	
	36	公平买卖，不短斤少两	1	工商所	
	37	不将农产品以次充好、掺假售出	1	工商所	
	38	不强买强卖、骗买骗卖	1	工商所、派出所	
	39	不出售按照国家规定应当检验、检疫而未检验、检疫的产品	1	工商所、安监所、农业办	
	40	不出售农药超标的果蔬；不出售假冒伪劣或者过期、失效、变质的农副产品	2	工商所、农业办	
	41	不出售法律、法规禁止销售的其他农副产品	2	工商所、农业办	
六、遵守信用规定	42	按期还贷按时付息，没有无故拖欠金融机构贷款本金或利息行为	2	经济办、银信部门	
	43	不将贷款资金用于高利转借、赌博、从事非法营利活动等	2	派出所	
	44	不弄虚作假、骗取上级补助资金及其他款物	2	农业办、财政所	
	45	不采取欺骗手段骗取贷款	2	经济办、银信部门	
	46	按时缴纳水费、电费、有线电视费等费用	1	收费部门	
七、遵守合同协议	47	认真履行与企业达成的劳动用工合同	1	劳保所	
	48	认真履行签订的种养殖合同	1	中心、司法所	
	49	不利用合同进行诈骗等违法活动	1	中心、司法所	
	50	不煽动群众单方面撕毁与企业签订的合同	2	中心、司法所	
	51	以正当途径解决合同纠纷	2	中心、司法所	
	52	严格遵守口头协议，不言而无信	2	中心、司法所	

续表

类别	序号	评分项目及赋分标准	分值	评分部门	实得分
八、奖励加分	53	表现突出，被镇以上单位授予荣誉称号（镇级2分；县级4分；市级6分；省级8分；中央级10分）	2—10	评比部门	
	54	积极参与抢险救灾等活动，表现突出得到镇级以上肯定（镇级2分；县级4分；市级6分；省级8分；中央级10分）	2—10	抢险救灾部门	
	55	积极参与社会救助、扶贫济困活动（达到建议金额得2分；每超过建议金额1倍再加2分，再高得分为10分）	2—10	组织活动部门	
	56	在是非面前伸张正义、见义勇为，拾金不昧并且被镇级以上单位认可（镇级2分；县级4分；市级6分；省级8分；中央级10分）	2—10	镇级以上单位	
	57	积极参加响应政府节能降耗、新技术推广，实行科学种田等	3	农业办、经济办	
	58	尊师重教，大力支持教育事业（达到建议金额得2分；每超过建议金额1倍再加2分，最高得分为10分）	2—10	科教文卫办	
	59	纯二女户落实计划生育政策	3	计生办	
	60	家庭订有党报、党刊	2	党政办	
九、一票否决	61	违反殡葬管理规定，发生土葬行为	一票否决	社会事务办	
	62	发生非婚生育、非法抱养或超生情况	一票否决	计生办	
	63	发生刑事案件或群体性事件	一票否决	中心、派出所	

注：1. 共52项，合计86分，另外，奖励加分8项，一票否决3项；
2. 得分为80—89分的农户评为诚信守法户；得分为90分以上的农户评为诚信守法先进户；
3. 《龙田镇诚信守法先进户评分标准》条款解释权归龙田镇农村社会管理办公室。

附件 8　宁津县关于对 A 级诚信主体进行动态管理的办法（试行）

宁津县关于对 A 级诚信主体进行动态管理的办法（试行）

为进一步深化宁津县信用体系建设，切实提高 A 级诚信主体的含金量，充分发挥典型的示范和引导作用，特制定此办法。

一　适用范围

经过宁津县诚信建设工作委员会认定的 A 级诚信主体（包含企业、个人）。

二　具体要求

1. 获得 A 级荣誉称号的诚信主体，如有失信行为，根据相应的标准进行减分，达到降级标准的，直接降级。

2. 取消 A 级诚信主体没有失信行为则年度自动加 1 分的优惠政策，诚信主体获得加分必须有货真价实的加分项，没有加分项的诚信主体一律不得加分。

3. 2016 年以后评定的 A 级诚信主体，连续三年没有新增加分项的，诚信等级将自动降为 B 级，诚信分数降为 100 分。2014 年度、2015 年度评定的 A 级诚信主体，在 2018 年 11 月 20 日前，没有新增加分项的，诚信等级降为 B 级，诚信分数降为 100 分。

4. A 级诚信主体必须参加"诚信宁津"建设工作委员会组织的年度 A 级诚信主体复审工作，对于未参加复审的 A 级诚信主体诚信等级一律降为 B 级，诚信分数降为 100 分。

5. A 级诚信企业降级后，企业法人代表诚信级别高于企业等级的，自动降级并与企业诚信等级保持一致。

6. A 级诚信主体的申报时间为每年 11 月，到次年 11 月为一个周期，所有加分项必须在年度周期内获得，没有及时申报的视为弃权，加分项不自动顺延至第二年。

7. 在宁津县诚信建设综合管理系统中没有建立诚信档案的个人和企业，不得参与当年度的 A 级主体的申报评选，在建立诚信档案后，可凭借新的加分项，参加下一年度的申报。

8. 初审完成后，A 级诚信主体需在其参与评选的村居、社区公示一周，降级的 A 级诚信主体需单独公示。最终认定后，县诚信办将会对所有 A 级诚信主体进行集中公示。

三 责任分工

1. 县诚信办负责制定对应的政策文件、对各部门间的工作进行指导协调及 A 级诚信主体的最终认定工作。

2. 各乡镇（街道、开发区）负责辖区内各级诚信主体的申报、复审及公示工作。

3. 县直各部门负责本单位及二级单位各级诚信主体的申报、复审及公示工作。

4. 县经信局、县商务局负责 A 级诚信企业的认定工作。

四 组织领导

A 级诚信主体的动态管理工作要在各级党组织的领导下进行。各级各部门要认真履行工作职责，采取有效措施和办法，本着实事求是、客观公正的原则开展管理工作；要严肃工作纪律，对因工作不负责、弄虚作假、违反纪律规定造成结果失真的，严肃问责；要严格工作考核，对 A 级诚信主体动态管理工作进行专项考核，年终统一兑现奖惩。

五 附则

1. 本办法由县诚信办负责解释。

2.《中共宁津县委 宁津县人民政府关于对"诚信个人"和"诚信企业"的奖惩政策（试行）》将继续沿用。

3. 《管理服务对象加减分标准》以当年度公示为准。

4. 本办法自下发之日起实施。

"诚信宁津"建设工作委员会办公室
2017年3月6日

附件9 云阳县诚信信息管理办法（试行）

**中共云阳县委办公室 云阳县人民政府办公室
关于印发《云阳县诚信信息管理办法（试行）》的通知**

各乡镇党委、政府，各街道党工委、办事处，县属各部门，各人民团体，各企事业单位：

为深入推进社会诚信体系建设，加强诚信信息的收集、管理和使用，根据《云阳县社会诚信体系建设实施意见》（云阳委办发〔2012〕10号）、《社会诚信体系建设任务分解表》（云阳委办〔2012〕40号）等文件精神，特制定《云阳县诚信信息管理办法（试行）》。现印发给你们，请认真抓好落实。

中共云阳县委办公室
云阳县人民政府办公室
2012年12月30日

云阳县诚信信息管理办法（试行）

云阳委办发〔2012〕66号

第一章 总则

第一条 为加强社会诚信体系建设，完善诚信信息管理，根据有关法律法规和《云阳县社会诚信体系建设实施意见》（云阳委办发〔2012〕10号）、《社会诚信体系建设任务分解表》（云阳委办〔2012〕40号）等文件精神，结合实际，制定本办法。

第二条　本办法所称诚信信息，是指诚信主体在云阳县行政区域内工作、生活、经商、投资中行使权利、履行义务、承担责任、弘扬公德、遵纪守法等方面的行为记录。

第三条　本办法所称诚信主体，是指具有法人资格的国家机关、企业事业单位、人民团体、"两新"组织（新经济组织和新社会组织），和具有本县户籍或非本县户籍来云工作、生活、居住3个月以上的年满18周岁及以上的中国公民。

第四条　组建"诚信云阳综合信息网"作为诚信信息综合运用的平台，暂由县诚信体系建设领导小组办公室（简称县诚信办，挂靠在县综治办）负责"诚信云阳综合信息网"的日常运行、维护管理。

第二章　用户管理

第五条　建立"诚信云阳综合信息网"系统用户管理制度，根据实际将全县各级各部门设置为四个等级用户，四个等级用户之间不得互相兼职。

一级用户为县诚信办。进行全面管理，负责管理全县所有系统用户；管理、查询全县的信息；更改有争议（错误）的信息。

二级用户为部门和单位。负责职能范围内的信息录入、审核、管理、查询，调查核实有争议（错误）的信息并报县诚信办修正。

三级用户为乡镇（街道）。管理下一级用户；负责审核村（社区）的信息；管理、查询本乡镇（街道）的信息；核实有争议（错误）的信息并报县诚信办修正。

四级用户为村（社区）。负责信息的录入、初审，管理、查询本村（社区）的信息，调查有争议（错误）的信息并上报调查情况到乡镇（街道）。

第六条　根据等级用户权限，为不同等级用户分配信息录入员、管理员名额，由各级用户上报信息录入员、管理员的基本情况至县诚信办。未经县诚信办批准，各级用户不得修改用户基本信息。如用户消失（消亡）等无须再录入时，应上报县诚信办，同时停止该用户信息的录入。

第七条　本系统的所有用户均不能删除，只能对用户进行停用或启用的操作。如新增或变更用户，应将其基本情况上报县诚信办批准并授权。

第三章　信息采集录入

第八条　诚信信息采集录入坚持以下原则：

（一）依法采集、应录尽录的原则；

（二）记录行为结果原则（公民道德诚信记录除外）；

（三）谁采集录入谁负责的原则；

（四）分级审核的原则；

（五）依法保密的原则。

第九条　诚信信息采集录入包括以下内容：

（一）基本信息

1. 法人信息。包括单位名称、负责人、单位类型、主要业务、经营范围、地址、联系方式、登记号（组织机构代码证）等。

2. 个人身份信息。包括姓名、性别、民族、出生年月、身份证号码、籍贯、学历、户籍所在地、工作单位、职业、现居住地等。

（二）主要内容

公民和法人的诚信信息的采集录入要客观公正、准确及时，具体内容由司法公信、政务诚信、商务诚信、金融诚信、公民道德诚信"五大体系"建设的牵头单位牵头，按照《社会诚信体系建设实施意见》（云阳委办发〔2012〕10号）和《社会诚信体系建设任务分解表》（云阳委办〔2012〕40号）的要求，结合本系统实际确定，并分别制定各系统的采集录入细则。

1. 司法公信系统

由县委政法委牵头，组织县综治办、县人民法院、县人民检察院、县公安局、县司法局重点采集录入公民和法人有关见义勇为信息、刑事处罚信息、民事裁定信息、行政处理信息和执法责任追究、公开承诺事项落实情况等方面的信息（见附件9.1）。

2. 政务诚信系统

由县监察局牵头，组织行政执法机关和具有执法权的事业单位依法采集录入公民和法人的表彰奖励信息、违法违纪违规违章信息（见附件9.2）。

3. 商务诚信系统

由县商务局牵头，组织县发改委、县经信委、县农委、县国税局、县地税局、县工商局、县质监局、县食药监局等部门采集录入本部门市场监管、社会管理和公共服务等方面的诚信信息，采集录入企业、个体工商户等市场主体在申请准入、采购、生产、加工、销售等环节的诚信信息（见附件9.3）。

4. 金融诚信系统

由县人民银行牵头，组织银行业金融机构和保险业金融机构采集录入公民和法人恶意逃避债务、恶意透支、拒不执行生效判决、骗保等信息（见附件9.4）。

5. 公民道德诚信系统

由县综治办牵头指导，在乡镇（街道）的领导下，由村（社区）根据公民个人在社会公德、职业道德、家庭美德、个人品德等方面的表现，采集录入公民爱国守法、诚实守信、勤俭自强、互助友善、和睦邻里、热心公益、崇尚科学、文明卫生等信息（见附件9.5）。

第十条　建立信息录入及审核制度，明确信息录入员和管理员的任职条件及工作纪律，规定录入期限和审核期限，规范录入流程和审核流程，保证信息及时更新，审核严格把关。

第十一条　部门、乡镇（街道）、村（社区）根据"五大系统"诚信信息采集录入细则的要求，由录入员负责信息的初录，经本级管理员审核后保存到"诚信云阳综合信息网"相应栏目。录入"诚信云阳综合信息网"的信息要准确、及时、全面、完整。

第十二条　信息录入后，关联"五大系统"相关信息，生成诚信主体的诚信信息电子档案，方便管理和使用。

第四章　信息查询

第十三条　按照保密和授权要求，合理分配查询权限。

第十四条　部门（法人）、乡镇（街道）和村（社区），由县诚信办授权管理员、录入员采用密码加管理员、录入员姓名的办法,查询各自部门、乡镇(街道)、村(社区)和法人单位的相关信息。

第十五条 公民个人凭身份证、个体工商户凭工商执照编码,登录"诚信云阳综合信息网",可以查询本人的信息。企业凭工商执照编码,国家机关、社会团体和事业单位凭组织机构代码证,登录"诚信云阳综合信息网",可以查询本单位的信息。

按照"谁审批、谁负责"的要求,公民、法人查询第三方的信息时,应填写《查询信息申请表》(见附件9.6),由接受申请的单位负责审批,决定是否受理。决定受理公民个人查询申请的,应提交身份证和有关材料,并签订《保密承诺书》(见附件9.7);决定受理法人查询申请的,应提供法人单位介绍信和有关材料,并签订《保密承诺书》。

妥善保管查询的各种材料,与《查询信息申请表》一同归档,其保存年限不得低于3年。

第十六条 县级管理员可采取"密码+姓名"的办法,查询诚信信息,出具书面查询证明。

第十七条 县诚信办应当定期对查询情况进行检查,及时纠正不合法、不合规的查询,确保所有查询符合规定,最大限度地维护信息安全。

第五章 信息适用

第十八条 制定《云阳县诚信信息适用办法》,认真做好诚信信息适用工作,加大诚信信息在政治、经济、社会领域等方面的运用,提高诚信建设的社会效益。

第六章 信息储存和保密

第十九条 对采集的诚信信息纸质件,应保留原始记录,不得丢失、损毁、涂改,一年一归档,保存时间不得低于十年。对录入"诚信云阳综合信息网"的信息,由系统自动保存在录入单位用户名下,保存时效不得低于三年。

第二十条 所有系统用户的信息录入员、管理员应签订保密承诺书,保守在工作中知悉的秘密,保护他人隐私,不得泄露国家机密、商业秘密，防止信息丢失和泄露。

信息录入员、管理员调离岗位，各级用户需报县诚信办备案，并将新增设的信息录入员、管理员的基本情况上报，由县诚信办注销其原权限及密码，同时赋予新增的信息录入员、管理员权限及密码。

第二十一条　建立"诚信云阳综合信息网"内部运行和外部访问的监控制度，监督用户的操作，防范对诚信信息数据的非法入侵。

第二十二条　加强对"诚信云阳综合信息网"的网络环境的维护，保障网络环境及信息的安全。

第七章　附则

第二十三条　"五大系统"牵头单位根据本办法分别制定诚信信息采集录入细则，根据试行情况需调整相关内容的，报请县诚信办同意后实施。

第二十四条　诚信主体认为诚信信息有误、存在争议时，由该诚信主体作为申请人，持有效证件向录入单位提出书面核查申请。录入单位收到书面申请后，应在10个工作日内进行核查，并将核查情况向申请人反馈。

经核查无误后，由部门、乡镇（街道）和村（社区）管理员在3个工作日内报县诚信办更正。

第二十五条　信息采集、录入、管理人员和系统用户违反本办法的有关保密规定，由县纪检监察、组织人事部门处理；构成违法犯罪的，移送司法机关处理；诚信信息使用者超出使用范围、使用他人有效证件号码进行查询，造成不良后果的，依法承担有关法律责任。

第二十六条　按公益性质培育公共征信机构（中介机构），履行收集、整理、录入、查询和使用诚信信息，出具信用记录证明等职责，提供多样化服务。

第二十七条　本办法由县诚信办负责解释。

第二十八条　本办法从2012年1月1日起执行。

附件：1. 司法公信系统诚信信息采集录入细则
2. 政务诚信系统诚信信息采集录入细则

3. 商务诚信系统诚信信息采集录入细则

4. 金融诚信系统诚信信息采集录入细则

5. 公民道德诚信系统诚信信息采集录入细则

6. 查询信息申请表

7. 保密承诺书

附件 9.1　司法公信系统诚信信息采集录入细则

司法公信系统诚信信息采集录入细则

一　采集对象

（一）云阳县辖区内具有法人资格的国家机关、企业事业单位、人民团体、"两新组织"等部门和单位（以下简称"法人"）；

（二）具有云阳县户籍、年满 18 周岁以上的中国公民（简称"本地公民"，以下统称"公民"）；

（三）非云阳县户籍在云工作、生活、居住 3 个月以上，年满 18 周岁以上的中国公民（简称"外地公民"，以下统称"公民"）。

二　采集录入主体

县综治办、县人民法院、县人民检察院、县公安局、县司法局，负责司法公信系统诚信信息的采集录入工作。

三　采集录入时效

公民和法人诚信信息采集录入的时效按有关法律法规的规定执行，司法公信系统诚信信息采集录入的起始时间为 2012 年 1 月 1 日，在此之前的公民和法人发生的行为信息，符合法律法规规定和诚信体系建设要求的，应当采集录入的均要采集录入。

四　采集录入内容

（一）政法系统各部门及其公务人员行政处理、执法责任追究和公开承诺事项落实情况等方面的信息。

（二）公民

1. 行政处理信息。记录公民违反治安管理处罚法和其他法律法规并受到公安机关行政处理的行为。

2. 民事裁定信息。记录公民在民事方面受到司法裁决的不良行为，重点是赡养、抚养、生效裁决不执行等行为。

3. 民事行政检察信息。记录公民不被批捕、不予起诉等结论行为和刑事和解行为。

4. 刑事处罚信息。记录公民受到刑事处罚的行为。重点是杀人、伤害、强奸、抢劫、贩卖毒品、放火、爆炸、投毒、劫持等主要刑事犯罪和盗窃、扒窃、抢夺等犯罪行为；贪污、贿赂、滥用职权、失职渎职等受到法律追究的职务犯罪行为。

5. 见义勇为信息。主要记录公民见义勇为先进事迹，公民实施的见义勇为行为可以是本县辖区内发生的，也可以是本县辖区外发生的。

6. 其他需要录入的违法犯罪行为。

（三）法人

1. 民事裁定信息。记录法人民事方面受到司法裁决的行为、生效判决不执行等民事纠纷不良行为。

2. 商业贿赂记录。记录法人在经济活动中的商业贿赂违法行为。

3. 民事行政检察信息。记录法人受过强制措施等犯罪和其他违法记录。

4. 其他需要录入的违法犯罪行为。

五 录入程序

（一）县综治办、县人民法院、县人民检察院、县公安局、县司法局按照采集录入表，记录各自职权范围内的诚信信息。

（二）根据采集录入表册记录的内容，录入"诚信云阳综合信息网"的"司法公信"栏目。

司法公信系统诚信信息采集录入表（公民）　　年度

基本信息	姓名		性别	民族	籍贯	文化程度	政治面貌
	出生年月	身份证号码		户籍所在地		现居住地	
	工作单位			职业		其他	

司法公信信息记录	行政处理信息	
	民事裁定信息	
	民事行政检察信息	
	刑事处罚信息	
	见义勇为信息	
	其他信息	

司法公信系统诚信信息采集录入表（法人）　　年度

基本信息	单位名称		负责人	单位类型	主要业务
	经营范围	地址	联系方式	组织机构代码证	

司法公信信息记录	民事裁定信息	
	商业贿赂信息	
	民事行政检察信息	
	其他信息	

附件9.2　政务诚信系统诚信信息采集录入细则

政务诚信系统诚信信息采集录入细则

一　采集对象

（一）云阳县辖区内的行政执法机关和具有执法权的事业单位（以下

简称"法人");

(二)具有云阳县户籍、年满 18 周岁以上的中国公民(简称"本地公民",以下统称"公民");

(三)非云阳县户籍在云工作、生活、居住 3 个月以上,年满 18 周岁以上的中国公民(简称"外地公民",以下统称"公民")。

二 采集录入主体

以本县内的行政执法机关和具有执法权的事业单位为主体,负责政务诚信系统诚信信息的采集录入工作。包括:县监察局(纪委)、县发改委、县教委、县科委、县经信委、县民政局、县财政局、县人力社保局、县国土房管局、县环保局、县城乡建委、县规划局、县交通局、县市政园林局、县水务局、县农委、县商务局、县文广新局、县卫生局、县人口计生委、县审计局、县安监局、县统计局、县旅游局、县林业局、县国税局、县地税局、县工商局、县质监局、县食药监局、县烟草专卖局、县气象局、县交巡警大队、县畜牧局、县煤工局、县保密局、县供销联社、县档案局、县港航处、县运管所、县医保局、县社保局、县公共资源交易中心、县采购办、其他需要采集录入的主体。

三 采集录入时效

政务诚信信息采集录入的时效按有关法律法规的规定执行,政务诚信系统诚信信息采集录入的起始时间为 2012 年 1 月 1 日。在此之前发生的公民和法人的诚信行为信息,符合法律法规规定和诚信体系建设要求的,应当采集录入的均要采集录入。

四 采集录入内容

(一)公民

1. 表彰奖励信息。主要采集公民接受各级各部门表彰奖励的信息。

2. 违法违纪违规违章信息。主要采集公民违法违纪违规违章受到处理(处罚)和党纪政纪处分的信息。

3. 违反管理规定信息。主要采集公民违反管理规定的行为,记录事由、违反条款、处罚机关、处罚日期、处罚结果及履行情况等信息。

4. 其他需要录入的政务诚信信息。

（二）法人

1. 行政执法信息。主要采集法人行政执法的依据、主体、程序、用语、文书等方面行政违法、行政不当的信息。

2. 承诺事项信息。主要采集法人公开承诺事项兑现的信息。

3. 行政行为绩效信息。主要采集法人行政行为程序不当，该作为而不作为、乱作为，经行政复议发现行政违法或行政行为明显不当，被举报、投诉，被县级以上通报批评、被行政问责的信息。

4. 其他需要录入的政务信息。

五 录入程序

（一）行政执法单位和具有执法权的事业单位按照采集录入表，记录各自职能范围内的诚信信息。

（二）根据采集录入表册记录的内容，录入"诚信云阳综合信息网"的"政务诚信"栏目。

政务诚信系统诚信信息采集录入表（公民）　　年度

基本信息	姓名	性别	民族	籍贯	文化程度	政治面貌
	出生年月	身份证号码		户籍所在地		现居住地
	工作单位		职业		其他	

政务诚信信息记录	表彰奖励信息	
	违法违纪违规违章信息	
	违反管理规定信息	
	其他信息	

政务诚信系统诚信信息采集录入表（法人）　　　　年度

基本信息	单位名称		负责人	单位类型	主要业务
	经营范围	地址	联系方式	组织机构代码证	
政务诚信信息记录	行政执法信息				
	承诺事项信息				
	行政行为绩效信息				
	其他信息				

附件9.3　商务诚信系统诚信信息采集录入细则

商务诚信系统诚信信息采集录入细则

一　采集对象

（一）云阳县辖区内具有法人资格的国家机关、企业事业单位、人民团体、"两新组织"等部门和单位（以下简称"法人"）；

（二）具有云阳县户籍、年满18周岁以上的中国公民（简称"本地公民"，以下统称"公民"）；

（三）非云阳县户籍但在云工作、生活、居住3个月以上，年满18周岁以上的中国公民（简称"外地公民"，以下统称"公民"）。

二　采集录入主体

县商务局、县发改委、县经信委、县农委、县国税局、县地税局、县工商局、县质监局、县食药监局、县财政局、县旅游局、县运管所、县港航处、县煤工局、县公共资源交易中心、县采购办负责商务诚信系统诚信信息的采集录入工作。

三　采集录入时效

公民和法人诚信信息采集录入的时效按有关法律法规的规定执行，商务诚信系统诚信信息采集录入的起始时间为2012年1月1日，在此之前公民和法人发生的诚信行为信息，符合法律法规规定和诚信体系建设要求的，应当采集录入的均要采集录入。

四 采集录入内容

（一）公民

1. 行政处理方面信息。主要记录公民扰乱经济秩序，妨碍行政管理、阻碍行政执法行为（录入主体各单位）。

2. 商业欺诈、贿赂信息。主要记录公民在经营活动中误导和欺骗消费者，商业贿赂违法行为（录入主体各单位）。

3. 纳税方面信息。主要记录公民依法纳税，偷税、欠税等违法犯罪行为（国税局、地税局）。

4. 表彰奖励信息。主要记录公民在生产经营、依法纳税等方面接受相关部门表彰奖励的信息（录入主体各单位）。

5. 其他需要录入的商务诚信信息。

（二）法人

1. 价格方面信息。主要记录法人在生产经营中价格、收费违法行为（录入主体各单位）。

2. 行政处理方面信息。主要记录法人妨碍行政管理、阻碍行政执法行为（录入主体各单位）。

3. 合同履约方面信息。主要记录法人合同欺诈、不正当竞争、商业贿赂、走私贩私等经济违法行为（录入主体各单位）。

4. 产品质量方面信息。主要记录法人生产经营中假冒伪劣等违法行为（录入主体各单位）。

5. 纳税方面信息。主要记录法人偷税、欠税、抗税以及欺诈等违法犯罪行为（国税局、地税局）。

6. 其他需要录入的商务诚信信息。

五 录入程序

（一）录入主体各单位按照采集录入表，记录各自职能范围内的诚信信息。

（二）根据采集录入表册记录的内容，录入"诚信云阳综合信息网"的"商务诚信"栏目。

商务诚信系统诚信信息采集录入表（公民）　　　　年度

基本信息	姓名		性别		民族		籍贯		文化程度		政治面貌
	出生年月		身份证号码		户籍所在地				现居住地		
	工作单位				职业				其他		

商务诚信信息记录	行政处理信息	
	商业欺诈、贿赂信息	
	纳税信息	
	表彰奖励信息	
	其他信息	

商务诚信系统诚信信息采集录入表（法人）　　　　年度

基本信息	单位名称		负责人		单位类型		主要业务
	经营范围		地址		联系方式		组织机构代码证

商务诚信信息记录	价格信息	
	行政处理信息	
	合同履约信息	
	产品质量信息	
	纳税信息	
	其他信息	

附件9.4　金融诚信系统诚信信息采集录入细则

金融诚信系统诚信信息采集录入细则

一　采集对象

（一）云阳县辖区内具有法人资格的国家机关、企事业单位、人民团体、"两新组织"等部门和单位（以下简称"法人"）。

（二）具有云阳县户籍、年满 18 周岁以上的中国公民（以下简称"公民"）。

二 采集录入主体

中国农业发展银行云阳县支行、中国工商银行云阳县支行、中国农业银行云阳县支行、中国建设银行云阳县支行、中国邮政储蓄银行云阳县支行、重庆农村商业银行云阳县支行、重庆银行云阳县支行、重庆三峡银行云阳县支行、云阳恒丰村镇银行等 9 家银行业金融机构，中国人民财产保险有限公司云阳支公司、中国人寿保险有限公司云阳支公司、中国人民人寿保险股份有限公司云阳支公司、天安财产保险股份有限公司云阳支公司、阳光财产保险股份有限公司云阳支公司 5 家保险业金融机构。

三 采集录入的时效与责任

1. 被采集信息的报告期，按照不溯及以往的原则，确定为 2012 年 1 月 1 日以后发生的采集内容。在此之前公民和法人发生的诚信行为信息，符合法律法规规定和诚信体系建设要求的，应当采集录入的要采集录入。

2. 各金融机构可根据工作量的大小，采取实时上报或月末集中上报的方式；对已经归还贷款本息的法人、自然人，必须在办理完归还手续的次日，完成对该法人或自然人负面信用信息的变更或删除。

3. 各金融机构应分别确定一名金融诚信信息的录入员和审核员，并按照谁上报、谁审核、谁负责的原则，切实加强核对，严把信用信息上报关，务必做到上报信息真实、准确、完整。

四 采集录入内容

采集录入的内容必须是已经发生、客观存在的金融信用信息，主要是公民、法人与金融机构发生交易记录后产生的负面信用信息。具体包括：

（一）公民

1. 拖延贷款信息。主要记录公民向银行业金融机构借款，逾期未归还，且拒签银行贷款催收通知书，又不办理延期手续，不结清贷款利息，不签订贷款归还协议的。

2. 不履行司法判决信息。主要记录公民向银行业金融机构借款，逾期不还，司法判决已生效仍不履行还款义务的。

3. 刑事处罚信息。主要记录公民发生保险诈骗、票据诈骗和洗钱行为，被司法机关追究刑事责任的。或犯罪事实成立，但因情节轻微等原因被免于追究刑事责任的。

4. 其他金融负面信息。由各金融机构根据审慎原则决定是否采集录入。

（二）法人

1. 拖延贷款信息。主要记录法人向银行业金融机构借款，逾期未归还，且拒签银行贷款催收通知书，又不办理延期手续，不结清贷款利息，不签订贷款归还协议的。

2. 不履行司法判决信息。主要记录法人向银行业金融机构借款，逾期不还，司法判决已生效仍不履行还款义务的。

3. 刑事处罚信息。发生保险诈骗、票据诈骗和洗钱行为，被司法机关追究刑事责任的。或犯罪事实成立，但因情节轻微等原因被免于追究刑事责任的。

4. 其他金融负面信息。由各金融机构根据审慎原则决定是否采集录入。

五　录入程序

前述 14 个采集录入主体按照采集录入表，独立向"诚信云阳综合信息网"的"金融诚信"栏目开展金融诚信信息的录入、维护和管理工作。

金融诚信系统诚信信息采集录入表（公民）　　　年度

	姓名	性别	民族	籍贯	文化程度	政治面貌
基本信息						
	出生年月	身份证号码		户籍所在地		现居住地
	工作单位		职业		其他	
金融诚信信息记录	拖延贷款信息					
	不履行司法判决信息					
	刑事处罚信息					
	其他信息					

金融诚信系统诚信信息采集录入表（法人）　　　　年度

基本信息	单位名称		负责人	单位类型	主要业务
	经营范围	地址	联系方式	组织机构代码证	
金融诚信信息记录	拖延贷款信息				
	不履行司法判决信息				
	刑事处罚信息				
	其他信息				

附件9.5　公民道德诚信系统诚信信息采集录入细则

公民道德诚信系统诚信信息采集录入细则

一　采集对象

（一）具有云阳县户籍的年满18周岁以上的中国公民（简称"本地公民"，以下统称"公民"）；

（二）非云阳县户籍但在云工作、生活、居住3个月以上，年满18周岁以上的中国公民（简称"外地公民"，以下统称"公民"）。

二　采集录入主体

在乡镇（街道）的领导下，以村（社区）为主体，具体负责公民道德诚信系统诚信信息的采集录入工作。

三　采集录入时效

公民道德诚信信息采集录入的时效按有关法律法规的规定执行，公民道德诚信系统诚信信息采集录入的起始时间为2012年1月1日，在此之前发生的诚信行为信息，符合法律法规规定和诚信体系建设要求的，应当采集录入的均要采集录入。

四　"公民道德档案"内容

（一）爱国守法。热爱祖国，拥护中国共产党的领导；模范遵守国家法律法规，自觉执行各种政策规定；严格自律，健康上网；依法从事生产经营活动。

（二）诚实守信。公平交易，依法履约；履行自己的责任和义务；不说谎，不做假，讲信誉；信守诺言，坦诚待人；勇于承认错误、改正错误。

（三）勤俭自强。辛勤工作，吃苦耐劳；自力更生，厉行节约；劳动致富，带领群众增收；无好吃懒做、好逸恶劳、游手好闲等行为。

（四）互助友善。社会成员间平等友爱、和气相处，互相帮助、互谅互让，相互理解、相互信任；家庭成员间和睦相处，自觉履行赡养、抚养、扶养义务。

（五）和睦邻里。关心他人、乐于助人，不打架斗殴、辱骂他人，不惹是生非、恃强凌弱，不挑拨离间、搬弄是非。

（六）热心公益。支持公益事业，爱护公共财产；见义勇为、扶危济困、捐资助学；积极从事志愿服务、义工活动。

（七）崇尚科学。相信科学，掌握科学知识，弘扬科学精神，积极同歪理邪说做斗争；尊重事实，明辨是非；不参与封建迷信活动，不参加"法轮功"等邪教和非法组织的活动。

（八）文明卫生。摒弃陋习，崇尚文明；衣着整洁，言谈大方；身心健康，作风正派；爱护公物，保护环境；遵守规定，服从管理；厉行节约，不铺张浪费。

五　星级评定

上述进入"公民道德档案"的八个方面的内容，分别用"爱国守法星、诚实守信星、勤俭自强星、互助友善星、和睦邻里星、热心公益星、崇尚科学星、文明卫生星"8颗星表示。如做到其中之一，与之相对应的内容记为1颗星；如没有做到，则不记星。

六　采集录入和评议程序

（一）按照《中共云阳县委办公室、云阳县人民政府办公室关于印发〈云阳县公民道德诚信体系建设实施方案〉的通知》（云阳委办发〔2012〕20号）要求组织评议。

（二）记入"公民道德档案"，录入"诚信云阳综合信息网"中的"公民道德诚信"栏目。

公民道德诚信系统诚信信息采集录入表 　　年度

<table>
<tr><td rowspan="4">基本信息</td><td>姓名</td><td colspan="2">　</td><td>性别</td><td>　</td><td>民族</td><td>　</td><td>籍贯</td><td>　</td><td>文化程度</td><td>政治面貌</td></tr>
<tr><td>出生年月</td><td colspan="2">身份证号码</td><td colspan="3">户籍所在地</td><td colspan="5">现居住地</td></tr>
<tr><td colspan="3">工作单位</td><td colspan="4">职业</td><td colspan="4">其他</td></tr>
<tr><td colspan="11">　</td></tr>
<tr><td rowspan="8">公民道德档案内容</td><td colspan="2">爱国守法</td><td colspan="9">　</td></tr>
<tr><td colspan="2">诚实守信</td><td colspan="9">　</td></tr>
<tr><td colspan="2">勤俭自强</td><td colspan="9">　</td></tr>
<tr><td colspan="2">互助友善</td><td colspan="9">　</td></tr>
<tr><td colspan="2">和睦邻里</td><td colspan="9">　</td></tr>
<tr><td colspan="2">热心公益</td><td colspan="9">　</td></tr>
<tr><td colspan="2">崇尚科学</td><td colspan="9">　</td></tr>
<tr><td colspan="2">文明卫生</td><td colspan="9">　</td></tr>
</table>

附件9.6　查询信息申请表

查询信息申请表

<table>
<tr><td rowspan="2">姓名
（名称）</td><td colspan="3">有效证件类型</td><td rowspan="2">住址
（处所）</td><td rowspan="2">联系方式</td></tr>
<tr><td>身份证</td><td>工商执照</td><td>组织机构代码证</td></tr>
<tr><td colspan="6">　</td></tr>
<tr><td>查询事项及理由</td><td colspan="5">（请详细说明）
　　　　　　　　　　　申请人：
　　　　　　　　　　　　　年　月　日</td></tr>
<tr><td>提交的材料</td><td colspan="5">1. □身份证复印件□工商执照复印件□组织机构代码证复印件
2.
3.</td></tr>
<tr><td>查询单位
（主管单位）
审批意见</td><td colspan="5">　　　　　　　　　　　审批人：
　　　　　　　　　　　　　年　月　日</td></tr>
<tr><td>办理情况</td><td colspan="5">　</td></tr>
</table>

备注：在列举的有效证件类型中选择其中之一，并在对应的方框内打"√"。

附件9.7

保 密 承 诺 书

我了解有关保密法律法规制度，知悉应当承担的保密义务和法律责任。本人郑重承诺：

一、自觉遵守国家保密法律、法规和规章制度，履行保密义务；

二、不提供虚假个人信息，自愿接受保密审查；

三、不违规记录、存储、复制、传播所了解和接触的秘密信息和个人隐私；

四、不以任何方式泄露所接触和知悉的秘密信息和个人隐私；

如违反上述承诺，我自愿承担党纪、政纪责任和法律责任。

承诺人：

年　月　日

参考文献

一 各级各类规范性文件

《福建省南安市诚信"红黑榜"发布制度（试行）》

《公民诚信守法档案管理制度》

《公民诚信守法档案利用制度》

《公民诚信守法档案信息采集制度》

《公民诚信守法档案信息动态管理制度》

《公民诚信守法档案信息甄别录入制度》

《关于建立完善守信联合激励和失信联合惩戒制度　加快推进社会诚信建设的指导意见》

《广东省龙门县龙田镇农户诚信守法档案管理制度》

《龙田镇开展"争创诚信守法先进户"活动的实施方案》

《宁津县关于对 A 级诚信主体进行动态管理的办法（试行）》

《社会信用体系建设规划纲要（2014—2020 年）》

《五峰土家族自治县诚信守法档案建设工作实施方案》

《五峰土家族自治县诚信守法档案建设工作实施细则》

《五峰县长乐坪镇苏家河村村规民约》

五峰县六部门联合下发《关于开展敦促赡养人将被赡养人接入安全住房共同生活》

《五峰镇诚信守法档案建设工作实施方案》

《渔洋关镇公民诚信守法档案建设实施方案》

《渔洋关镇公民诚信守法档案建设实施细则（试用）》

《云阳县诚信信息管理办法（试行）》
《中共中央关于全面推进依法治国若干重大问题的决定》

二 著作与论文

《马克思恩格斯选集》第 1 卷，人民出版社 2012 年版。

陆益龙：《户籍制度——控制与社会差别》，商务印书馆 2003 年版。

潘允康：《家庭社会学》，中国审计出版社、中国社会出版社 2002 年版。

张晋藩：《中国法律的传统与近代转型》，法律出版社 2005 年版。

张明楷：《刑法格言的展开》，法律出版社 1999 年版。

[美] 安东尼·奥罗姆、陈向明：《城市的世界——对地点的比较分析和历史分析》，曾茂娟、任远译，上海人民出版社 2005 年版。

[荷] 根特城市研究小组：《城市状态：当代大都市的空间、社区和本质》，中国水利水电出版社 2005 年版。

[英] 莱芒·道逊：《中华帝国的文明》，金星男译，上海古籍出版社 1994 年版。

[美] 威廉·J. 古德：《家庭》，魏章玲译，社会科学文献出版社 1986 年版。

骆东平、汪燕：《从村规民约的嬗变看乡村社会治理的困境及路径选择——基于鄂西地区三个村庄的实证调研》，《湖北民族学院学报》（哲学社会科学版）2016 年第 2 期。

任路：《"家"与"户"：中国国家纵横治理结构的社会基础——基于"深度中国调查"材料的认识》，《政治学研究》2018 年第 8 期。

田毅鹏、徐春丽：《新时期中国城乡"社会样态"的变迁与治理转型》，《中国特色社会主义研究》2015 年第 2 期。

徐勇：《中国家户制传统与农村发展道路——以俄国、印度的村社传统为参照》，《中国社会科学》2013 年第 8 期。

杨郁、刘彤：《国家权力的再嵌入：乡村振兴背景下村庄共同体再建的一种尝试》，《社会科学研究》2019 年第 5 期。

陈进华：《健全自治法治德治相结合的乡村治理体系》，《光明日报》

2018年10月23日。

侯军德：《苍溪"道德诚信档案"育新风》，《四川农村日报》2012年12月19日。

李美时：《"诚信档案"树新风　美丽乡村入画来》，《黑龙江日报》2018年9月12日。

习近平：《完善和发展中国特色社会主义制度　推进国家治理体系和治理能力现代化》，《人民日报》2014年2月18日。

禹竹蕊：《行政黑名单制度如何助推社会诚信建设》，《法制日报》2019年12月11日。

张文：《城里的"亲戚"数不清》，《人民日报》2015年4月7日。

李秀娟：《罪责自负研究》，西南政法大学，硕士学位论文，2013年。

冯丽均、谭琼芳：《龙门大力推动政务诚信、企业诚信、农村诚信建设》，惠州文明网，http://hz.wenming.cn/wmcs/201911/t20191101_6130251.htm。

林嘉玲：《龙门县龙田镇在农村社会管理上大胆创新　首创"农户诚信守法档案管理制度"》，https://www.sohu.com/a/154892752_645318。

潘丹：《建诚信档案促文明乡风——长兴农商银行和平支行》，http://www.hz66.com/2019/0422/298917.shtml。

覃业成：《建公民诚信守法档案探索社会治理新途径》，人民法治网，http://www.rmfz.org.cn/contents/2/228415.html。

《五峰坚持"四个着眼"强力推进公民诚信守法档案建设》，湖北省司法厅网站，2019年9月26日，http://sft.hubei.gov.cn/wzlm/xwdt/fzlb/yc/160576.htm。

张学锋：《云阳以诚信体系建设为抓手深入推进社会治理工作》，https://www.docin.com/p-874121680.html。

郑芷南：《山东宁津建立公民诚信档案　闯红灯卖假种子扣分》，中国青年网，http://news.youth.cn/gn/201309/t20130929_3958202.htm，访问时间2019年11月7日。

周宇、彭道玲：《城口修齐镇：诚信档案记录晒出文明新风尚》，http://news.sina.com.cn/c/2018-08-02/doc-ihhehtqf4814827.shtml。